KB263912

# 마지막 마음

어느 죽음의 성찰

**마지막 마음** _ 어느 죽음의 성찰

초판 1쇄 | 2012년 9월 1일

지은이 | 나형수
펴낸이 | 전광칠
펴낸곳 | 경천
등   록 | 2010.11.5. 제2010-55호
주   소 | 서울 광진구 아차산로 344 5층
전   화 | 02 745 7984  /  팩   스 | 02 745 7985

ⓒ 나형수, 2012

ISBN 978-89-965515-3-9  03040

# 마지막 마음

## -어느 죽음의 성찰

나형수 지음

경천

# 들어가는 글

　우리는 살아가면서 때때로 근본적인 질문을 던지지 않을 수 없다. 근본적인 질문이라고 한다면 아마도 다음과 같은 두 가지 형태로 집중되기 쉬울 것이다. 그 하나는 우리를 둘러싸고 있는 세계에 관한 질문이고, 다른 하나는 우리 개인의 삶에 관한 질문이 될 것이다. 첫째 질문은 다음과 같은 것이다. 우리가 속한 세계는 어떤 원리에 의해 작동하는가? 우주는 어떻게 구성되어 있는가? 실재(reality)의 본질은 무엇인가? 이런 질문은 전통적으로 철학에서 다루어 왔다. 그러나 최근에는 이런 질문의 대답을 과학이 떠맡고 있는 셈이다. 둘째 질문은 다음과 같은 것이 될 것이다. 삶이란 무엇인가? 어떻게 살아야 하는가? 죽음이란 무엇인가? 이런 질문도 철학이 주로 담당해 왔으나 종교나 다른 학문도 이를 다루어 왔다. 최근에는 과학도 부분적으로 이런 질문에 대답하고 있다.

　이 책은 두 형태의 질문 중 후자를 우리 삶과 보다 더 직접적인 연관을 가지고 있다고 파악한다. 실존과 관련해 보자면, 나의 삶과 죽음이 나에게 가장 일차적이고 구체적인 현실이라는 의미에서 그렇다. 우주의 구성과 같은 문제는 알고 싶은 것임에는 틀림없다. 인간은 호기심 많은 동물이기 때문에 실재의 근본을 파헤쳐보고 싶은 것이다. 그러나 만일 내가 중병을 얻어 곧 죽게 된다면, 실재의 본질이나 우주의 원리 같은 문제들은 절박한 나의 문제로부터 제외되기 쉬울 것이다. 따라서 우리에게 가장 절박하고 절실한 문제는 아무래도 나의 실존과 나의 죽음에 관한 문제일 수밖에 없다.

나는 이 책에서 "죽음은 무엇인가?"라는 질문을 던지고 죽음을 통해 삶을 재해석하고자 노력했다. 죽음이야말로 인생에서 가장 큰 역경이며 가장 절박한 문제라고 보았기 때문이다. 만일 의사로부터 앞으로 2개월 안에 죽을 것이라는 통고를 받았다면, 어느 누구인들 절망하지 않고 평상시와 같이 생활할 수 있겠는가? 거의 대부분의 사람들은 땅이 무너지는 것과 같은 충격을 받고 말 것이다. 암 선고를 받은 환자들은 대부분 이런 충격에 빠진다. 그래서 "암 환자는 누구나 한 번씩 죽는다."는 표현이 가능하게 되는 것이다.

사람들은 보통 죽음을 잊고 산다. 먼 이야기이거나 남의 이야기쯤으로 여기며 일상에 묻혀서 살아가는 것이다. 그러나 죽을 고비를 한번 겪고 나면 죽음에 관해 다시 생각하게 된다. 이때, 죽음을 얼마나 절박하게 대면하느냐에 따라 죽음에 관한 생각은 질적으로 달라진다. 참으로 절박하게, 진짜 실제로, 죽음과 대면했다면 죽음 논의는 차원을 달리한다. 실제로 죽어야 죽음 논의는 진실해지는 것이다.

그러나 실제로 죽은 사람은 말을 할 수가 없다. 실제로 죽어야 죽음에 관해서 제대로 이야기할 것인데 실제로 죽는 사람은 말을 할 수가 없는 것이다. 이것이 죽음 논의의 어려움이다. 따라서 우리가 죽음에 관해 이야기한다는 것은 죽음에 가장 가까이 접근한 상태를 이야기하는 것일 뿐이다. 여기에서 주목해야 할 점은 자기 자신이 분명히 죽을 것이라고 생각하느냐, 그렇지 않느냐 하는 여부이다. 다시 말해서 실제로 죽는다는 절박함이 온 마음을 가득 채울 때, 죽음에 직면했다고 말할 수 있는 것이다.

여기에서 내가 가장 중요하다고 보는 점은 바로 이 절박함의 강도이다. 사람은 죽음에 직면할 때, 거의 반사적으로 죽음에서 벗어나려고 발버둥 친다. 죽음에 대한 절박한 저항은 실로 필사적인 것이다. 그러나 종국적으로 죽음의 필연성에서 벗어날 수는 없다. 결국 죽음은 누구에게나 반드시 오고 만다. 절박한 저항도 어쩔 수 없이 꺾이고 마는 것이다. 여기에 역전(逆轉)의 비밀이 숨겨져 있다. 절박함이 강할수록 역전의 힘은 강해진다. 절박함이 강할수록 죽음으로부터 되받아 튕겨져 나오는 체험과 교훈의 정도가 강해진다. 이 되받아 튕겨져 나오는 힘을 나는 죽음의 반전(反轉)이라고 부른다. 사람은 죽음에 절박하게 직면할수록 기적과 같은 체험을 얻게 된다. 인생 전회(轉回)의 체험을 얻는 것이다. 새롭게 태어나는 듯한 신생의 감격을 얻는가 하면 깨달음과 같은 통찰에 이르기도 한다. 또 엑스타시스(ecstasy)를 경험하기도 한다. 이러한 체험은 매우 드물지만 분명하게 있는 사실이다.

죽음은 누구에게나 반드시 오고야 마는 필연성을 지니고 있다. 이 필연적인 죽음은 지금까지의 모든 사람에게 적용되어 왔고 앞으로도 영원히 계속될 것이다. 죽음은 또한 삶이 끝난다는 것을 의미한다. 아무리 돈이 많거나 아무리 유명한 사람이라도 싸늘한 주검으로 생을 마감해야 한다. 한 줄기 연기처럼 사라져야 한다. 죽음의 종국성은 이렇게 우리를 쓸쓸하게 만든다. 인생이란, 그렇게 무(無)로 돌아가고 마는 것인가? 아득한 무의 심연을 보는 것 같다. 죽음의 무화성(無化性)에 이르러 우리는 진정으로 삶을 되돌아보지 않을 수 없다. 인생과 삶은 참으로 무엇이란 말인가? 우리는 막막한 무화의 심연에 막혀 고뇌하지 않을 수 없다. 삶과 죽음의 모순에 막혀, 자유와 필연, 자율과 의존 등 인생의 모든 모순을 회상하지 않을 수 없다. 그리고 아포리아(aporia, 難問)에 빠진다. 우리의 인생은 이렇게 풀리지 않는 난문 속에 싸여 있는 것일까?

아, 그러나 어떠한 난제 속에서 고뇌한다 하더라도 우리는 결국 죽고 만다. 한 발 한 발 다가오는 죽음은 결코 피할 길 없다. 나는 여기에서 출발하고자 한다. 죽음에 직면하는, 절체절명의 순간으로부터 질문과 답변을 시작하고자 한다. 어떠한 아포리아에 우리가 빠져 있다 하더라도, 그 모순에 대한 고뇌가 아무리 크다 하더라도, 우리는 결국 죽고 만다는 이 마지막 피할 수 없는 지점으로부터 우리의 모든 고뇌를 시작하고자 하는 것이다.

출발점을 죽음으로부터 찾고자 하는 자각은 크게 두 가지 이유를 갖기 때문이다. 첫째로, 특별한 경험을 가지고 있는 사람들이 이러한 자각에 이른다. 그 특별한 경험이란 죽음에 직면해 본 생생한 체험을 가리키는 것이다. 죽음에 직면해, 그 공포와 두려움, 엄습해 오는 죽음의 얼굴과 표정, 살고 싶은 본능과 어쩔 수 없는 죽음의 필연, 처절한 포기와 기어드는 순응, 그리고 긴장과 반전, 이런 모든 과정을 생생하고 알알하게 체험한 사람은 모든 일의 출발점을 죽음으로부터 찾을 수밖에 없다. 둘째로, 죽음은 인생의 전 역사를 선취적(先取的)으로 파악하게 하는 최종, 최대의 사건이기 때문이다. 죽음이야말로 최대의 고난이며 죽음이야말로 가장 고통스러운 상실이다. 이 죽음을 시작으로, 인생을 역순으로 되짚어 살펴보아야 한다. 인생의 전 역사를 유일하게 살필 수 있는 거울이 바로 죽음이기 때문이다.

그런데 사람의 마음은 참 신기한 것이다. 생각지도 못했던 작용을 일으키는가 하면 뜻하지 않았던 에너지를 폭발시키기도 한다. 죽음을 각오하자, 못할 일이 없게 된다. 위대한 역사(歷史)는 대개 필사의 결의로부터 나왔다. 죽음의 공포에 벌벌 떨다가도 "그래, 죽자." 하고 마음먹자 공포가 사라지고 그 마음에 생각지도 못했던 평안과 기쁨이 찾아온다. 이러한 반전(反轉)의 체험을 나는 마음의 작용이라고 보며 '죽음에의 순응(順應)'이라고 부른다. 이 책은 신기하기까지 한 마음의 작용에 유의하고 마음의 문제를 파헤쳐 보려고 노력했다. 또 마음의 특이한 변주인 '죽음에의 순응' 과정을 나름대로 이리저리 분석해 보았다.

죽음을 이야기하는 진정한 의도는 삶을 재조직하자는 것이다. 그럭저럭 살아오던 일상으로부터 화들짝 놀라, 다시 한 번 살펴보자는 것이다. 깜짝 놀라게 하는 매개를 나는 죽음으로 설정했다. 죽음을 통하지 않고는 삶을 재점검, 재조직할 수 없다는 것이 나의 주장이다. 나는 중증의 암에 걸려 죽음의 공포를 충분히 겪은 후에야 겨우 정신을 차릴 수 있었다. 나는 단언할 수 있다. 내가 '죽음에의 순응'을 겪은 이전과 이후를 비교할 때, 나의 삶과 자세는 180도 달라졌다. 나는 이제 돈도 명예도 사랑도 바라지 않는다. 오직 지극한 평안과 진정한 지혜를 찾을 따름이다. 여기, 지금 나의 마음이 가득 차 있느냐의 여부가 중요할 뿐이다. 사람마다 자기 인생을 재조직해야 하며, 그 길은 모두 다를 것이다. 그러나 분명한 것 하나는 같을 수밖에 없다고 생각한다. 그것은 사람은 너 나 없이 반드시 죽는다는 사실이다.

우리의 실존(實存)과 관련해, 우리가 근본적으로 고려하고 고뇌해야 할 범주는 삶과 죽음, 자연(自然) 등 세 가지뿐이라고 나는 생각했다. 나는 이 책에서 삶의 문제를, 죽음을 통해 재해석하고자 노력했다. 이러한 재해석 작업에서 원리로서 기능한 것이 '죽음에의 순응'이었다. 나는 '죽음에의 순응'과 함께 또 하나의 순응이 있어야 한다고 생각했는데 그것은 '자연에의 순응'이다. '자연에의 순응'이 중요한 이유는 우리가 병들고 상처 받았을 때, 자동적으로 드러난다. 중병에 걸렸을 때, 우리는 자연을 찾는다. 자연이 병을 치료할 것이라고 믿기 때문이다. 그리고 마음에 상처를 입었을 때, 우리는 자연을 그리워한다. 자연이 우리의 마음을 위로하기 때문이다.

자연을 보는 인간의 관점은 계속 변해 왔다. 오늘날 환경 위기를 겪으면서 사람들은 자연을 정복의 대상으로 더 이상 대우할 수 없다는 것을 깨달았다. 인간이 자연을 훼손할수록 자연은 인간에게 그 책임을 묻고 있다. 이제 우리는 자연을 생명 현상으로서, 한 데 묶여 있는 공동체라는 것을 분명하게 깨닫고 있다. 자연은 모든 생명의 모태이면서 동시에 오늘도 생명이 유지되도록 물질과 에너지를 공급하고 있는 원천이다. 모든 생명과 인간은 자연을 떠나 삶을 유지할 수 없다. 그러므로 우리는 자연에 순응할 수밖에 없다.

이 책은 모두 6장으로 나뉘어 있다. 1장은 시골 생활에서 느낀 자연의 의미 등을 생각하면서 암에 걸린 초기의 상황을 회상 형식으로 다루었다. 2장은 내가 암에 걸려 죽음을 사색하게 된 전말을 기록했다. 1장과 2장은 본론을 위한 길잡이 형식으로 쓴 것이므로 건너뛰고 읽어도 무방할 것이다. 본론은 3장부터 시작된다. 3장은 죽음의 공포와 죽음의 속성에 관해 다루었다. 죽음의 속성에 관한 논의 같은 경우, 참고할 기존의 연구 자료를 거의 찾을 수 없었기 때문에 나의 주관적인 생각을 주로 반영한 것이다. 이 책에서 다룬 대부분의 논의가 이런 사정 때문에 주관적인 틀을 벗어나기 어려웠다. 4장은 죽음의 공포에서 벗어나 반전(反轉)에 이르는 과정을 추적했다. 5장은 우리의 마음에 관해 생각한 부분을 다루었다. 삶과 죽음의 문제에서 마음의 역할이 절대적이라고 생각되었기 때문이다. 6장은 죽음으로부터 얻을 수 있는 지혜와 마음공부에 관해 다루었다. 이 장에서 특별히 환우들을 위한 제언을 실었는데 환우들을 위로하자는 뜻에서 쓴 것이다.

나는 이 책이 지혜를 위한 성찰적 에세이로 읽혀지기를 기대한다. 이 책을 읽으면서 삶은 무엇이며 죽음은 무엇인지, 그리고 우리들에게 근본적이며 본질적인 것은 무엇인지 등을 사색할 수 있는 계기가 되었으면 더 바랄 것이 없겠다. 그러나 나의 소양 부족을 언제나 걱정한다. 나는 소양 부족을 메우기 위해 생각하기를 거듭했다. 이렇게 또는 저렇게 생각하기를 거듭하고 가장 본질적인 근거에 닿았는지 끊임없이 질문했다. 그러나 내가 마지막으로 깨달을 수 있었던 것은 내가 모른다는 사실뿐이었다. 가장 본질적인 해답은 언제나 난문(aporia)으로 남고 말았다. 나는 지각에 의한 지식을 판단의 근거로 삼을 수밖에 없다는 전제 아래, 나름대로 마음의 문제를 추구했다. 그러나 마지막 답변은 언제나 아직 모른다는 사실에 막히고 말았다. 더 기다리고 정진하는 도리밖에 없을 것이다. 이 책에서 잘못된 추론이나 성급한 단정을 내린 부분이 있다면 그것은 오직 나의 부족 때문이다. 질책과 교정을 부탁드린다.

나는 또 이 책이 위로의 글이 되기를 간절히 바란다. 몸에 큰 병을 얻었거나 마음에 상처를 받은 모든 사람들에게 이 책이 작은 위로나마 줄 수 있기를 희망한다. 우리가 가장 두려워하는 것은 죽음이다. 그러나 죽음은 누구에게나 반드시 찾아오고 만다. 그 죽음을 받아들여야 한다. 뼈저린 고통과 모순의 긴장 속에서 죽음을 수용할 수밖에 없다. 이 고뇌는 환우들이 가장 절박하고 절실하게 인식하는 것이다. 그 고통 속에서 어쩔 수 없이 죽음을 수용할 때, 변화가 온다. 저 반전의 평안이 오는 것이다. 나는 환우들에게 이 창발적(創發的) 과정을 설명하고 이로부터 위로받을 수 있기를 바란다. 힘주어 강조하고자 한다. 죽음의 역경이야말로 진정한 신생(新生)을 깨닫게 하는 거의 유일한 기회라는 것을.

정선의 동대천 변에서.

마지막 마음

어느 죽음의 성찰

# 01
# 시골생활

## 1. 회 상



어둠이 채 가시지 않은 새벽, 가파른 산을 오르는 일은 언제나 싱그럽다. 숨이 턱에 닿을 즈음, 긴 나무 지팡이를 고정시켜 몸을 의지하고 잠시 숨을 고른다. 새벽 공기가 폐 속 깊이 들어가는 것을 느끼자 온 몸의 세포들이 싱싱하게 살아 일어나는 것 같다. 생의 약동을 깊이 음미하는 시간이다. 동녘이 밝아 오면서 주위 산들의 모습이 차차 드러난다. 산과 산 너머 깨끗한 자연이 아침의 새 빛을 받아 눈이 부시게 새롭다. 푸른 산 빛, 너무도 아름답다.

다시 산을 오르고 오래지 않아 약수터에 이른다. 약수터라고 이름 지었지만 바위 틈에서 물방울이 조금씩 흘러 고이는 곳에 지나지 않는다. 나뭇잎 찌꺼기들을 조심스럽게 흘러 보내고 두 손으로 물을 움켜 마신다. 세 번 정도 마시면 배 속이 시원해지고 온 몸에 신선한 기운이 들어 차는 것 같다. 이 물을 마시는 맛에 이쪽으로 새벽 등산 코스를 잡은 지도 벌써 두 달이 넘어간다. 이웃 석공예 단지에 사는 P선생님이 귀띔을 해주어 이 물을 찾은 후로, 매일 물 마시는 재미에 빠져 있다. 비가 오고 안 오는 것에 따라 수량이 변 하는 것을 보면 깊은 수맥에서 나오는 물이 아닌 것은 분명하지만 산 속에서 물을 마실 수 있다는 것이 어디 쉬운 일인가! 물을 마신 다음, 물 고인 바닥을 손가락으로 긁어 수위를 깊게 만들고 주위에 널려 있는 작은 돌 조각들을 모아 바닥에 뿌려 준다. 바닥에서 흙탕 이 올라오는 것을 막기 위함이다. 매일 물 고일 자리를 수선해 주어 야 다음날 아침 손으로 물을 마시는 데 지장이 없다.

취적봉 건너 이 산으로 새벽 등산길을 정한 이유는 물을 마실 수 있다는 것 이외에도 정상에 오르면 꽤 넓은 소나무 숲이 있어 솔 향 을 음미할 수 있는데다가, 솔숲 사이에 들어서면 잡음이 거의 들리 지 않아 고요함을 즐길 수 있기 때문이다. 솔숲 일대가 분지 형으로 되어 있어 외부의 잡음을 차단하는 효과를 내는 것 같다. 솔숲에 이 르면 너른 곳을 찾아 보건체조로 몸을 푼다. 뜀뛰기와 팔굽혀펴기 까지 한 다음, 심호흡으로 체조를 끝낸다. 그런데 이 심호흡은 단전 호흡을 과장되고 빠르게 여러 번 하는 것으로 마무리하는데, 다음 에 이어지는 명상을 돕기 위한 것이다. 배를 불리며 숨을 들이쉬고, 배를 빼며 숨을 내뱉는 방식을 빠르게 반복하면 명상을 할 때 단전 호흡을 수월하게 할 수 있는 효과가 있다.

이제 천천히 산 위를 좀 더 올라 솔숲이 한눈에 들어오는 장소를 골라 편하게 앉는다. 등산용 깔개를 두 겹으로 깔고 앉아 자세를 최 대로 바르게 펴는 것이 중요하다. 단전호흡을 용이하게 하기 위해서다. 이제 호흡의 동작에 의식을 기울인다. 이때, 머리에서 발끝까지 힘을 모두 빼고 온 몸이 땅으로 잦아든다는 생각으로 힘과 긴장을 충분히 풀어 준다. 또 마음이 고요의 깊은 순수에 가 닿도록 충분히 내려놓고 의식만을 호흡의 들고 남에 집중시킨다. 차차 호흡이 길어지면서 결국 숨의 들고 남의 간격이 잊힐 듯 길어진다. 오직 미약한 의식만이 숨 위에 남아 있고 때때로 의식도 사라지는 듯하다. 여기에서 시간이 정지하는 듯한 몰입을 나는 환영한다. 이 상태를 오래 유지한다. 이 상태로 새벽 명상을 마감할 수도 있다.

때가 차면 의식을 조용하게 머리로 옮겨 '죽음'을 사유하기 시작한다. 죽음, 모든 것이 사라지는 끝의 끝 한 점을 생각하고 '나'의 소멸을 비롯한 죽음의 속성들을 깊이 지각한다. 그리고 지금 이 자리에서 내가 죽음 안으로 들어간다고 생각한다. 그 최종을 절실하게 감각하려고 의식을 집중한다. 이제 나의 죽음을 인정하고 자아를 죽음 안으로 던진다. 이때, 의식이 투명하게 맑아지고 마음은 차분히 평안에 든다. 명징과 평안의 느낌이 분명하고 절실하게 자리 잡았다면 '죽음의 사유'는 방향을 잘 잡은 것이다.

이제 '죽음의 사유'가 가져온 무화(無化)의 느낌을 가슴으로 안을 차례다. 무화(無化), 무(無) 또는 공(空), 허(虛)라고 부를 수 있는, 죽음이 가져올 우리 자아(自我)의 마지막 모습, 그것이 우리 미래의 최종적 모습이기 때문에 우리의 현존재와 우리 외부 세계의 실재(實在, Reality)도 이와 같은 모습일 것이라고 추상할 수 있는 우리의 절실한 모습, 이 상징이면서 실재인 무화의 느낌 위에 마음을 가만히 올린다.

우리는 결국 무에서 태어나서 무로 돌아가는 것이 아닌가? 여기

지금의 치열한 삶이라는 것도 결국에는 무로 귀착되며, 그렇기 때문에 무한한 무의 상징성을 더욱 충분하게 사유하고 감각해야 하는 것은 아닌가? 자연과학의 모든 질문과 답변들도 결국 끝없이 미지를 향해 열려 있는, 무한한 '모름'의 어떤 열린 상(像)이 아니겠는가? 양자론의 마지막 가능성이라는 M이론이 $10^{500}$의 중첩된 우주를 가정한다면 모든 우주의 법칙이라는 것도 거의 무한대에 가까워지는 것이 아니겠는가? 이러한 우주론의 끝은 과연 확인할 수 있을 것인가? 수학적 확실성 위에 토대를 두고 있는 과학의 미래도 아득한 무한을 상상할 수밖에 없다면 우리는 무한과 무에 관해 깊이 사유해야 하며 그것의 의미와 상징성을 관조해야 하는 것이 아니겠는가?

이러한 질문들을 가슴에 담고 마음을 무와 무한 위에 올린다. 그렇게 시간이 얼마나 지났을까, 마음의 흐름을 따라 마음 자체도 깜박 사라지는 경지에 이른다. 이러한 순간은 매우 드물게 일어나는 현상이지만 이러한 현상의 흔적은 가슴에 평온과 자애, 감사, 기쁨과 같은 충만함을 남기게 된다. 이 충만함을 가슴에 소중히 간직한다.

새벽 명상은 조금 더 계속된다. 어떤 날은 오전 내내 그 자리에서 명상으로 시간을 보내기도 한다. 시간이 길어지는 날은 명상의 단계도 늘어나거나 높아진다. 특히 '지안(至安)'[1]이라고 부르는 단계에서 어떤 경지가 감지되면 그 경지를 붙들기 위해 시간이 크게 늘어나는 경향이 있다. 지안이란 지극한 평안을 줄인 말로, 명상의 마지

---

[1] '지안(至安)'은 종교적 엑스타시(ecstasy)와 비슷한 마음의 상태를 가리킨다. 지안에 관해서는 뒤에 가서 자세히 설명할 것이다. 필자는 암에 걸려 어쩔 수 없이 죽음을 받아들이는 과정에서 지안 등 일련의 경험을 하게 되는데 이 경험 체계가 이 책을 쓰게 된 바탕이 되었다.

막 단계에 해당하며 깨달음의 추구에서 매우 중요한 몫을 차지하고 따라서 그 의미도 크다. 지안의 단계에서 새벽 명상은 대개 끝난다.

하산할 때는 되도록 천천히 걷는다. 가파른 산이라 자칫 발을 헛디딜 염려가 있기 때문이지만 더 큰 이유는 명상 때 얻은 느낌이나 감동, 깨달음 등을 가슴에 잘 간직하기 위해서다. 그 느낌을 반추하며 천천히 걷는다. 그리고 가슴에 간직되는 느낌을 하루 내내 건사한다는 마음가짐을 유지하려고 노력한다. 이러한 노력으로 명상의 마음을 언제나 유지할 수 있다면 마음은 평안과 행복으로 가득 차게 될 것이다. 따라서 하루를 시작하는 새벽에 등산과 명상을 병행함으로써 평안과 행복을 불러들인다는 것은 매우 중요한 의미를 갖는다. 하루의 첫 새벽에 유익한 마음자리를 찾고 그것을 하루 내내 유지하게 하는 동력이 되기 때문이다.

산을 벗어나 들길에 들어서면 밭이나 길 주위를 두리번거리며 식용 들풀을 찾는다. 주로 민들레, 씀바귀, 방가지똥 등을 찾아 한 움큼 채취한다. 이 들풀들은 아침 밥상에 훌륭한 쌈 거리가 된다. 이들 들풀은 가지를 꺾으면 흰 즙을 내놓는데 이 진액이 암이나 성인병에 특효가 있다는 것이다. 이 흰 즙은 매우 쓰지만 바로 그 쓴 맛이 입맛을 돋게 하고 약효를 나게 하는 것이다. 이 밖에도 산과 들에는 여러 종류의 먹을 수 있는 들풀들이 널려 있다. 조금만 주의를 기울이고 품을 들인다면 철 따라 여러 들풀들을 뜯을 수 있다. 새벽마다 한 움큼씩의 들풀만 뜯는다면 충분한 양을 얻을 수 있고 건강도 지킬 수 있다. 들풀이야말로 하늘과 땅이 내린 귀중한 선물이라고 생각한다. 아마도 들풀은 모든 불치병을 퇴치할 수 있는 마지막 희망이 될 것이다. 이러한 믿음이 암에 걸린 이후 지금까지 줄곧 들풀을 먹게 한 것이리라.

　나는 숙소에 돌아오면 대개 둑을 내려가 냇가에서 고양이 세수를 하고 물가에 앉아 물소리를 한참 듣는다. 이곳 강원도 정선의 동대천은 산골에서 흐르는 물이 모여 급하게 흐르는 터라 물소리가 꽤 크게 들린다. 냇가의 돌 위에 앉아 끊임없이 들리는 물소리에 귀를 기울이면 그 일정한 반복에 빠져 생각이 사라지는 것 같다. 내에서 피어오르는 물안개가 주위를 물들이면 내와 그 양 옆을 싸고도는 산허리의 원경이 어느 꿈나라의 풍경처럼 아득하게 보인다.

　물안개가 만드는 아득한 풍경과 간단없이 반복되는 물소리가 합해질 때, 나는 자연의 아름다움에 흠뻑 젖어 든다. 아침의 신선한 기운과 함께 드러나는 자연의 아름다움은 언제나 우리의 영혼을 풍성하게 만든다. 참 좋구나! 나는 짧은 탄성을 뱉으며 가슴으로부터 생명력이 솟아오르는 것을 느낀다. 자연의 아름다움은 언제나 생명력을 끌어오는 것이다.

　이 풍경 속에서 나는 자연의 한 작은 편린이라는 느낌을 받는다. 풍경 속에서 작아진 내 몸, 내 귀 속으로 물소리는 끊임없이 울려 퍼지고 있다. 물소리가 내 마음의 모든 흔적들을 씻어 내릴 것 같다. 이 순간 나는 잠시라도 세상의 모든 흔적과 시름으로부터 벗어나는 것 같다. 오직 물소리뿐 세상이 모두 텅 비어 버렸으면 좋겠다. 그렇게 비움 속에 현재가 계속된다면 어떨까? 나는 오래 전부터 비움만이 순수에 가까이 다가가는 지름길이라고 생각했다. 그리고 그러한 순수는 아름다움과 자애, 감사, 행복과 맞닿아 있다고 생각했다. 그러므로 마음이 텅 빈다는 것은 좋은 일이라 아니 할 수 없다. 그런데 지금 자연의 물소리가 내 마음을 텅 비게 만들고 있다.

나는 이렇게 냇가에서 물소리 듣는 맛에 빠져 있다. 요즘 같으면 취미 난에 '물소리 듣기'를 써 넣을 것 같다. 취미 난에 '독서'니 '골프'니 하는 것을 쓰는 것보다는 훨씬 고상한 맛이 나지 않겠는가 하는 생각도 해본다. 또 '서예'나 '다도'와 비교해 보더라도 더 탈속한 맛이 드는 데다 특이하기까지 해서 주목도 받을 수 있을 것이다.

물소리 듣기, 그것은 일정한 소리의 반복에 지나지 않지만 두뇌 속에 기분 좋은 느낌을 가져오게 하는 메커니즘을 가지고 있다. 만약 이 소리가 기계음의 반복이었다면 우리는 금방 싫증을 낼 뿐 아니라 기분마저 나빠지고 말 것이다. 자연의 소리이기 때문에 물소리는 꽤 높은 소리임에도 좋은 느낌으로 들리는 것이다. 나는 이곳에 온 첫날 밤, 물소리 때문에 잠을 설치고 말았다. 그렇게 물소리는 꽤 크게 들렸던 것이다. 그러나 다음 날부터 나는 물소리에 익숙해지면서 오히려 잠이 깊이 들게 된다는 것을 알게 되었다. 이 소리가 만일 기계음이었다면 나는 날이 갈수록 견디지 못해 이곳을 떠나고 말았을 것이다. 그만큼 기계음과 자연의 소리는 우리 두뇌 속에 크게 다른 반응을 일으키게 한다. 바로 이런 점이 우리가 자연에 이끌리게 되는 요소일 것이다.

물소리는 또 나를 상념에 젖게도 한다. 물소리 속에서는 깊은 궁리를 할 수 없다. 그리운 추억과 같은 상념에 자주 빠지게 만들 뿐이다. 나는 물소리를 듣다가 흔히 옛 기억 속으로 미끄러지는 나 자신을 발견하곤 한다. 그 기억들이란 대개 인물과 배경은 잊었지만 당시의 느낌과 분위기만은 고스란히 살아 있는, 먼 그리움과 같은 형태로 나타난다. 물소리 속에서는 웬일인지 논리적인 사고를 하기는 어렵다. 물소리 속에서 계산을 하거나 법리 같은 것을 따진다면 그것은 매우 어리석은 일이 될 것이다. 물소리는 논리적 사고를 허용하지 않기 때문이다. 물소리란 그저 막연히 들으며 상념에 젖어드는 것이 제 격이다.

나는 요즘 물소리를 들으며 때때로 지난 10년을 회상하곤 한다. 그 기억들은 씁쓸하기도 하고 마음 뿌듯한 것이기도 하다. 처음에는 공포와 고통으로 시작되었지만 차차 안정을 찾고 감사와 충만으로 이어지던 것이었다. 지난 10년의 기억은 암이라는 병마와 싸우고 타협하고, 넘어서는 과정들로 점철되어 있다. 대장암, 3기 C2의 병세, 당시 통계로 재발률 75%, 암이 모든 것을 지배한 한 시대, 물소리를 들으며 혹독했던 한 시대를 회상한다. 그러나 나의 입가에는 지금 미소가 번진다. 참으로 어려운 시기였지만 지금 와서 되돌아보면 미소가 번질 정도로 꼭 필요했던 시기라고 생각된다. 고통은 단련이었고 시련은 은혜였다. 암이 아니었다면 내가 어찌 '죽음'을 사유할 수 있었으며 근본적이며 본질적인 근거를 천착할 수 있었겠는가? 암은 분명 나에게 선물이었다. 물소리를 들으며 그 선물들의 기억을 회상해 본다.


## 2. 자연의 경이(驚異)


"철새의 이주, 썰물과 밀물의 갈마듦, 새봄을 알리는 작은 꽃봉오리, 이런 모든 것들은 그 자체로 아름다울뿐더러, 어떤 상징이나 철학의 심오함마저 갖추고 있다. 밤이 지나 새벽이 밝아오고, 겨울이 지나 봄이 찾아오는 일, 이렇게 되풀이되는 자연의 순환 속에서 인간을 비롯한 상처받은 모든 영혼들이 치료받고 되살아난다."

레이첼 카슨

　내가 평생 처음으로 시골생활을 하면서 자연의 아름다움에 흠뻑 젖게 된 것은 오직 병 때문이었다. 항암주사의 부작용이 너무 고통스러워 혹 시골에 가면 나아질까 해서 시골을 찾은 것이 지금까지 자연과 끊으려야 끊을 수 없는 인연을 맺게 된 것이다. 나는 그 전에도 산과 숲을 좋아해 등산을 자주하는 편이었다. 그러나 그때는 자연의 진정한 아름다움과 의미를 찾지 못했다. 잠시 다녀가는 정도로는 자연의 진정한 맛을 알 수 없었던 것이다. 진정으로 자연을 느끼고 알기 위해서는 산과 숲에서 살아야 한다.

　새벽, 아직 어둠이 걷히지 않은 산을 타면서 숨결 사이로 들릴 듯 말 듯 그러나 묵직하게 전해오는 산의 깊은 울림을 느끼지 못했다면, 그것은 아직 자연에 동화되지 못한 것이다. 이러한 자연에의 동화는 그 산 밑에 살면서 매일 산을 오르다가 어느 날 문득 느껴지는 영감과 같은 것이다. 그리고 해가 서산에 지고 하루의 마감을 준비하는 시간에, 손바닥을 위로 하고 하늘을 우러러 서 있어 보라. 이때 손바닥에 전해오는 공기의 무게가 점점 무거워지는 것을 감지하지 못한다면, 그것 또한 자연의 운행에 동참하지 못한 것이다. 숲 속에 살면서 매일 자연의 운행을 눈여겨 살피다 보면, 어느 날 문득 공기에도 무게가 있다는 것을 알게 되는 것이다.

　이렇게 자연은 세세한 비밀들을 조용히 감추고 있다. 이러한 자연의 비밀들은 매일 눈여겨보고 귀 기울이는 사람에게 조금씩 열리는 속살의 수줍음 같은 것이다. 우리는 산과 숲에 살아야 겨우 이러

23

한 자연의 신비를 훔쳐볼 수 있는 것이다.

　10년 전, 암 수술을 마치고 항암주사를 맞던 때, 나는 심하게 항암주사의 부작용에 시달리고 있었다. 나는 도무지 냄새를 맡을 수 없었다. 냄새만 맡으면 심한 구토증에 시달려야 했다. 특히 음식 냄새는 나를 너무 고통스럽게 만들었다. 아파트 창문을 아무리 열어 놓아도 이 냄새를 막을 방도는 없었다. 냄새 때문에 음식물을 거의 먹지 못하고 꿀물로 연명하는 형편에까지 이르자, 왠지 시골로 가면 이 어려움이 해결될 것 같았다.

　고심 끝에, 시골에 별장을 가지고 있던 후배 C사장에게 별장을 당분간 빌릴 수 있겠는지 하는 어려운 청을 넣었다. C사장은 흔쾌히 별장 열쇠를 복사해 보내 주었다. 환자에게 집을 빌려 준다는 것이 여간 마음 내키는 일이 아닐 터인데 선뜻 응해 준 마음 씀이 너무 고마웠다.

　바로 별장으로 떠났다. 서울에서 안수기도 받기를 권유하던 아내도 나의 결정을 따라 주었다. 음식을 전혀 먹지 못하는 환자의 뜻을 거역하기 어려웠던 것이다. 이렇게 서울 탈출의 길이 열리고 한번 길이 열린 시골생활은 그 이후 지금까지 계속되고 있다.

　서울을 벗어나자 내 몸과 마음은 자연에 흠뻑 젖어 들었다. 별장 바로 뒤에 있는 산길을 오전과 오후 두 차례 걷는 것만으로도 몸이 날아갈 듯 가벼워졌다. 그렇게 역겨웠던 냄새도 한결 맡기 편해져 음식을 먹을 수 있게 되었다. 나는 냄새 문제의 원인이 공기에 있다는 것을 시골에 오면서 바로 깨닫게 되었다. 항암주사는 암 세포를 죽이면서 다른 정상적인 세포도 공격하는 부작용을 초래하는데, 특



마지막 마음 - 어느 죽음의 성찰

히 위장계열 세포와 척수 세포, 발모 세포에 치명적인 영향을 준다고 한다. 이런 까닭으로 나는 냄새에 의한 구토증에 시달렸던 것인데, 공기가 탁한 서울에서는 이 부작용이 더 심하게 나타났던 것이다. 시골로 온 후 공기의 맑은 정도를 민감하게 느낄 수 있었다.

별장에 도착한 첫날 오후의 감동을 나는 지금도 잊을 수 없다. 별장에 도착해 가져온 짐들을 대충 정리한 뒤, 아내는 음식을 준비하고 나는 혼자 뒷산을 둘러보았다. 당시에 나는 기력이 크게 떨어진 상태라 몇 발 떼고 쉬고를 거듭하며 오솔길을 따라 숲 속으로 들어섰다.

마침 낙엽 철이어서 산을 가득 메운 낙엽송의 작은 침엽들이 쉴 새 없이 떨어지고 있었다. 바늘처럼 생긴 낙엽들이 바람 따라 우수수 낙하하면 내 머리와 겉옷에 눈처럼 쌓였다. 낙엽 날리는 것을 보기 위해 머리를 하늘로 향하면 침엽이 눈을 찌를 듯해 손으로 눈을 가려야 했다. 바람이 한 번 산을 휘돌면 무수한 침엽들이 한꺼번에 우수수 떨어져 금방 주위에 수북이 쌓였다. 난생 처음 보는 낙엽송의 향연이 이곳에 온 나의 첫날을 환영이라도 하는 듯 침엽의 낙엽들이 끊임없이 떨어지고 있었다.

아, 아름답다. 나는 절로 감탄하며 숨을 깊이 들이마셨다. 마치 투명한 공기의 알갱이 하나하나가 폐의 기포 속으로 들어가는 것 같았다. 하늘 높이 치솟은 나무들 사이를 비집고 비추는 햇빛도 한 올 한 올 가닥이 보이는 듯 투명했다. 너무 깨끗하고 아름다운 자연이 거기에 있었다.

숲의 아름다움을 그처럼 생생하게 느낀 때는 그 날이 처음 같았다. 국내외의 여러 청정 삼림을 둘러보지 않은 것도 아니었으나 그

날처럼 감동이 진했던 때도 드물었다. 아마도 마음이 달랐을 것이다. 중병을 얻어 쇠약해질 대로 쇠약해진 나는 감수성이 예민해진 듯했다. 자연을 보는 눈과 마음도 평소와는 판이하게 달랐다. 보이는 것, 느끼는 것, 하나하나가 모두 깊은 의미를 담고 있는 듯 생생하게 전달되었다.

공기는 투명하고 숲은 아름다웠다. 한참 걷다가 피곤해 땅에 떨어진 낙엽들을 긁어모아 그 위에 앉았다. 앉아서 보는 풍경은 또 다른 모습으로 다가왔다. 낙엽송 나무줄기들이 인사하듯 주위에 늘어섰고 바람도 숨을 고르는 듯 조용했다. 정적이 흐르고 얼마나 지났을까? 내가 마치 한 그루 나무가 된 듯 느껴졌다. 나무의 호흡소리를 들을 수 있을 것 같았다. 아, 나 또한 자연의 한 덩어리 몸이었구나 하는 감회가 밀려오면서 대지에 빨려 드는 듯한 느낌을 받았다. 나는 병에 대한 시름도 잊고 자연의 한 지체가 된 듯, 자연의 아름다움에 흠뻑 젖어들었다. 자연에 대한 이 감동이 그때부터 지금까지 나를 내내 시골에 묶어두었다.

임시로 있던 C사장의 별장에 계속 머물기가 미안해 나는 서울 근교 산 밑의 한 농가주택을 전세로 얻어 거처를 옮겼다. 이 집에서 나의 요양생활은 본격화했다. 나는 이 시골 집에서 주로 살았고 서울에는 특별한 일이 있을 때에만 하루 이틀 정도 머무르는 것으로 제한했다. 시골에서 사는 것이 병을 이기는 지름길이라고 믿었기 때문이었다. 특히 시골생활에 익숙해지면서 점점 서울에 머무르는 것을 기피하게 되었다. 그 주된 이유는 서울의 공기 때문이었다. 나는 서울의 탁한 공기가 내 병세를 악화시킬 것이라는 고정관념을 갖기에 이르렀다. 당시에 나는 공기에 매우 민감한 반응을 보였다. 항암주사의 후유증으로 냄새에 민감해진 이후, 특히 공기의 맑은 정도에 민감하게 반응했다. 서울의 지하상가나 담배 연기 곁에는 접근하기도 싫었다. 어쩌다 서울에서 잠을 자야 할 경우, 나는 공기가 나쁘다는 생각 때문에 잠을 설치기 일쑤였다. 이런 형편이라 나는 시골 거처를 되도록 떠나지 않으려 했다. 이렇게 해서 나의 시골 생활은 점점 붙박이로 변했고, 결국 이 집에서 6년을 살게 되었다.

이 집으로 이사하던 날 오후의 일은 아직도 기억에 생생하다. 2월 초, 겨울을 아직 벗어나지 못한 계절임에도 이사를 강행했다. 그 이유는 오직 환자인 내가 깨끗한 공기를 필요로 했기 때문이었다. 이사라고 해야 옷가지와 음식들뿐이었다. 가재도구는 그 집에 있던 것을 사용하기로 했기 때문에 옮길 짐은 많지 않았다. 그러나 간병하는 아내의 몫은 언제나 힘든 것이었다. 이것저것 챙기고 정돈하느라고 바쁘게 움직여야 했다. 점심을 끝낸 뒤 아내는 차편 때문에 서울로 귀환해야 했다.

나는 산 밑의 외딴집에 홀로 남겨졌다. 거실의 큰 창을 통해 나는 하염없이 건너편 갑산의 설경을 쳐다보았다. 나는 맥없이 오후 내내 창가에 앉아 있어야 했다. 이사로 인한 피로가 환자인 나로서는 힘들기도 했지만 마음 속 쓸쓸함이 나를 더욱 맥없게 만들고 있었다. 나는 그때 서울에서 쫓겨났다는 생각에 빠져 있었다. 중병에 걸려 쫓기듯 서울을 떠나야 했던 신세, 모든 꿈과 계획을 접어야 했으며 더욱이 언제 생명이 끝날지도 모른다는 두려움에 내내 짓눌려 지내야 하는 신세를 생각하며 나는 쓸쓸함에 깊이 젖어 들었다. 외딴집의 낯선 분위기 또한 나를 더욱 쓸쓸함에 젖게 했을 것이다. 나는 창 밖을 하염없이 쳐다보고 있었다.

그런데 환자의 울적함을 달래기라도 하려는 듯 자연은 신기한 현상을 연출하기 시작했다. 짙은 안개가 갑산의 오른쪽 산허리를 휘감으며 피어오르더니 서서히 왼편으로 돌아 오르면서 온 산을 덮기 시작했다. 안개는 산 정상으로 오르면서 비산하듯 흩어졌다. 이렇게 안개의 흐름이 계속하는 동안, 산 아래 편 낙엽송 숲에 하얀 형상이 나타나더니 그것이 점차 커졌다.

잠시 뒤, 낙엽송 숲은 마치 흰 페인트 칠을 한 듯 모습을 바꾸었다. 그것은 하얀 성체처럼 우뚝 솟아 보였다. 나는 처음에 그 흰 성체가 무엇인지 어리둥절했으나 곧 그것이 얼음 꽃이라는 것을 짐작할 수 있었다. 키가 큰 낙엽송 가지에 얼음 꽃이 피었던 것이다. 자연의 조화는 참으로 신기했다. 잠시 동안에 이런 조화를 부리다니 놀라운 일이었다.

이곳으로 이사한 첫날을 기념이라도 하는 듯했다. 나는 이 놀라운 풍광을 좀 더 잘 보기 위해 밖으로 나가 자세히 살펴보았다. 조금 전의 우울함을 모두 잊고 나는 어린 아이처럼 얼음 꽃 구경에 정신이 팔렸다. 나는 이렇게 아름다운 얼음 꽃의 장관이 이곳으로 이사한 첫날에 펼쳐진 것은 분명히 길조임에 틀림없다고 생각했다. 얼음 꽃은 너무 아름다웠고 그만큼 내 시골생활도 좋은 결과를 가져올 것 같았다. 병도 나을 것이라는 희망을 품게 되었다. 자연은 늘 우리들에게 희망을 심어주는 것이었다.

이곳에서 설화(雪花)를 볼 수 있는 이유는 한강이 가까이 위치하기 때문이다. 한강에서 만들어진 안개가 건너편 갑산으로 유입되는 지형적 특성 때문에 가능한 일이다. 그러나 안개가 만들어진다고 반드시 설화가 피어나는 것은 아니다. 기온과 바람, 시간의 세 요소가 정확히 맞아 떨어져야 겨울 꽃, 설화는 탄생하는 것이다. 다시 말해서 한강에서 안개가 피어오를 정도로 기온이 적당히 높아야 하며, 안개가 산허리를 휘도는 바로 그 때, 찬 바람이 세차게 불어 주어야 수증기 알갱이들이 나뭇가지에 엉겨 붙게 되는 것이다.

모든 조건들이 꼭 알맞은 띠 안에 들어와야 얼음 꽃은 탄생하는 것이다. 그리고 그 조건들이 알맞으면 알맞을수록 얼음 꽃은 더욱 아름다워지는 것이다. 참으로 신기하지 않은가! 자연의 조화가 거대한 얼음 꽃의 성체를 만들어 내는 솜씨라니, 그것은 참으로 오묘한 것이 아닐 수 없었다.

이런 자연의 솜씨를 이곳에 사는 동안 나는 계속해 발견할 수 있었다. 그리고 이러한 자연의 경이들은 점점 나를 시골생활에 묶어 두는 역할을 했다. 시골생활이 계속될수록 나는 자연과 굳게 연결되어 갔다.

나는 당시에 중병을 앓고 있는 환자로서 평소와 크게 다른 감수성을 지니게 된 것 같았다. 난생 처음 해보는 시골 생활 속에서 보는 것마다 신기하게 보였고 신기하게 보이는 것은 저마다 모두 깊은 의미를 가지고 있는 것처럼 생각되었다. 자연의 경이는 볼수록 사람과 자연이 한 몸이라는 의식을 깊이 새기게 했다. 내가 발견한 수많은 자연의 경이들을 모두 이야기하려면 오랜 시간이 걸릴 것이다. 수많은 경이들 가운데 기억에 새로운 것 하나만 소개하려고 한다.

그 해 12월 초순, 나는 또 하나의 신기한 현상을 보았다. 순금색, 황금 개구리를 한 겨울의 추위 속에서 만났던 것이다. 집 뒤로 이어지는 고래산 중턱에 작은 샘이 있어 나는 산에 오를 때마다 이 샘물을 마시곤 했는데, 그 날도 등산용 컵으로 막 물을 뜨려고 할 때에 물 밑으로부터 이 황금 개구리가 머리를 쑥 내밀었던 것이다.

이 개구리는 샘 안에서 목만 물 밖으로 내밀고 목을 부풀리며 멀뚱하게 나를 쳐다보았다. 이 개구리는 영롱한 황금빛을 띄고 있었다. 어느 한 군데 군더더기도 없는 참으로 빛나는 순금빛이었다. 이 개구리 주위에는 상서로운 분위기가 흐르고 있었다. 나는 어떤 신령한 느낌에 휩싸여 그 자리에 꼼짝하지 않고 웅크린 채로 앉아 있었다. 순간적으로 이 개구리가 산신령의 화신이 아닐까 하는 생각이 들었다. 그렇게 아름답고 상서로운 황금빛을 띄고 있었던 것이다.

꽤 오랜 시간을 황금 개구리는 목만 부풀리다가 풀기를 거듭하며 멀뚱하게 나를 주시하고 있었다. 나는 행여 개구리의 행동에 영향을 주지 않을까 해서 꼼짝하지 않으며 같은 자세를 유지하고 있었다. 개구리는 그렇게 시간을 보내다가 어느 순간 갑자기 몸을 물 속으로 숨기며 사라졌다. 그제야 나는 자세를 풀고 편하게 앉으며 개구리가 다시 나타나기를 기다렸다. 그러나 개구리는 종내 나타나지 않았다. 나도 추위를 느껴 옹달샘 앞을 떠나야 했다.

집으로 돌아오는 내내 나는 상서로운 분위기에 젖어 있었다. 그 개구리는 어떻게 황금빛을 띄고 있을까? 도대체 개구리가 어떻게 그런 아름다운 황금빛을 낼 수 있을까? 그 개구리는 이런 추위 속에서도 왜 겨울잠을 자지 않고 샘물 속에서 살까? 겨우내 이 샘물 속에서 사는 것일까? 그 개구리는 자연 질서를 초월한 것일까? 나는 여러 가지 의문에 싸였다. 그러나 내 과학 상식으로는 이 의문들을 풀기 어려웠다.



마지막 마음 – 어느 죽음의 성찰

다만 내 상식으로 짐작하기에, 그 개구리는 산개구리의 일종으로 보였다. 눈 뒤쪽에 긴 검은 무늬를 가지고 있고 체형이 마른 삼각형 꼴인 점 등으로 미루어 볼 때, 우리나라 산간 지방에 광범위하게 서식하고 있는 산개구리라고 짐작할 수 있었다. 그러나 그 개구리는 내가 집 주변에서 많이 보았던 보통 산개구리보다 거의 두 배나 더 크게 보였고, 무엇보다도 그 영롱한 황금빛을 설명할 방법은 없었다. 그저 황금개구리라고 부를 수밖에 없었다.

나는 다음 날부터 매일 옹달샘에 들러 황금 개구리 보기를 소원했다. 나는 사흘 동안 매일 그 개구리를 볼 수 있었으나 그 후로는 자취를 찾을 수 없었다. 황금 개구리를 더 이상 보지 못한다는 것은 큰 아쉬움이었지만 한 겨울의 추위에 사흘 동안이나 나타났다는 것 자체가 고마운 일이었다. 나는 그 황금 개구리가 결코 범상한 개구리일 수 없다고 생각했다. 어떤 신령한 징조를 전달하는 개구리라는 생각이 자꾸만 들었다. 물활론(物活論, Animism)과 같은 생각을 떨쳐내기 어려웠던 것이다. 중병을 앓고 있는 환자로서 나는 더욱 그런 생각에 젖어들었던 것 같다.

사람은 역시 자기 체험을 벗어나기 어려운 존재인 것 같다. 너무 영롱하고 아름다운 황금빛 개구리를 보았기 때문인지 나는 내내 신령한 분위기에 젖어 자연에는 초월적 기운 같은 것이 있음에 틀림없다는 생각을 지우기 어려웠다. 황금 개구리를 보고도 과학적 상식에 갇혀 있다면 그것은 상상력과 감수성이 부족한 소치일 것이라고 생각했다. 내가 본 황금 개구리는 분명 자연현상을 벗어난 것이라고 생각했다.

자연은 이렇게 상식을 벗어나는 신비의 영역을 자주 우리들에게 보여 준다. 나는 시골생활을 시작하던 첫 해에 이런 신비한 일들을 여러 번 만날 수 있었다. 그리고 나는 자연이란 법칙성 안에 있으면서도 동시에 초월성도 함축하고 있는 객체라고 생각하기 시작했다. 이 생각은 아직 확정할 단계에 이르지 못하고 있다. 그러나 자연의 초월성은 분명히 논의해야 할 주제라는 생각만은 버리지 못하고 있다.


## 3. 이중생활

나는 산 밑에서 6년 동안 살았다. 암으로부터 일단 벗어났음을 의미한다는 5년 생존율을 넘기고 별 이상이 없자 시골생활을 정리하고 서울 집으로 귀환했다. 은퇴자로서 이중생활이 가져오는 경제적 부담을 무시하기 어려웠기 때문이다. 그러나 나는 시골생활을 잊지 못해 걸핏하면 시골로 달려가 한두 달씩 보내고 오곤 한다. 하지만 이런 정도 기간으로 시골생활의 의미를 찾을 수는 없었다. 그래서 한때 지리산 근처에 영구거처를 마련할까 해서 들락날락하기를 거듭했으나 인연이 닿지 못했고, 요즘에는 강원도 산골에 뜻을 두고 이곳저곳을 헤매고 있다. 서울에 살면서도 시골에 마음을 뺏기고 있는 것이다. 다시 말해 심리적으로 이중생활을 하고 있는 셈이다.

그런데 나는 산 밑에 살던 때에도 이중생활을 하고 있었다. 내내 두 가지 생각 사이를 오가며 살았던 것이다. 두 생각이란, 첫째는 죽음에 관한 생각이었고, 두 번째는 자연의 의미에 관한 생각이었다. 나는 당시에 한 편으로는 시골생활이 주는 기쁨에 젖어 있었지만, 다른 한 편으로는 암이 재발해 언제 죽을지 모른다는 두려움에 떨고 있었다. 낮에는 산 속을 돌아다니며 자연의 경이와 아름다움에 마음을 뺏겼으나, 밤이 오면 죽음에 대한 두려움에 짓눌리기 일쑤였다.

시골생활을 하면서 나의 건강은 날이 갈수록 회복되었고 심리적으로도 안정을 찾아가고 있었으나, 어쩌다 생각이 병세에 집중되면 공포감에 덜덜 떨어야 했다. 재발률 75%라는 병세에 한번 생각이 머물면, 이 생각을 아무리 떨쳐내려고 해도 불가능했다.

당시에 나는 암이 재발하게 되면 살기 어렵다고 알고 있었기 때문에 재발률 75%라는 확률은 생존율이 25%에 지나지 않는다고 생각했다. 살아날 확률 25%, 그것은 지나치게 협소한 가능성이었다. 때때로 이 25%라는 확률에 생각이 머무르면 그 날 밤은 잠을 이루지 못하고 하얗게 새게 마련이었다.

나의 이중생활은 어떤 정점을 향해 달려가고 있는 것처럼 느껴졌다. 막연한 불안의 정점, 그것은 예감처럼 나를 짓누르고 있었다. 머지않아 그러나 반드시 찾아오고야 말 것 같은 불안의 정점은 의사의 통고로 나타날 것이다. 재발(再發), 애써 숨기고 있는, 그러나 발각됨으로써 사태가 확연히 드러나고 말 비밀처럼 의사의 통고는 어느 날 갑자기 내려질 것만 같았다. 이러한 나의 예감은 곧 사실로 나타날 듯 조마조마했다. 죄 지은 아이처럼 나의 목은 움츠러들었다. 그렇게 시간은 흐르고 있었다.

낮 동안 나는 산 속에서 되도록 오랜 시간을 보냈다. 시름을 잊기 위해서도 그랬지만 몸을 피로하게 만듦으로써 밤에 쉽게 잠들기 위해서였다. 시간이 허락하는 한, 나는 산 속을 쏘다녔다. 뒷산인 고래산의 능선들을 하나하나 모두 답사할 심산이었다. 등산로를 마다하고 숲 속을 뚫어 새 길을 열 때, 나는 모든 것을 잊고 열중할 수 있었다. 관목 숲 속, 넝쿨들로 꽉 막힌 곳을 뚫어 통로를 만들 경우, 나는 마치 산판 노동자처럼 땀을 흘리며 넝쿨을 걷고 나뭇가지를 제거했다. 이렇게 전용 등산로를 개척하고 그 범위를 조금씩 넓혀 갔다.

산길을 새로 개척하는 일은 열중할 수 있을 뿐 아니라 재미도 있었다. 새 길을 내려면 부득이 관목을 꺾고 넝쿨을 제거해야 하기 때문에 산림을 훼손하는 것 같아 마음에 걸렸으나, 애써 길을 뚫고 보면 전혀 다른 면모의 숲을 볼 수 있어 이 유혹을 뿌리치기 어려웠다.

설혹 산림을 훼손한다 하더라도 맨손으로 나뭇가지를 꺾는 정도여서 큰 피해를 주는 것은 아니라고 스스로 변명하기도 했다. 또 칡넝쿨처럼 다른 나무의 성장을 방해하는 넝쿨류를 제거하는 일은 오히려 산림 보호에 유익을 주는 것이라고 스스로 달래기도 했다. 아무튼 넘어진 나무들의 잔해를 정리하고 얼기설기 막힌 길을 뚫고 보면 거기에는 대개 새로운 숲의 세계가 열리곤 했다.

한번은 새 길을 내려는 앞 방향에 바윗덩이들이 무더기로 널려 있어 이를 우회해서 멀리 돌아가는데 갑자기 숲의 분위기가 크게 달라 보여 웬일인가 싶어 주위를 둘러보았다. 거기에는 어느 고급 정원에나 있을 법한 준수한 수종들이 들어 차 있었다. 이 산에 흔히 있는 상수리나무나 떡갈나무와는 크게 다른, 잎이 넓고 두터운 나무들이었다. 마치 정원수들을 한 곳에 모아둔 것 같았다.

같은 산인데도 완전히 다른 수종들이 모여 있는 이유를 알 길이 없었다. 그러나 이곳은 고래산이 깊이 감추어 두었던 내밀한 곳인 것만은 틀림없는 것 같았다. 나는 이곳이 마음에 들어 그 날 오후 내내 일대를 어슬렁거리며 시간을 보냈다. 이 숲은 집에서 꽤 먼 거리여서 새벽등산 때는 갈 수 없었으나 시간이 날 때마다 나는 이곳에 들렀다.

또 한 번은 뜻하지 않게 옛 화전민 터를 발견하기도 했다. 들풀과 나무들이 어수선하게 자라나 있었으나 돌들을 쌓아 밭을 조성한 흔적이 뚜렷했다. 3단으로 조성한 밭이 꽤 넓었고, 한 구석에 집터로 사용했음직한 돌무더기가 쌓여 있었다. 이 돌무더기로 보아 두 사람 이상이 살았을 것 같았다. 돌들의 크기가 한 사람이 쌓기에는 너무 큰 것들이 많았기 때문이다.

산 중턱에 이런 화전민 터가 있다는 것이 신기했다. 무엇을 심어 먹었을까? 물은 어디에서 구했을까? 나는 궁금한 나머지 이런저런 상상을 해보았다. 밭의 넓이로 보아 이곳에서 자급자족을 할 수는 없었을 것 같았다. 채소를 심어 먹을 수는 있었겠지만 곡식은 외지에서 조달할 수밖에 없었을 것이다. 그렇다면 이곳에서 약초를 재배해 그것을 비싼 값에 팔아 양곡을 조달했을 것이다.

그러나 가장 큰 의문은 물을 어디에서 구했느냐 하는 점이었다. 고래산은 경사가 급해 물 흐르는 계곡이 없었다. 비가 올 때만 이삼 일 계곡에 물이 흐를 뿐 보통 때는 물이 모두 말라 있었다. 그렇다면 이곳에서 어떻게 생활을 할 수 있었을까? 물이 해결되지 못하면 생활은 불가능하고, 따라서 이곳에서 화전을 개간할 수 없었을 것이다. 나는 근처에 물이 있을 것이라고 생각하고 샅샅이 살피고 돌아다녔으나 종내 물을 발견할 수 없었다. 그렇다면 화전민이 살 당시에는 물이 있었으나 그 후 물이 말라 버렸는지도 모른다.

나는 이 화전민 터에 올 때마다 상상의 날개를 펴며 당시의 생활 모습을 머리에 그리곤 했다. 숨어 사는 두 남녀였을까? 도를 닦는 도인이었을까? 화전민 터의 돌 그루터기에 앉아 상상의 나래를 폈다. 아니면 나처럼 중병을 앓던 사람이 마지막 여생을 이곳에서 보낸 것은 혹 아니었을까? 문둥이였을까? 상상의 날개를 펴다 스토리가 병으로 옮겨오자 나의 처지와 연관되면서 쓸쓸한 감정을 누르기 어려웠다. 이 쓸쓸하고 억눌린 감정은 언제나 틈이 있으면 밖으로 비집고 나오고야 마는 것이었다.

이렇게 항상 밖으로 튀어나오는 병에 대한 걱정과 함께 가장 고통스러운 것은 밤에 죽음에 대한 두려움이 몰려오는 것이었다. 가장 조심해야 할 일은 잠자리에 누웠을 때, 죽음에 대한 두려움이 몰려오는 경우였다.

이때 한번 두려움이 엄습하면 아무리 마음을 돌리려 해도 떨쳐내기 어려웠다. 신경이 오직 병세에 고정되어 요지부동이었다. 재발 통고를 받은 것도 아니고 몸에 이상을 느낀 것도 아닌데도 한번 신경이 병세에 몰리면 그 날 밤은 잠자기를 포기해야 할 정도였다.

나는 이 두려움의 감정을 떨쳐내지 못하면 암이 아니라 더 심한 마음의 병을 얻을 것 같았다. 무슨 수를 써서라도 이 두려움에서 벗어나야 할 것 같았다. 그러나 그 방법을 알 수 없었다. 한때 명상 기법을 배우기도 했으나 이 두려움을 해결하는 데는 무력했다. 이 막강한 공포심은 거의 조건 반사적이어서 마음을 아무리 다스리려 해도 해결할 수 없었다.

나는 두려움에 짓눌려 머지않아 진짜 재발 통고를 받을 것 같았다. 두려움을 해결하지 못하면 또 다른 마음의 병을 얻을 것 같았다. 그리고 이 마음의 병은 다시 암을 건드려 재발을 불러올 것만 같았다. 마음은 뒤죽박죽으로 얽히고 불안한 예감은 자꾸 커갔다. 그러나 마음속에 한 가지 사실이 분명하게 자리 잡아 갔다. 무엇보다도 먼저 두려움을 없애야 한다는 사실이었다. 그렇다. 죽음에 대한 두려움과 공포를 무조건 없애야 한다. 마음을 다스려야 하는 것이다.

나는 마음을 다스려야 한다는 당위를 받아들였다. 그러나 그 방법을 알 수 없었다. 마음이란 다스려져라 하고 말한다고 다스려지는 것이 아니다. 특히 두려움은 없애려고 하면 할수록 더욱 새록새록 신경이 곤두서는 것이었다. 밤에는 이런 증상이 더욱 심하게 나타났다. 나는 머리를 흔들고 머리를 쥐어뜯으며 두려움이 다스려지기를 염원했다. 그러나 아무런 소득도 없이 시간만 흘러가고 있었다.

그것은 어쩌면 운명이었는지도 모르겠다. 시간이 가면서 오히려 죽음에 대한 공포가 절정에 이르는 순간이 찾아왔던 것이다. 그리고 어떤 폭발이 일어나고 말았다.

그 날 밤, 나는 공포에 짓눌린 나머지 죽음의 얼굴을 보았다는 느낌을 받았다. 그 날 밤 안으로 죽을 것 같다는 생각이 들었다. 살려달라고 외쳤으나 곧 죽을 것 같았다. 지쳐서 모로 쓰러지며 죽음에 항거해 보아야 필요 없다는 것을 마음 속 깊은 곳에서 느끼고 있었다. 결국 죽음에게 나를 맡길 수밖에 없다는 것을 깨달았다.

어느 순간, 나는 "그래, 죽자." 하고 마음 속 한 쪽에서 외치고 있었다. 그리고 운명이 찾아왔다. 그 순간 이후 죽음에 대한 공포가 사라져 버린 것이다. 나는 거짓말처럼 죽음에 대한 두려움에서 벗어났다. 체증처럼 가슴을 늘 억누르고 있던 응어리가 한꺼번에 사라지고 말았다. 깊은 한숨과 함께 나는 참으로 시원한, 참으로 탁 트인 자유를 오랜만에 만끽할 수 있었다.

의사로부터 암 통고를 받던 순간부터 내내 마음을 누르고 있었던 "이제, 죽었구나." 하는 두려움과 공포가 갑자기 사라지고 만 것이다. 나는 그 날 밤, 그 순간부터 운명이 바뀌었음을 깨달았다.

그러나 이 일이 어떻게 해서 일어난 일인지 처음에는 알 수 없었다. 다만 어리둥절할 따름이었다. 이 변화, 이 급전(急轉)은 왜, 어떻게 일어난 것일까? 나는 이 경험들을 반추하며 오래 생각을 거듭했다. 그 생각은 지금까지 10년째 지속되고 있다. 그리고 차츰 깨닫기 시작했다. 급전의 시작은 "그래, 죽자." 하고 마음먹은 순간부터 일어났던 것이다. 그 마음, "그래, 죽자." 하고 마음먹은 그것이 급전의 포인트였다는 점을 깨달을 수 있었다. 하다하다 못해 자아를 포기하고 죽음에 자신을 맡긴 그 순간부터 운명은 갈리기 시작한 것이다. 그리고 모든 변화가 뒤따랐다.

나는 이 급전의 포인트에 관해 많은 생각을 했다. 그렇게도 나를 두려움에 떨게 하던 감정이 이 순간부터 완전히 다른 형태로 변하는 그 메커니즘에 관해 생각하고 생각했다. 심리학 개론서를 살펴보기도 하며 그 내막을 알아내려고 노력했으나 그 어디에서도 빌미를 찾기 어려웠다.

나는 이 메커니즘에 큰 비밀이 숨어 있다는 예감을 갖기 시작했다. 그 비밀은 두려움으로부터 시작해 죽음에 직면하고, 그 죽음의 필연성을 인정할 수밖에 없는 과정의 연장선상에 있는 마음과 관련 돼 있다고 보였다. 마음에 질적 변화를 일으키는 그 원인을 찾아야 했다. 두려움이 평안으로 갑자기 변하는 마음의 원인은 무엇일까?

나는 마음의 급전을 반전(反轉)이라고 부르기로 하고 그 반전의 원인과 결과를 찾아 헤매었다. 그러나 내가 할 수 있는 방법은 오직 한 가지뿐이었다. 자신의 마음을 복기(復碁)하고 내 마음 자체를 살 필 따름이었다. 이러한 자성적(自省的) 방법이 자칫 주관적 경향으로 흘러 객관적 보편성을 확보하지 못할 위험이 있었으나 이런 위험쯤은 감수할 수밖에 없다고 생각했다. 왜냐하면 수많은 책들을 뒤적여 보아도 심리학이나 철학으로부터 이런 주제를 다룬 곳을 찾기는 어려웠고, 종교적 깨달음에서 어떤 단서를 찾을 수 있겠다는 생각을 갖기는 했으나 종교의 특성상 믿음이 전제되지 않고서는 그 객관성을 담보하기 어려울 것이라는 난점이 있었기 때문이다. 따라서 나는 일단 자성적 방법을 따라갈 수밖에 없었다.

나는 내 자신의 마음을 살피면서 차차 두려움의 실체를 파악할 수 있었으며, 이 두려움이 죽음이라는 자연의 법칙과 충돌하면서 심한 대립과 갈등을 불러오다가 이 긴장이 최고조에 달할 때, 사람은 부득불 자연의 법칙인 죽음을 받아들일 수밖에 없다는 사정을 파악할 수 있었다. 그리고 죽음을 받아들이는 그 순간, 반전이 일어난다는 사실도 발견할 수 있었다. 그것은 본능이 법칙에 순응하는 과정, 즉 반전이 일어나는 포인트라고 생각되었다.

이 책은 바로 그 반전의 메커니즘을 여러 가지로 설명하기 위한 것이다. 앞으로 보다 자세한 과정을 소개할 것이다. 그에 앞서 여기에서는 우선 죽음에 대한 두려움의 초기 단계에 관해 좀 더 살펴보기로 하겠다.

중병에 걸린 사람은 예외 없이 죽음을 연상하며 두려움에 떤다. 이 두려움은 참으로 눈물겨운 것이다. 이대로 죽어야 하는 것인가? 살 방도는 과연 없는 것인가? 애절한 슬픔 속에서 생명을 보전할 수만 있다면 지푸라기라도 붙잡고 싶은 심정에 빠진다. 그리고 심한 공포감에 휩싸이게 된다.

이 초기 단계에서 정상적인, 특히 이성적인 사고를 할 수 있는 환자는 거의 없다고 보아야 한다. 오로지 감정이 질풍처럼 휩쓸고 지날 뿐이다. 죽음에 대한 두려움과 공포, 살아야겠다는 애타는 갈망과 기원, 삶과 죽음의 혼란이 몰고 오는 메스꺼운 좌절감, 오직 감정이 극에서 극으로 치달릴 따름이다.

그런데 이 초기의 감정들은 어쩔 수 없고, 따라서 당연한 것이다. 나는 이 단계의 감정들을 매우 중요하게 생각한다. 이제 와서 볼 때, 이 초기 단계의 감정들은 병을 이기게 하는 데 있어서나 깨달음을 얻는 데 있어서 가장 긴요한 요소라고 생각된다. 이 초기의 감정들을 오롯이 간직해야 한다. 그러나 거기에는 간직할 것과 조절할 것이 분리되어 있다. 이 분리를 유의하면서 간직할 것은 간직하되 버릴 것은 버려야 한다.

여기에서 가장 중요한 것은 정신을 차리는 일이다. 비록 "이제, 죽었구나." 하는 두려움이 온 몸을 뒤흔든다 하더라도 잠시 마음을 가다듬고 이 상황을 장악해야 한다고 마음을 다져야 한다. 호랑이에게 물려 가더라도 일단 정신은 차리고 보아야 하는 것이다. 정신을 잃으면 모든 상황은 돌이킬 수 없게 된다.

일단 마음을 진정시키고 내가 빠진 상황을 그대로 살펴야 한다. 말은 쉽지만 이 일이 생각처럼 되는 것은 아니다. 그러나 죽느냐 사느냐의 갈림길이라면 더욱 그 상황만이라도 분명하게 알아야 하는 것이다. 정신을 차려야 그나마 어떤 가능성을 발견할 수라도 있기 때문이다. 나는 암을 발견하던 당시를 되돌아보면서 초기에 마음을 진정시키는 것이 얼마나 중요한 일인지 깊이 자각하고 있다. 마음이야말로 모든 것의 바탕이며 중심이다. 마음을 붙들고 있어야 한다. 마음을 놓치면 근거를 잃고 만다.

그리고 이제 두 가지 측면을 생각해 보아야 한다. 첫째로, 죽음에 대한 두려움은 왜 생기는 것인가를 생각해 보아야 한다. 둘째로, 이 두려움을 어떻게 관리할 것인가 생각해야 한다. 두려움에 대한 인식과 그것을 극복하기 위한 실천적 대책에 관해 생각해야 한다는 말이다.

그런데 죽음에 대한 두려움은 무조건적이고 또 막강한 것이어서 여기에서 벗어나기란 거의 불가능하다. 그대로 휩쓸릴 따름이다. 그렇기 때문에 더욱 이를 무작정 방치할 수는 없다. 죽음에 대한 두려움과 공포는 매우 특별한 것이어서 방치하면 할수록 사람을 절망에 빠뜨리며, 그렇기 때문에 쓰러지든 일어서든 결판을 내야 하는 마지막 상황으로 내몰리게 된다. 마지막 상황에 이르러서야 겨우 깨달을 수 있는 것은 두려움은 조절되어야 하며 또 조절될 수 있다는 것이다. 따라서 우리는 미리 생각하며 대책을 강구해야 한다.

요컨대 우리가 죽음에 대해 두려워하는 것은 죽음을 싫어하고 피하고 싶기 때문이다. 우리는 죽음을 본능적으로 싫어한다. 우리는 살고 싶은 본능을 가지고 있다. 우리는 살기 위해 태어난 생물체이기 때문에 죽음을 한사코 피하려고 한다. 그런데 갑자기 중병에 걸렸다고 하자. 중병에 걸렸다는 것은 죽을 염려가 커졌고 자칫 잘못하면 죽는다는 것을 의미한다. 여기에 충돌이 있고 긴장이 발생한다.

즉, 사람은 살려는 본능을 가지고 있으나 다른 한 편으로 반드시 죽을 수밖에 없는 자연법칙에 종속되어 있다. 이 본능과 법칙의 충돌 속에서 두려움이 생긴다. 두려움은 본능적인 감정이어서 무조건 죽음이라는 자연법칙을 배제하려 들고, 자연법칙이 어쩔 수 없다는 것을 직시하면 할수록 그 법칙이 두렵고 무서워지는 것이다. 우리는 여기까지 생각하는 데 어려움을 느끼지 않는다. 누구나 여기까지 쉽게 이해할 수 있다.

그러면 죽음에의 두려움은 조절될 수 있는가? 나의 대답은 "그렇다"이다. 죽음에 대한 두려움은 관리될 수 있다. 그러나 그 관리 또는 조절은 크게 두 가지로 나뉘며, 그 차이는 매우 크다는 것이 나의 주장이다. 두 가지 조절은 심리적인 조절과 본질적인 조절로 나뉜다.

심리적인 조절이란 심리치료와 같이 과도하거나 병적인 두려움의 감정을 완화시키는 기법을 가리킨다. 이 방법은 살려는 본능과 자연법칙 사이의 대립을 설명하는 등 논리적 인지 기능을 회복시킴으로써 두려움을 완화시키고 신경경로에 이상이 왔을 경우에는 약물투여도 병행하게 된다. 이렇게 함으로써 두려움을 점진적으로 완화시키는 것이다.

그러나 본질적인 조절은 점진적이 아니라 일거에 두려움을 날려버리게 하는 것을 말한다. 그 본질을 뚫고 들어가 돈오돈수(頓悟頓修)의 통찰을 꾀하는 것이다. 이 방법은 철학적 회의론과 같이 두려움과 관련된 모든 대상들을 철저히 회의하고 파고든 끝에 통찰의 경지에 이르는 것을 가리킨다. 따라서 한번 통찰에 이르면 다시는 죽음에 대한 두려움을 느끼지 않게 될 것이다. 그러나 누구나 짐작하듯이 이런 통찰이 쉽게 오는 것은 아니다.

그것은 지식이나 논리의 추구로 도달되는 것은 더욱 아니다. 죽느냐 사느냐의 갈림길에서 오열하고 고뇌하다가 가슴이 터져 나갈 즈음에 갑자기 도달하게 되는 경지인 것이다. 따라서 그것은 노력에 의한 것이라기보다는 운명이나 파열과 같은 것이라고 말해야 할 것이다. 나는 특히 이 본질적인 조절 방법과 과정에 대해 뒤에 가서 충분히 검토할 예정이다.

여기에서 주의를 기울여야 할 점이 한 가지 있다. 죽음에 대한 두려움의 감정을 자세히 살펴보면 두 가지 요소가 합해 있다는 점을 알게 되는데 여기에 주의하자는 것이다. 즉, 죽음에 대한 두려움은 죽음 자체를 무서워하는 감정과 이 두려움의 상황 전체를 흐르고 있는 절박함이 합해 한 감정을 형성하고 있는 것이다. 따라서 이 두 요소, 즉 무서움과 절박함은 각각 분리해 분석한 다음, 그 분석된 자료들을 종합하는 것이 옳은 순서일 것이다.

먼저 죽음에 대한 무서움은 혐오와 고통, 상반된 신념 등에 대한 반작용처럼 나쁜 결과로부터 벗어나려는 기피 심리의 일종으로 보인다. 우리는 경험에 의해 어떤 대상이 나쁜 결과를 가져오는지 인지하며 이 인지에 의해 여러 감정을 갖게 된다. 예를 들어, 아이가 물이 끓는 주전자를 기피하는 것은 손을 데어 본 경험이 있기 때문이다. 이 경험에 의해 아이는 아픔과 이 아픔에 대한 혐오를 갖게 된다.

곰이나 폭력배를 만났을 경우, 우리는 그 대상으로부터 무서움을 느끼고 여기에서 빨리 벗어나려고 한다. 이와 같은 기피 심리로서 우리는 죽음을 무서워한다. 생명을 가진 우리는 본능적으로 생명현상의 정지 또는 종말을 기피하는 것이다. 그런데 죽음은 생명현상의 최종, 최대의 단절이다. 이 종국적 단절을 우리는 무서워하지 않을 수 없을 뿐 아니라 어떤 대상보다도 가장 무서워하는 것이다.

그러나 무서움은 단순한 감정에 속한다. 무서움의 대상으로부터 일단 벗어나면 곧 안정을 회복할 수 있다. 아무리 큰 무서움이라 할지라도 그 대상이 사라지면 가슴을 쓸어내리면서 회복된 안정을 기뻐할 수 있다. 이렇게 무서움은 단순하며 비교적 반응과 회복이 빠르고 단면적이다. 그런데 이렇게 빠르고 단면적인 무서움이 지나치게 반복되거나 너무 큰 충격을 받을 경우, 변질되는 것을 발견하게 된다.

그 변질된 형태를 우리는 보통 염려, 근심, 불안, 번민 등으로부터 발견할 수 있다. 이들은 단순한 무서움과 비교해 중층적이고 끈질기다. 그런데 이들의 내면을 살펴보면 그 시작은 무서움으로부터 출발했음을 알 수 있다. 다시 말해 무서움이 변질되면 근심, 불안 등의 복잡하고 끈질긴 형태로 바뀌는 것이다.

이들 염려, 근심, 불안, 번민 등은 흔히 그 복잡성과 지속성으로 인해 인간 본성을 논하는 철학자들의 탐구 대상이 되기도 했다. 철학자들은 막연하지만 끝없이 계속되는 인간의 불안과 번민을 형이상학적 유한성과 불확실성에 연결시키고 결국 죽음이라는 막다른 예감과 결부시켰다. 파스칼(Blaise Pascal, 1623~1662)은 인간의 불안(anxiety)을 미래에 대한 막연한 두려움, 심지어 인간이 감출 수 없는 죽음과 무(無)에 대한 두려움이라고 파악했다. 그는 "인간은 무(無)를 알지는 못하지만 느낀다"고 말했다. 파스칼은 우리의 불안을 최종적으로 죽음과 연결하지 않을 수 없었다.

실존주의 철학자들도 불안과 번민의 뒤에 도사리고 있는 죽음의 예감을 떨쳐내지 못한 것 같다. 그들은 세기말의 우수와 인간 조건의 부조리를 부각시키면서 파스칼의 불안보다 더 강도 높은 번민(anguish)의 문제를 강조했다. 그들이 강조한 번민은 위험요소가 무엇인지도 모르면서 막연히 걱정하는, 대상이 없으나 강도 높은 두려움이었다. 위험요소를 알 수 없었기 때문에 번민은 항상 대책을 세울 수 없는 상태에서 머릿속을 맴도는 것이었으며, 따라서 참기 어려운 고통을 안겨 주는 것이었다.

실존주의 철학자들은 이 번민의 원인을 각자의 관점에 따라 여러 가지로 찾고 있었다. 그러나 그 원인들의 종착점은 파스칼이 파악한 것과 같이 죽음과 무(無)일 수밖에 없었을 것이라고 나는 분석한다. 이러한 나의 분석은 매우 자의적이다. 자의적인만큼 실존주의 철학자들의 관점과 어긋날 가능성이 크다. 그러나 근본적인 원인을 끝까지 추적한다면 결국 죽음에 이를 수밖에 없다는 것이 논리적 귀결이다. 인간의 모든 근심 걱정의 종국적 근거는 죽음에 이를 수밖에 없는 것이다. 죽음은 삶의 마지막에 위치하면서 가장 무섭고 두려운 것이며 거기에다가 그 본질을 파악하기도 어려운 것이기 때문이다.

내가 잠시 철학자들이 불안과 번민의 문제를 어떻게 다루었는지 소개한 이유는 나의 관점을 보다 분명하게 들어내기 위해서이다. 즉 염려, 근심, 불안, 번민의 감정들은 그것을 어떻게 분석하고 풀이하든지, 그 걱정하는 위험요소의 마지막은 죽음과 연결지을 수밖에 없다고 나는 생각한다.

다시 말해 우리가 막연한 불안이나 끈질긴 번민에 시달린다고 할 때, 그 원인을 인생의 불확실성이나 인간조건의 부조리, 또는 종교적 원죄(原罪)에서 찾는다 하더라도 이러한 원인들은 우리 삶의 최후에 도사리고 있는 죽음과 비교하면 하찮은 가지에 지나지 않다는 것을 알게 된다. 만일 죽음의 모순이 없다면 불안과 번민도 사라질 것이다. 이것이 나의 관점이다. 모든 염려, 근심, 불안, 번민의 최종적 원인은 죽음이라는 모순 덩어리에 집중해 있다는 말이다.

이제 원점으로 돌아가 다시 죽음에 대한 무서움과 절박함을 분리해 검토해 보자. 앞서 무서움은 비교적 단순한 감정이라고 나는 분석했다. 무서움은 위험요소가 제거되면 비교적 빨리 안정을 회복한다. 그런데 죽음에 대한 무서움은 일반적인 무서움과 조금 다른 특성을 가지고 있다. 즉, 위험요소인 죽음을 제거할 수 없다는 난처함을 가지고 있다. 죽음은 살아가는 동안 언제나 뒤에 남아 있는 위험요소이다. 그러나 우리는 이 난제를 생각하지 않는 것으로 해결한다. 마치 죽음이 없는 것처럼 잊고 살아가는 것이다. 이러한 삶의 전략은 매우 효과적이다. 죽음은 언제나 뒤에 있으나 없는 것처럼 무시할 수 있다면 없는 것과 같은 효과를 내는 것이다.

그러나 우리는 종종 죽음을 의식에서 꺼내지 않을 수 없다. 감수성이 예민해지거나 친구의 갑작스런 사망 소식을 들었을 때, 우리는 죽음이 가까이 있었다는 생각을 꺼낸다. 높은 선반 위에 올려놓았던 죽음이라는 우리의 마지막 사진을 꺼내 먼지를 털고 유심히 살피게 된다. 죽음은 언제나 가까이 있었다! 이 위험요소는 결코 제거할 수 없다. 다만 잊고 있을 따름이었다.

이렇게 죽음에 대한 무서움은 우리의 마음과 깊이 연결되어 있다. 죽음을 얼마나 어떻게 생각하고 의식하느냐에 따라 무서움의 빈도와 강도는 달라진다. 마음이 이 무서움을 결정한다. 따라서 우리는 보통 죽음을 잊고 사는 전략을 선택한다. 그러나 세기말의 철학자들처럼 끈질긴 불안과 번민으로 죽음을 응시하는 사람들은 죽음을 계속 잊고 살 수 없다는 것을 알고 있다. 죽음은 반드시 한 번 우리의 절대적인 관심사가 될 수밖에 없다. 우리는 반드시 죽기 때문이다.

한 번 죽음에 직면해 죽음을 응시할 수밖에 없었던 사람들은 죽음 문제의 심각성을 깊이 깨달을 수 있다. 죽음은 모든 것을 끝내버리는 절대적인 힘을 가지고 있으며 또 누구에게나 가차 없이 찾아오는 필연성을 가지고 있다. 우리는 이 죽음에 반드시 한 번 직면해야 한다. 늙은이와 병자들만이 죽음에 직면하는 것은 아니다. 젊어서도 죽을 수 있고 건강하던 사람도 갑자기 쓰러질 수 있다. 죽음은 사람을 가리지 않으며 시간과 공간을 가리지 않는다. 이러한 죽음의 속성을 우리는 깊이 살펴야 한다.

이 지점에서 우리는 죽음에 대한 절박함을 검토해야 한다. 죽음에 대한 절박함은 심리적인 부분이 있고 형이상학적인 부분이 있다. 절박함이 무서움 때문에 생긴다고 본다면 이것은 심리적인 측면이라고 말할 수 있다. 그러나 절박함이 무서움과 관계없이 다만 죽음의 속성을 깊이 인식함으로써 우리 인생에서 죽음이 얼마나 절박한 문제인가를 가려낸다고 한다면 이것은 형이상학적 측면이라고 보아야 한다. 다시 말해서 우리가 죽음에 대해 절박한 심정을 갖는 것은 한 편에서 보자면 죽음이 무섭기 때문이다. 그러나 무서움은 절박함의 필요조건이지만 충분조건은 아니다. 따라서 절박함은 무서움 없이도 생길 수 있는데, 그것은 형이상학적 측면 때문에 가능하다는 말이다. 이러한 분석이 옳다면 우리는 절박함을 무서움과 분리해 적용할 수 있다.

지금까지 죽음에 대한 두려움을 무서움과 절박함으로 구분하고 그 각각을 분석해 보았다. 이러한 분석의 의도는 죽음에 대한 두려움을 먼저 이해하고, 그 다음에 두려움을 완화시킬 수 있는 실천적 방법이 있는지, 있다면 어떤 것을 선택할 만한지 알아보기 위해서이다. 그런데 나는 이미 앞에서 죽음에 대한 두려움은 조절될 수 있으며, 그 방법으로 심리적인 조절과 본질적인 조절을 고려할 수 있다고 말했다. 그리고 이어 죽음에 대한 두려움은 무서움과 절박함으로 구분할 수 있는데, 무서움과 절박함은 별개로 분리해 적용할 수 있다고 분석했다. 이러한 분석들을 토대로 나는 종합적인 대책을 마련하려고 고심했다.

나는 이렇게 생각했다. 먼저 죽음에 대한 두려움의 두 요소인 무서움과 절박함을 각각 분리해 적용할 수 있다면, 먼저 무서움은 심리적인 조절에 맡기고 그 절박함은 본질적인 조절에 적용한다는 것이었다. 내가 이렇게 분리 적용을 생각한 것은 죽음의 본질에 접근하지 않고 죽음의 두려움은 해결되지 않는다고 생각했기 때문이다. 무서움은 심리 치료로도 어느 정도 경감시킬 수 있고 점진적으로 완치도 가능할 수 있다.

그러나 나는 나의 경험에 비추어 볼 때, 죽음의 두려움은 본질적으로 단 한 번에 결판을 내야 한다고 생각했다. 그런데 이 결판에 절박함이 절대적으로 긴요한 요소라고 본 것이다. 죽음에 직면해 두려움에 벌벌 떨 때, 우리는 절박한 심정에 내몰린다. 이 절박함이 중요하다. 무서움과 분리된 절박함은 죽음의 본질을 응시할 수 있다. 무서움은 죽음을 피하려고 하는 기능만을 가지고 있다. 그러나 절박함은 죽음을 피하지 않는다. 죽음의 얼굴을 응시할 수 있다. 이 응시, 이 대결에서 우리는 구원을 발견할 수 있다. 나는 결국 그 구원을 발견할 수 있었다. 이 구원의 과정은 뒤에서 자세히 이야기할 것이다.


## 4. 자연의 의미

이렇게 산 밑에 살던 초기에 나는 이중생활을 할 수밖에 없었다. 한 편으로 자연의 아름다움으로부터 위로를 얻는가 하면 다른 한 편으로는 죽음의 공포에 시달렸던 것이다. 이런 이중생활은 심리적으로 나를 혼란에 빠지게 하는 경우가 많았지만 유익한 공헌을 하는 측면도 있었다. 예를 들어, 이중생활의 교차하는 생각의 패턴이 나에게 근본적인 사유를 하도록 유도하는 역할을 한 것 같은 경우이다.

언제부턴가 나는 산에서 들풀 하나를 볼 경우에도 옛날 같으면 건성으로 지나칠 일도 꼼꼼하게 살피고 이리저리 따지는 버릇이 늘어났던 것이다. 차츰 모든 사유는 근본적인 바탕을 근거하고 본질을 파고들어야 한다고 생각하기에 이르렀다. 이런 생각은 나를 자주 지치게 만들었으나 어차피 견지해야 할 자세임에는 틀림없었다. 차츰 나름대로 가장 근본적이고 본질적인 것만을 추구해야 한다는 생각을 굳히게 되었다. 할 수 있는 한 가장 근본적이고 가장 본질적인 것에 접근하려고 노력해야 한다는 것이었다.

이런 생각이 일차적으로 죽음 문제에 매달리도록 만들었다. 나에게 죽음 문제는 그 어느 것보다도 가장 근본적이고 본질적인 문제로 보였다. 중병을 얻어 죽음의 공포에 내몰린 사람으로서 당연한 결과였을 것이지만 병자가 아니라 하더라도 죽음 문제는 심각한 주제임에 틀림없는 것이다.

지금, 여기에서 죽게 된다면 이것보다 더 중요하고 더 근본적인 이야기가 어디에 있겠는가? 죽음은 사람에게 있어 최대, 최종의 사건임에 틀림없는 것 같았다. 더 파고들 수 없는 마지막 벽이 죽음이라고 생각되었다. 따라서 나는 '죽음'을 우리가 사유해야 할 가장 근본적인 범주라고 구분했다. 생각을 거듭한 끝에 이것은 타당하다고 결론지었다.

그런데 죽음의 뒷면은 '삶'이다. 삶이 없다면 죽음도 없을 것이며, 죽음 문제가 그렇게 심각한 문제라면 그 이전에 삶의 문제 또한 심각한 주제여야 한다. 따라서 삶 또한 근본적으로 생각해야 할 대상에 포함시켜야 마땅할 것이다. 그러나 나는 이 점을 조금 다르게 보아야 한다고 생각했다. 삶의 문제는 사유해야 할 범주에 일부러 넣을 필요가 없다는 것이었다. 삶의 문제는 우리가 태어나면서부터 바로 옆에 있었고 언제나 함께 뒹구는 생활 자체로서 일부러 주의하고 고려하지 않더라도 자동적으로 궁리할 수밖에 없는 대상이었다. 따라서 삶은 사유해야 할 대상에 넣지 않아도 된다. 당연히 거기 있고 으레 생각하지 않을 수 없는 대상이다. 만일 너무 당연하고 평범한 이 문제를 새삼스럽고 요란하게 다룬다면, 그것은 너무 떠드는 속(俗)된 일이 되리라고 생각되었다.

그러나 죽음 문제는 완전히 다른 것이다. 우리의 머리를 뒤흔들고 깜짝 놀라게 만드는 일이다. 그야말로 정신이 번쩍 들게 하고 모든 것을 주의 깊이 살피지 않을 수 없게 만든다. 또 그 주제의 깊이는 끝을 모르게 한다. 무(無)의 바닥에 내려가 그 깊이를 가늠할 길도 없게 만든다. 이런 죽음의 문제를 일반적인 주제와 섞이게 할 수는 없다. 나는 죽음 문제를 우리가 사유해야 할 거의 유일한, 가장 근본적인 대상에 포함시켜야 한다고 생각했다.

나는 또 삶의 문제도 죽음 문제를 통해서 검토할 때, 제대로 파악될 수 있을 것이라고 보았다. 삶의 마지막 끝인 죽음에 직면할 때, 삶의 전모는 분명하게 모습을 드러낼 수 있다고 보았기 때문이다. 죽음만이 삶의 모든 역사를 드러나게 만드는 기능을 가지고 있는 것이다. 어떤 형태로든 죽음의 과정을 통과하지 않은 사람은 새롭고 진정한 삶을 누릴 수 없다고 나는 생각했다. 죽음의 과정을 지금 통과했다면, 그 사람은 이전과는 완전히 다른 새로운 삶을 경험하게 될 것이다. 모든 것이 빛나고 아름다운 새로운 세계를 볼 것이다. 감격과 환희에 가득 찬 새로운 삶을 발견하게 될 것이다. 죽음의 과정만이 삶을 새롭게 주조할 수 있기 때문이다.

다음으로 나에게 근본적인 범주라고 생각되는 것은 '자연'이었다. 시골생활에서 접할 수 있는 산과 숲, 거기에 있는 싱싱함과 아름다움, 있는 그대로 기쁨과 행복을 안겨 주는 생태자연, 그것은 분명히 또 하나의 근본범주일 수밖에 없다고 나는 생각했다.

시골에 살면서 내내 자연의 의미를 생각한 끝에 나는 '자연'을 '죽음'과 함께 우리가 반드시 사유해야 할 근본범주라고 구분하게 되었다. 여기에서 근본범주라는 철학적 용어를 쓰고 있지만 범주론을 염두에 두고 사용한 말은 아니다. 다만 우리가 근본적으로, 끝까지 생활과 사유에서 놓치지 않아야 할 대상의 유개념이라는 의미에서 차용한 말일 뿐이다.

내가 '죽음'과 '자연'을 사유해야 할 근본범주로 구분한 데에는 좀 더 깊은 생각이 깔려 있었기 때문이다. 내 나름대로 근본적인 지혜라고 결론지었던 '순응'이라는 개념이 그 바탕에 깔려 있었던 것이다. 순응(順應, Obedience)이란 어떤 대상에게 우리가 머리 숙여 순종한다는 것을 의미한다. 거기에는 적응한다는 뜻도 함축하고 있는 것으로서 어쩔 수 없이 거기에 따라가며 적응해야 한다는 것을 의미한다. 자연법칙에 순응한다고 말할 때, 순응의 의미는 가장 잘 드러나는 것 같다. 물은 아래로 흐르는 것이 자연법칙이며, 이것은 거스를 수 없는 이치이기 때문에 우리는 거기에 순응해야 하는 것이다.

이렇게 나는 '죽음'과 '자연'을 사유해야 할 근본범주로 구분하면서, 동시에 '순응'해야 할 근본범주로 설정했다. 죽음과 자연에 우리는 거스를 수 없다. 싫어도, 저항해도 결국 거기에 무릎 꿇어야 한다. 순응하지 않을 수 없는 대상인 것이다.

무엇보다도 우리는 죽음에 순응하지 않을 수 없다. 죽음은 누구에게나 반드시 찾아오는 필연적인 것이기 때문에 우리는 불가피하게 죽음에 순응하지 않을 수 없다. 물론 끝까지 죽음에 저항할 수도 있다. 그러나 아무리 저항한다 하더라도 죽음을 피할 길은 없다. 하다 하다가 어쩔 수 없다는 것을 마지막 단계에서 깊이 깨달은 사람은 결국 자기 자아를 던져야 한다는 것을 알게 된다. 죽음을 받아들이지 않을 수 없는 것이다. 결국 순응하게 된다.

이와 같이 '자연' 또한 순응해야 할 대상이라고 생각했다. 무엇보다도 우리는 자연법칙에 순응하지 않을 수 없다. 물은 아래로 흐르며 태양은 떠오른다. 자연법칙은 반드시 지켜지며 변함이 없기 때문에 우리는 이를 거스를 수 없고 따라서 순응해야 한다. '죽음'까지도 자연법칙의 하나다.

자연법칙은 어김이 없다는 점에서 자연은 자연다운 성격을 지닌다. 우리 인간이 자연을 경외하는 가장 큰 이유는 바로 이 법칙성 때문이며, 그 법칙성이 생성사멸(生成死滅)의 순환을 어김없이 지키기 때문일 것이다. 우리는 태어나고 죽는다. 우리는 이유도 모르고 태어나서 반드시 죽어야 한다. 이 자연법칙은 비정하리만치 어김없이 진행된다. 그러나 자연은 말이 없다. 인간이 애써 분석하고 설명하지만 정작 자연 자신은 말이 없다. 이러한 자연 앞에 우리 인간이 할 수 있는 최후의 선택은 순응하는 도리밖에 없는 것이다.

나는 이러한 '순응의 원리'를 뼈아프게 느끼고 이해할 수밖에 없었다. 중병에 걸려 "이제, 죽었구나" 하는 공포에 시달리던 어느 날 밤에 '죽음'과 '자연'에 순응하지 않을 수 없다는 원리를 몸으로 깨우친 이후, 이 원리는 내 삶의 원칙 같은 것이 되어 있었다. 이러한 체험은 인생을 보는 관점도 변하게 만들었다. 산다는 것은 다만 사는 것으로 충분한 것은 아니었다. 죽음과 자연을 제대로 이해하지 못한다면 진정한 삶은 찾을 길 없다고 생각하게 되었다. 죽음과 자연에 대한 뼈저린 체험 없이 진정한 삶은 발견되지 않는 것이며, 따라서 '죽음에의 순응'과 '자연에의 순응'은 진정한 삶과 그 삶의 가치를 찾기 위한 전제라고 생각하기에 이르렀다.

그런데 이른바 '순응의 원리'에 자연을 과연 포함시킬 수 있는 것인가 하는 일말의 의문이 일었다. '죽음'에 순응할 수밖에 없다는 사정은 죽음의 막강하고 필연적인 성격 때문에 당연한 것으로 받아들이는 데 이의를 달 수 없다고 생각했다. 그러나 '자연'은 순응의 대상으로 당연하게 받아들이는 데 다소 무리가 있어 보였다.

물론 자연법칙은 거스를 수 없고 따라서 순응해야 할 대상임에는 틀림없다고 생각되었으나, 그 자연법칙들을 포용하고 있는 자연이라는 객체 전체는 여러 의미소(意味素)들을 포괄하고 있기 때문에 순응의 대상으로 당연하게 자리매김하는 데 무리가 있어 보였던 것이다.

다시 말해서 '자연'은 법칙을 가지는 추상명사로서의 의미를 비롯해, 산과 숲에 있는 싱싱하고 아름다운 생태 자연으로서의 의미, 인간이 이용하고 사용함으로써 인간에게 유익을 주는 도구적 자연의 의미, 그리고 동양사상의 원류로 알려진 '스스로 그러함'의 자연이연(自然而然)으로서의 관조적 의미 등 여러 의미를 포괄하고 있는데, 이를 모두 뭉뚱그려 순응의 대상으로 일반화시킬 수 있느냐 하는 의문이 들었던 것이다. 요컨대 '자연'이라는 단어에 여러 의미가 포함되어 있다는 사정이 문제였던 것이다.

그 가운데서 도구적 자연의 의미가 나를 가장 혼란케 하는 것이었다. 내 의식의 중심에는 알게 모르게 자연은 이용하고 정복할 대상이라는 생각이 단단히 못 박혀 있었던 것이다. 나는 요양생활을 통해 자연의 위로와 치유의 능력을 깊이 깨닫고 있었음에도 불구하고 자연을 외경이나 순종해야 할 대상으로 인식하기보다는 그 싱싱함과 아름다움을 다만 이용한다는 생각에서 벗어나지 못하고 있었던 것이다. 나는 이 도구적 이성을 극복해야 한다고 생각했다.

인류는 기술문명을 발전시키면서 자연을 도구(道具)로 활용해 왔다. 인간을 중심에 놓고 인간 밖에 있는 자연을 타자로 분리하고 이를 도구로 이용했던 것이다. 인간 자체도 자연의 일부임에도 불구하고 인간은 자신을 중심으로 생각하고 자연을 주변에 있는 이용대상으로 삼았던 것이다. 이러한 계몽사조는 매우 진보적으로 보였으며, 기술문명을 꽃 피우게 하는 원동력이 되었다.

인류는 자연을 도구로 이용함으로써 갈수록 편리하고 안락한 생활을 누릴 수 있었다. 인류는 이렇게 가면 태평성대를 지향할 수 있을 것 같았다. 그러나 자연을 이용함에도 인간 상호간에 불균형이 노출되었으며, 이로 인해 폭력과 전쟁이 그칠 줄 모르고 계속되었다. 무엇보다도 자연의 지속 가능성이 무너지면서 전 지구적 위기가 몰려오기 시작했다. 오늘날 환경 재해는 이론이나 예상이 아니라 실제 상황이며 눈앞의 비극이 되었다.

우리는 기술문명이 가져온 환경 위기를 실감하면서 여기에서 벗어날 실천 강령들을 외치고 있다. 그러나 우리 개개인들은 은연중에 기술문명의 잠재의식을 가지고 있다는 사실을 발견하고 스스로 놀라는 때가 많다.

나 역시 시골에서 살면서 자연의 혜택을 누구보다도 많이 누려왔지만 자연을 도구로만 생각하는 잠재의식에서 결코 벗어나지 못하고 있다는 사실을 발견하곤 한다. 우리는 너나없이 기술문명의 자녀가 된 지 오래 되었던 것이다. 환경위기에서 벗어나야 한다고 누구나 외치고 있지만, 막상 구체적인 실천 목록을 실행해야 할 입장이 되면 편리함과 간편함의 유혹에서 쉽게 벗어나지 못하고 마는 것이다. 도구적 잠재의식은 강한 의지로써만 극복될 수 있는 오랜 유혹의 잔재로 남아 있는 것이다.

　나는 나의 의식 내부에 도구적 이성이 자리 잡고 있는 한 진정한 의미에서의 '자연에의 순응'은 불가능하다고 느꼈다. 기술문명이 흔적으로 남긴 도구적 잠재의식을 머릿속에서 깨끗이 씻어내지 않고 자연에의 순응은 불가능할 것 같았던 것이다. 나는 산 밑에 살면서 이 점을 매우 민감하게 느끼고 있었다. 그 느낌은 마음속에서 마치 씨름을 벌이는 것과 같았다. 그것은 오랜 버릇인 도구적 잠재의식과 새로이 대두된 자연에의 순응과의 씨름이었다. 그런데 이 씨름은 아무튼 자연에의 순응이 승리해야 되는 것이었다. 나는 자연에의 순응을 당위라고 생각했기 때문이다.


## 5. 무위자연(無爲自然)

　이런 느낌과 생각 속에서 노자(老子)의 무위자연(無爲自然) 사상을 배워야 한다는 생각이 들었다. 거기에 어떤 실천력의 힌트가 있을 것 같았다. 그래서 도덕경(道德經)과 그 해설서들을 열심히 뒤진 결과, 차츰 자연(自然, 스스로 그러함, Self-So)이 의미하는 바의 윤곽이 떠오르고 그 언저리에 '자연에의 순응'을 위한 지침이 있을 것 같았다. 도덕경이라는 텍스트는 다분히 계몽적이고 경구적(警句的)이어서 수미일관하는 논리가 없기 때문에 각 장(章)에 널려 있는 사상들의 파편들을 꿰어 맞추어야 하는 어려움이 있었으나 그 메시지의 위대함은 나에게 큰 가르침과 암시를 주기에 부족함이 없었다. 도덕경에 나타난 무위자연 사상을 나는 이렇게 이해하고 있다.

첫째로, 도(道)의 실체와 관련해 노자는 긴 사색 끝에 도가 유물론적(唯物論的) 물적 토대에서 벗어날 수 없다는 결론에 이른 것으로 보인다. 도란 형이상학적, 초월적 실재(實在)냐, 아니면 물리적 토대 안의 내재적(內在的) 실체냐 하는 문제에서, 노자는 사상적 편력을 거친 끝에 내재적 실체로 보아야 한다는 결론에 도달했다고 볼 수 있다는 말이다.

노자의 이러한 결론은 사람의 인식 작용을 면밀하게 검토한 뒤에 내린 결과라고 생각된다. 즉, 사람의 인식 작용은 눈앞에 전개되는 대상을 감각하고 그 감각 내용을 지성으로 분석, 판단하는 한계 안에서 이루어질 수밖에 없다는 결론을 얻은 것이며, 따라서 인간의 감각 기능을 뛰어넘는 형이상학적, 초월적 실재를 도(道)라고 말할 수 없다는 것이다. 결국 노자는 무(無)와 유(有)가 동출(同出)하는 현상에서 도의 진정한 모습을 발견했으며, 이러한 도의 원리를 '스스로 그러함(自然, Self-So)'에서 찾게 된 것 같다.

이러한 노자의 고뇌와 결론이 가장 잘 드러나 있는 대목이 왕필 노자주(王弼老子注) 제1장이라고 생각된다. 제1장 첫 단락은 "道可道 非常道, 名可名 非常名(도라고 말할 수 있는 도는 영원한 도가 아니며 이름 지을 수 있는 이름은 영원한 이름이 아니다)"이라고 시작되는데, 여기에서 노자는 도를 '말하고 정의할 수 있는 도(可道)'와 '말할 수도, 정의할 수도 없는 영원한 도(常道 또는 恒道)'로 구분한다.

이러한 구분에 따라 노자는 영원하고 진정한 도(常道)란 개념을 가정하고 있는데, 이러한 상도(常道)는 인간의 언어, 즉 이름과 정의를 초월하고 있다는 점을 분명하게 하고 있다. 따라서 인간의 언어는 언어로써 이야기되면(可名) 진정하고 영원한 이름(常名), 즉 언어로써 규정하고자 하는 진정한 의미로부터 벗어나고야 마는 모순된 상황에 도달한다는 점을 부각시키고 있다.

이렇게 상도(常道)와 상명(常名)이 언어를 초월하고 있다고 노자가 지적했다면 그것은 무엇을 의미하는 것일까? 나는 이 지점으로부터 두 가지 길을 더듬어 볼 수 있다고 생각한다. 그 첫 길은 상도(常道)의 실체를 파악하려는 존재론의 탐구에 관한 것이며, 둘째 길은 언어의 허구성을 제거하려는 인식론에 관한 것이다.

논의의 편의를 위해 노자의 인식론을 먼저 추적해 보자. 노자가 상도(常道) 개념을 설정하고 상도가 이름과 정의(定義), 즉 언어를 초월하고 있다는 언어 초월적(혹은 이전적) 특성을 부각시키려고 한 의도는 어디에 있을까? 나는 이 지점에서 노자의 인식론이 출발하고 있다고 생각한다. 즉, 진정하고 영원한 도란 언어를 벗어나 있는 것이라는 언명에는 언어의 문제점, 즉 언어의 애매성과 허구성을 제거하고자 하는 노력이 숨어 있다는 것이다. 노자는 사물의 진상을 밝히기 위해서는 언어가 가지고 있는 애매성과 허구성을 먼저 제거해야 한다는 점을 깨닫고 있었던 것이다.

주지하는 바와 같이 사람의 언어는 영장류 기능의 본질이지만, 이상하게도 진실과 허구의 중간에 걸쳐 있어 항상 그 진실성과 명확성을 밝혀내야 하는 긴장의 대상이 되어 왔던 것이다. 따라서 아무리 많은 말을 해도 사물의 진상은 밝혀지지 않는 경우가 허다한 것이다. 차라리 말을 생략하고 꽃 하나를 들어 보이는 것이 사물의 진상을 전달하는 데 훨씬 효과적인 경우 또한 많은 것이다. 이렇게 언어가 가지고 있는 치명적인 약점인 인위성과 허구성을 어떻게 제거하고 옳은 인식에 도달하느냐 하는 점이 중대한 문제로 부각하는 것이다.

이러한 철학의 과제는 서양에서도 똑같이 대두된다. 신화시대가 마감하고 철학이 학(學)으로서 정초하는 데 이러한 과정은 필수적이었다. 플라톤(Platon, BC 427 ~ BC 347)은 처음부터 자연과 인위의 대립을 알고 있었으며, 인위적인 것들, 즉 언어, 관습, 문화 등에서 허구적인 것을 어떻게 제거할 것인가를 철학의 근거로 삼았다.

플라톤은 허구를 제거하는 방법의 하나로 논증을 제시하는데, 논증은 기하학에서 틀림없는 것으로 확립된다. 예를 들어, 직각삼각형은 어떠한 공간에서도 하나의 직각삼각형으로 논증될 수 있는 것이다. 피타고라스의 정리는 측량을 하지 않고서도 모든 공간에서 증명된다. 다시 말해서, 기하학적 명제는 모든 공간으로부터 분류되면서도 모든 공간에 내재하는 종(eidos) 안에 있기 때문에 충분히 입증 가능하다. 이러한 입증은 모든 공간에서 가능하므로 진정한 지식으로 삼을 수 있다. 플라톤의 인식론은 이렇게 출발한다.

플라톤은 이러한 인식론을 바탕으로 그의 존재론을 발전시킨다. 플라톤의 존재론을 내가 이해하는 방식으로 조금 더 설명해 보기 위해 플라톤이 사유한 궤적을 따라가 보자. 플라톤이 사물의 진상을 규명하기 위해 어떠한 근거를 찾았을까? 한 사물의 진상은 그 사물이 거기에 있다는 사실로부터 규명되기 시작해야 할 것이다.

'있음'은 아무리 회의해도 부정할 수 없는 사실일 것이다. 그 사물이 없다면 진상의 규명 자체가 불가능하게 되기 때문에 그 사물의 '있음'은 사유의 시작일 수밖에 없는 것이다. 그런데 '있음'이란 무엇인가? '있음' 아닌 것(없음)이 아니다. 이렇게 존재론의 궁극적 시작은 '없음'의 발견으로부터 출발하게 된다. 모순율(矛盾律)에 의해 존재론이 출발할 수밖에 없는 사정이 여기에 있다. 즉 '있음'은 '없음"에 의해 확립되는 것이다. 바로 이러한 사정이 동양의 도덕경에서도 똑같이 발생하고 있다. 바로 유(有)가 무(無)로부터 태어난다는 사유가 그것이다.

플라톤은 이렇게 '있음'을 확립한 다음, 그 '있음'을 있게 하는 요소로서 자기동일성을 개발한다. 어느 존재가 존재를 지속하기 위해서는 자기만 가지고 있는 고유한 속성을 계속 가지고 있어야 한다. 이러한 자기동일성은 자기 혼자 자체적으로 가지고 있는 경우가 있을 수 있고, 타자와의 관계에서 자기를 구분하는 속성으로서 가지고 있는 경우가 있다.

또 운동의 경우에는 자기동일성이 반복하거나 계기하게 된다. 이렇게 자기동일자는 자체적 일자이거나, 타자와의 구분에서 자기동일적 일자이거나, 운동의 과정에서 반복, 계기하는 일자로 존재한다. 그런데 이러한 자기동일자는 '없음'에 의하지 않고서도 스스로 존재할 수 있다. 즉, 동일율의 논리 공간에서 존재할 수 있는 것이다.

그런데 순수한 자기동일성을 지키려고 한다면, 실제적 공간의 잡다성으로부터 구분되는 관념적 순수공간이 필요하게 된다. 다시 말해서 자기동일성이 훼손되지 않을 진공과 같은 순수공간이 필요한 것이다. 그것은 관념 안에 들어가 실제적 공간을 차단할 때 가능할 것이다. 플라톤은 이것이 가능하다고 보았고 그러한 환경을 형상(Eidos)이라고 불렀다. 플라톤은 형상을 확보함으로써 만유의 학이 성립할 수 있는 가능성이 열렸다고 보았다. 이로부터 서구 관념론이 출발한다.

거칠게나마 플라톤이 존재론의 근거로서 '있음'과 '없음', 자기동일성을 어떻게 확보해 갔는지 살펴보았다. 내가 플라톤을 살펴본 이유는 도덕경에 나타나는 유(有)와 무(無)의 개념을 보다 잘 이해하는 데 도움을 얻기 위해서였으며, 플라톤과 노자의 사유궤적을 비교해 보기 위해서였다. 나는 두 현자의 존재론적 사유가 매우 비슷한 궤적을 그리고 있다는 사실을 발견할 수 있었다. 아마도 근본적인 사유를 밀고 나갈 경우, 양의 동서는 큰 차이가 없는 것 같다.

이제 플라톤의 사유를 참고삼아, 노자의 인식론을 계속 추적해 보자. 왕필본(王弼本) 제1장 둘째 단락은 "無名天地之始 有名萬物之母(이름 붙일 수 없는 것은 천지의 시원이며, 이름 붙일 수 있는 것은 만물의 어머니이다.)"라고 밝히고 있다. 첫째 단락과 연결해서 해석할 때, 여기의 무명(無名)은 언어를 벗어난, 즉 언어의 허구성을 제거한 상태를 가리킨다고 보아야 한다. 즉, 언어가 없는 상태가 천지의 시원이라는 것이다.

나는 이 대목에 플라톤의 모순율을 적용한다면 뜻이 분명해진다고 생각한다. 플라톤은 '있음'을 확립하기 위해 논리적으로 '없음'의 모순율을 적용했다. 플라톤의 방법과 같이 노자도 '없음'을 적용해 무명(無名)의 개념을 제시한다. 노자는 여기의 무명과 다음 단락의 상무(常無)에서 '무(없음)'를 설정한다. 나는 이 '무(無, 없음)'의 설정이 플라톤의 모순율 적용과 똑같은 논리적 수순에 의한 것이라고 파악하고 있다. 바로 이 '무'의 설정이 첫째 단락에서 문제 삼았던 언어의 문제를 제거하기 위한 노력이라고 본 것이다.

그런데 노자는 무명(無名)을 천지의 시원이라고 지적하고 그 대구(對句)인 유명(有名)을 만물의 어머니라고 지적한다. 나는 첫 단락에서 나타난 언어의 문제점을 제거하기 위한 노력으로 무(없음)의 설정을 제시했다. 그런데 무명의 대구로 유명이 등장함으로써 내 논리의 전개를 난처하게 만들고 있다. 무명이 언어의 문제점을 제거한 상태라고 설명했다. 그렇다면 유명은 언어의 문제점을 제거하지 않은 상태로 보아야 하는데, 그것이 만물의 어머니가 되어야 한다면 이것은 도대체 무슨 이야기냐는 것이다.

나는 이런 대복이 도덕경과 같은 동양 고전(古典)의 난해함이면서 동시에 묘미라고 해석하고 있다. 동양 고전에서는 흔히 대구(對句)를 사용하며, 특히 도덕경에서는 그 정도가 심하다. 대구의 사용은 그 뜻을 명확하게 비교하는 데는 유리하지만 논리의 순차적 전개에는 치명적이다. 여기에서 대구로 비교된 무명과 유명은 '언어 없음의 상태'와 '언어 있음의 상태'로 번역될 수 있는 것인데, 그 뒤의 '천지지시'와 '만물지모'로써 그 뜻을 분명하게 비교하고 있다. 다시 말해서 '천지지시'와 같은 형이상학적, 언어 초월적 대상은 언어의 허구성을 완전히 제거한 상태라야 인식되는 것이라는 뜻이며, '만물지모'와 같은 내재적·현상적 대상은 언어의 허구성이 제거되지 않은 상태에서도 충분히 인식 가능하다는 뜻을 지적한 것이다.

이렇게 보자면 노자의 인식론은 언어의 허구성을 제거함으로써 사물의 진상을 올바르게 파악하려는 노력을 형이상학적, 초월적 대상에만 제한시키고 있다는 한계를 노출하고 있는 셈이다. 나는 이를 노자 인식론의 논리적 한계라고 생각한다. 대구의 사용이 논리의 순서적 전개를 방해하고 있다는 말이다.

그러나 무명과 유명의 대구 사용은 보다 큰 의도에서 어쩔 수 없었다는 사정을 이해해야 할 것이다. 달리 말하자면, 노자는 인식론상의 논리적 전개에 다소 방해를 받는다 하더라도 보다 큰 의도에서 대구 사용을 밀고 나가야 한다고 생각했을 것이라는 말이다. 이러한 노자의 의도는 1장 마지막 단락에서 여실히 드러난다. "此兩者同 出而異名 同謂之玄 玄之又玄 衆妙之門(이 둘은 근원은 같으나 이름이 다를 뿐이다. 둘 다 신비한 것이다. 신비 중의 신비요 모든 신비의 문이다.)"이라는 마지막 단락은 제1장의 결론에 해당한다. 여기에서 '此兩者(이 둘)'가 무엇인가부터 살펴보자. 이 둘은 우선 둘째 단락에서 대구(對句)로 사용된 무명(無名)과 유명(有名)을 가리킨다고 볼 수 있다.

앞에서 검토한 대로 무명과 유명의 등장은 첫째 단락에서 '영원한 도(常道)'를 규명하는 과정에서 이름, 즉 언어의 문제점을 제거해야 한다는 필요성에서 나타났던 것이다. 그리고 셋째 단락에서 상무(常無)와 상유(常有)라는 대구를 사용한다. "故常無慾以觀其妙 常有慾以觀其徼(그러므로 영원한 무는 보려고 하면 그 신비함을 볼 수 있고, 영원한 유는 보려고 하면 그 나타남을 볼 수 있다.)"고 한 셋째 단락에서 '영원한 무(常無)'와 '영원한 유(常有)'를 대구로서 등장시킨다.

여기의 상무와 상유는 첫째 단락의 상도(常道)를 연상시키면서 무(無)와 유(有)를 대비시킨 것이다. 요컨대 영원한 도를 규명하는 과정에서 모순율의 적용으로 무와 유의 대비가 등장하는 것이다. 그리고 '이 둘'이라는 무(無)와 유(有)가 마지막 단락에서 근원이 같은 것으로 결론 나는 것이다. 그런데 도대체 무와 유가 어떻게 해서 같은 근원에서 나온 것이라고 말할 수 있겠는가?

바로 이 점이 의문이며 의문인만큼 신비한 것이라고 말할 수 있다. 나는 이 의문의 언저리를 노자 존재론의 극적 반전이라고 본다. 노자는 상도(常道)를 규명하는 과정에서 상도를 어떤 형이상학적, 초월적 실재일 것이라는 상상을 불러일으키게 만들어 왔다. '天地之始'니 '觀其妙'니 하는 묘사도 그런 상상을 불러일으키는 데 일조했던 것이다. 이러한 상상이 일거에 무너지는 대목이 "此兩者同 出而異名"인 것이다. 즉, 무(無)와 유(有) 양자가 모두 같은 근원에서 나왔다고 밝힌 것이다. 무와 유는 모순 관계이며 양자택일적이다. 이것이 긍정이면 저것이 부정이다. 이러한 무와 유가 한 근원에서 나왔다는 말은 무슨 뜻일까?

이 말의 뜻을 헤아리기 좋은 예를 나는 천체물리학의 빅뱅 이론에서 찾을 수 있다고 생각한다. 주지하다시피 빅뱅 이론은 현생 우주의 탄생을 137억 년 전에 일어난 대폭발에 의한 것이라고 설명한다. 극도로 응축된 질량이 폭발하면서 순식간에 우주가 탄생함으로써 시간과 공간이 그 순간 만들어졌다는 것이다. 빅뱅 이론은 빅뱅 이전 상태를 알 수 없다고 설명하는데, 그 이전에는 시공이 없었기 때문에 설명 자체가 불가능하다는 것이다. 따라서 빅뱅 이론이 설명하는 대폭발의 순간은 무(無)와 유(有)가 갈리는 바로 그 찰나가 된다. 달리 말하자면, 무와 유가 함께 붙어 있는 상태가 되며 바로 "此兩者同 出而異名"의 상황이 되는 것이다.

1장의 마지막 단락은 바로 우주 탄생 순간의 정황과 일치하는 것이다. 나는 이 대목을 달리 해석할 수 없다고 생각한다. 아무리 다른 경우를 상정하더라도 마땅한 예를 찾을 수 없다. 노자가 사유한 것은 바로 우주의 시원과 같을 수밖에 없다고 생각했다.

노자 당시의 중국 사상계 경향도 이와 일치한다. 즉, 중국 고대인의 우주관은 유물론적 순환론에서 크게 벗어나지 않았다. 우리 눈앞에 보이는 물적(物的)·물리적 토대가 우주의 모든 것이며, 그것은 자연의 법칙과 질서에 의해 순환하는 것이다. 차면 기울고 기울면 다시 차오르는 것이 세상 이치이며, 겨울이 깊으면 봄이 오고 봄이 차면 여름이 오는 것이 계절의 순환 질서인 것이다. 이 우주의 질서는 초월적인 이성이나 의지에 의해 통제되는 것이 아니라 자연의 일정한 법칙에 의해 순환하는 것이다. 그것은 물리적 현상일 뿐이다. 이러한 우주관은 그대로 노자의 사유와 일치한다.

지금까지 노자가 도(道)를 규명하는 과정에서 어떤 노력을 경주했는가 하는 점을 살펴보았다. 노자는 이러한 노력의 결론으로 도를 형이상학적·초월적 실재라고 보지 않고 유물론적·물리적 현상으로 보았다. 도란 무(無), 유(有)가 갈리는 자연현상의 시원에 내재하는 것이었다. 노자는 이렇게 도를 규명한 다음, 도의 속성을 "스스로 그러함(自然)"이라고 밝히고 있다.

왕필노자주(王弼老子注) 25장 끝 부분에서 "人法地 地法天 天法道 道法自然(사람은 땅을 본받고 땅은 하늘을 본받고 하늘은 도를 본받으며 도는 스스로 그러함을 본받는다.)"이라고 밝힌 것을 볼 때, 도 위에 자연을 설정하고 있음을 알게 된다. 이 문면만을 보자면 '자연(自然)'이 도(道) 위에 있는 궁극적인 실재로 보인다.

그러나 옛 중국 사상가들이 한결같이 도(道)를 논구했으며, 도덕경 또한 처음부터 끝까지 도의 탐구에 봉사한 점을 볼 때, 도가 궁극적인 실재임에 분명하다. 그런데 궁극적 실재인 도가 본받아야 할 것이 있다고 밝히고, 이것을 자연(自然)이라고 한다. 이렇게 궁극적 실재 위에 다른 구조를 별도로 설정한 의도는 무엇일까? 그것은 궁극적 실재의 속성을 지적하는 것이라고 볼 수밖에 없다. 궁극적 실재 위에 또 다른 실재를 위치시킬 수 없기 때문에 그것은 그 성격을 밝힌 것이라고 보아야 하는 것이다. 즉, 도의 속성이 바로 자연이라고 보아야 한다는 말이다. 따라서 도의 원리가 '스스로 그러함'인 것이다.

이렇게 보자면, 25장의 그 위 단락인 "吾不知其名 字之曰道 强爲之名曰大 大曰逝 逝曰遠 遠曰反(나는 그 이름을 모른다. 그저 도라 불러 본다. 구태여 형용하라면 크다고 하겠다. 크다는 것은 뻗어간다는 것이며, 뻗어간다는 것은 멀리 간다는 것이다. 멀리 간다는 것은 되돌아가는 것이다.)"이라는 설명도 도의 속성을 밝힌 것이라고 보아야 마땅할 것 같다. 크며, 뻗어가며, 멀리 가며, 되돌아가는 것이 모두 도의 성격인 것이다. 그리고 이러한 성격들을 포괄하는 또 하나의 성격으로 자연을 설정한 것이다. 이렇게 보자면 도(道)는 크고, 뻗어가고, 멀리 가고, 되돌아가는 성격을 갖는데, 이러한 성격들은 '스스로 그러한' 성격의 부분인 것이다. 따라서 도는 그 속성적 원리로서 '스스로 그러함(自然)'을 가진다고 보겠다.

다음으로 노자는 도의 속성인 자연을 사람의 입장에서 어떻게 해석하고 판단할 것인가 하는 문제에서는 무위(無爲)를 주장한다. 도의 '스스로 그러함'을 사람이 판단할 때, 그대로 아무런 가감 없이, 사람의 인위적인 요소를 철저히 배제하고 '스스로 그러함' 그대로 받아들여야 한다는 것이다. 이것 또한 노자의 인식론이다.

자연, 즉 '스스로 그러함'이라는 원리를 사람이 인식할 때, 사람이 자신의 인위적인 요소로 그 인식을 비튼다면 그것은 허구적인 것으로 전락하기 때문에 순수하게 감지하고 철저하게 '스스로 그러함’ 그대로 인지해야 하는 것이다. 이렇게 인위적인 요소를 배제하고 허구성을 철저히 방지하는 인식 방법이 무위(無爲)인 것이다. 제2장의 중간에 “是以聖人處無爲之事 行不言之敎(따라서 성인은 무위로써 일을 처리하고 말로 하지 않는 가르침을 수행한다.)”고 밝힌 대목도 이 무위를 설명한 것이다.

이렇게 무위자연(無爲自然) 사상은 도의 원리로서 자연을 제시하고, 이 자연을 사람이 무위로 인식해야 함을 밝힌 것이라고 볼 수 있다. 그런데 여기에서 용어의 문제를 따져야 할 필요가 제기된다. 즉, 노자가 ‘스스로 그러함’의 의미로 사용한 자연이 오늘날 우리가 보통 사용하고 있는 사람 밖에 연장으로서 있는 자연(nature)과 혼용해 사용할 수 있느냐 하는 문제이다.

결론부터 말한다면, 혼용해 사용해도 무방할 뿐 아니라 어떤 점에서는 혼용하는 것이 노자의 의도와 더 합치된다고 말할 수 있다. 왜냐하면 생태적 자연(nature)은 ‘스스로 그러함’의 성격을 본성으로서 가지고 있기 때문이다. 다시 말해서 두 의미는 서로 ‘스스로 그러함’이라는 성격을 공유하고 있기 때문에 혼용해도 무방한 것이다.

노자가 ‘스스로 그러함’의 의미로 자연(自然)이라는 단어를 사용할 때, 그 의미에 생태로서의 자연(nature)을 포함시키려 의도했는지, 안 했는지는 알 길이 없으나 생태로서의 자연은 ‘스스로 그러함’의 의미를 가장 잘 반영하는 대상임에는 틀림없다. 자연(nature)은 유기체와 무기체 상호간에, 또 유기체의 여러 생명 상호간에 공동체를 형성하면서 서로 도우며 영향받는 하나의 큰 생명체처럼 묶여 있다.

거기에는 법칙들이 내재해 있으며, 이 법칙들의 상호 작용에 의해 어떤 흐름, 즉 순환이 유지되고 있다. 이 흐름은 때로는 계절의 순환처럼 반복되는가 하면, 때로는 우주가 팽창하듯이 한 방향으로의 진행을 지속한다. 이 법칙들과 법칙들에 의한 이 흐름은 그야말로 '스스로 그러함'의 성격을 갖는다. 사람의 입장에서 볼 때, 이 자연의 '스스로 그러함'은 어쩔 수 없는 것이다. 생성사멸(生成死滅)은 어쩔 수 없는 것이기에 그저 바라볼 수 있을 따름이다. 이러한 사람의 입장, 즉 그저 바라보는 것이 무위(無爲)인 것이다. 노자가 보기에 '그대로 있게 함(無爲, Let it be)'은 논리적 귀결이며, 따라서 가장 타당한 것이다.

둘째로, 노자는 도(道)를 밝히는 과정에서 무(無)와 접촉하지 않을 수 없었는데, 이 무가 무엇인지 회의하며 고뇌했던 것으로 보인다. 노자는 이 무를 그저 황홀한 것이라고 말할 수밖에 없다고 고백한다. 도(道)의 존재를 물리적 현상의 시원에서 찾았던 노자로서도 무(無)에 관한 사유에서는 지속적으로 고뇌하고 회의했던 것이다. 아마도 무(無)란 '모름'의 이면(裏面)이며, 난문(難問, Aporia)을 낳게 하는 원인이었기 때문이 아니었을까?

앞에서 말한 것처럼 도덕경은 경구적인 기술 방식을 사용하고 있기 때문에 철학적 체계를 기대할 수는 없다. 그러나 나는 도덕경을 성찰적 시(詩)로 보고 있는데, 이런 안목에서 보자면 우리는 도덕경으로부터 철학적 상상력을 얻을 수 있을 것이다. 만일 도덕경에서 심상의 일관성을 어렴풋하게나마 발견한다면, 그것은 무(無)와 연관된 고뇌일 것이다.

앞에서 우리는 노자가 영원한 도(常道)를 규명하는 과정에서 '있음(有)'을 인식의 단초로 삼았으며, '있음'을 정립하는 과정에서 '없음(無)'을 도입하지 않을 수 없었던 논리적 순서를 검토한 바 있다. 즉, '무(無, 없음)'는 논리상 모순율을 적용할 때, 등장하지 않을 수 없었던 것이다. 이러한 무의 발견은 논리학적 접근이라고 불러야 할 것이다. 그러나 무에 관한 사유는 논리학적 접근으로 마감할 수 없다고 나는 생각한다. 무의 사유는 보다 넓은 지평을 요구한다고 생각한다. 노자는 그 넓은 지평에서 무에 관해 고뇌했던 것이다.

먼저 왕필본(王弼本) 제40장을 보자. 그 첫 단락은 "反者道之動 弱者道之用(되돌아감은 도의 운동이고, 약함은 도의 유용성이다.)"으로 되어 있고, 둘째 단락은 "天下萬物生於有 有生於無(천하만물은 있음에서 생겨나며, 있음은 없음으로부터 생겨난다.)"라고 되어 있다. 이 40장에 대한 해석을 보통 자연의 순환 사상에서 찾는다. 천지자연의 도는 거대한 순환이며 생기이멸(生起異滅)의 과정이기 때문에 도의 원리는 돌고 돈다는 것에서 찾아야 한다는 것이다. 이렇게 보면 유무(有無)나 존망(存亡)도 순환의 원리에서 벗어나지 못한다. 이것이 노자의 무위자연 사상의 중심 철학이다. 나는 이러한 해석을 뒤따라갈 수밖에 없다.

그러나 이런 해석을 고지식하게 따른다면 '무(無, 없음)'의 사유에서 고뇌가 사라지고 마는 약점이 있는 것 같다. "유무가 순환하는 것이다."라고 단정하고 만다면, 유도 그렇지만 특히 무라는 특이한 성격을 너무 간단하게 무시하는 결과를 빚고 말기 때문이다. "있음은 없음으로부터 생겨난다."라는 말을 순환 과정으로 간단하게 단정하고 그저 그렇거니 한다면, 유와 무가 가지고 있는 각각의 특징은 사라지고 서로 비슷하거나 같아지고 마는 결과를 빚는다. 유와 무가 어떻게 같아질 수 있겠는가?

"있음은 없음으로부터 생겨난다.(有生於無)"는 말의 해석은 절대 그럴 수 없다는 논리적 명확성으로부터 출발해야 한다. 아무것도 없는 무에서 유가 생겨날 수는 없다. 이것은 너무 명백한 사실이며 논리다. 그럼에도 불구하고 노자는 말이 안 되는 이 말을 했다. 노자는 어떤 근거와 뜻에서 이 말을 했을까? 노자는 아무런 고뇌도 없이 이 말을 그저 내뱉은 것일까? 나는 노자의 고뇌를 제14장에서 부분적으로 찾을 수 있다고 생각한다.

14장의 중간 부분을 보자. "繩繩不可名 復歸於無物 是謂無狀之狀 無物之象 是謂惚恍(끝없이 이어지니 무어라 이름 붙일 수도 없다. 결국 없음의 세계로 돌아간다. 이를 일러 모양 없는 모양, 없음의 형상이라 한다. 가히 황홀이라 하겠다.)" 나는 이 부분에서 "繩繩不可名"을 가장 중요한 대목이라고 본다. 끝없이 이어지니 이것을 무어라고 부를 수도 없다는 말이니 결국 그것을 모르겠다는 뜻이다. 즉, 도(道)란 보이지도 않고 들리지도 않으며 잡히지도 않는 것인데, 이것이 한 데 얽혀 끝없이 이어지니 이것을 무엇이라고 부르겠느냐, 그저 모른다고 말할 수밖에 없지 않겠느냐 하는 뜻이다.

나는 이 대목에서 '모름'을 만나게 된다고 생각한다. 사람의 인식과 의식이 닿지 않는 어느 세계, 그것은 '모름'의 세계일 것이다. '모름'이란 곧 '무(無, 없음)'와 통한다. 모르는 세계를 무엇이라고 표현할 수 있겠는가? 모름은 곧 없음일 수밖에 없다. 여기에서 모름과 없음의 상관관계가 나타난다.

나는 '모름'과 '없음'이 서로 관통해 있다는 가장 적절한 예를 죽음에서 찾을 수 있다고 생각한다. 죽음 이후를 우리는 모른다. 우리의 인식과 의식이 닿지 않는 세계를 우리는 불가지, 즉 모름의 세계라고 부를 수밖에 없다. 그런데 알 수 없는 그 세계는 우리의 인식과 의식이 없는 세계이다.

우리가 지금, 여기에서 죽었다고 생각해 보자면, 죽는 그 순간에 우리의 의식은 사라진다. 의식이 사라지면 알고 모름도 사라지고 그 상태 자체를 무어라고 부르는 기능 자체도 사라진다. 모든 것은 거기서 끝나고 없어진다. 그 상태를 무어라고 말할 수 있겠는가? 이런 의문 자체도 그 상태에서는 있을 수 없는 것이다. 이런 의문은 우리가 지금 살아 있는 동안에 그 상태를 상상해 보는 것에 불과하다.

지금 막 죽음 안으로 들어선다면 모든 것, 모든 의문과 답변도 있을 수 없다. 다만 무(無)나 공(空), 허(虛)라고 표현할 수밖에 없지 않겠는가? 물론 이런 표현 자체도 지금 살아 있는 현존의 상태에서 죽음의 상태를 상상하며 말하는 것에 불과하다는 전제에서 가능할 따름이다. 이렇게 '모름'과 '없음(無)'은 연결되어 있는데, 그것도 상상 속에서 어쩔 수 없기 때문에 그렇다고 표현한다는 전제에서 연결되어 있는 것이다.

나는 여기에서 또 하나의 고비를 넘겨야 '무(無)'에 관한 사유가 단단하게 정립될 수 있다고 생각한다. 그 고비란 현 존재로서의 우리 심상이 '무'를 만나 안정되고 평안을 얻을 때, 넘어서는 고갯길과 같은 것이다. 다시 죽음을 상상해 보자. 지금, 여기에서 우리가 죽음의 고갯길을 넘어선다고 생각하자.

죽음은 누구나, 반드시, 한 번은 맞이해야 할 필연이기 때문에 한사코 피하려고 해도 어쩔 수 없이 받아들여야 한다. 어쩔 수 없이 죽음을 받아들이는 순간, 우리는 '무'를 만나며 동시에 모든 것은 끝난다. 나의 생명, 나의 삶, 나의 자아가 그 순간 사라진다. 그런데 그 순간, 마음에 평화가 깃든다. 이것은 실로 알 수 없는 역설이지만 마음에 평화가 깃든다는 사실은 명백하다. 이 역설에 관해서는 뒤에 가서 자세하게 설명할 것이지만, 이 역설의 고비를 넘겨야 우리는 '무(無)'에 관해 보다 안정된 전망을 갖게 된다는 점만은 명기하고 싶다.

다시 말해서, 우리는 우리 삶의 가장 극한상황인 죽음에 직면할 때 '무(無)'를 인식하게 되는데 그것도 '모름'과 '자아 상실', 그리고 '마음의 평화' 등의 고비 길을 넘어서야 제대로 인식할 수 있다는 말이다. 나는 이러한 세 가지 형식의 경험체계를 죽음에 당면한 외로운 자아만이 피부로 느낄 수 있는 실존적 현상이라고 본다.

이들 경험체계는 죽음이 우리를 엄습하는 순간에 얻어지는 것인데, 이것들을 얻자마자 우리는 죽음 안으로 빠져들어야 하는 것이다. 그러나 이런 체험을 얻은 후에도 삶의 유예를 누리는 경우가 종종 있는데, 이런 사람들은 '모름'과 '없음(무)'에 대한 안정적인 지혜를 깨달을 수 있을 것이다. 나는 이런 지혜는 오직 체험을 통해서만 얻을 수 있는 것이라고 생각한다. 만일 치열한 사색이 있다면 체험도 뒤따를 것이다.

이제 죽음은 곧 '모름'으로 연결되며 '모름'은 곧 '무'로 연결된다는 사실을 분명하게 알게 되었다. 그 인식은 달리 방도가 없기 때문에 어쩔 수 없이 그렇게 느끼고 표현되는 바의 인식이다. 그나마 이런 인식으로 자아를 확실하게 버릴 수 있으며, 거기에서 마음의 평화를 얻을 수 있기 때문에 달리 어쩔 도리가 없는 그런 인식인 것이다. 이런 인식은 죽음을 어쩔 수 없는 필연으로 받아들이게 하며, 따라서 '무' 또한 어쩔 수 없는 것으로 수용하게 하는 것이다.



마지막 마음 – 어느 죽음의 성찰

이렇게 '무'를 수용하게 되면 작은 자아는 버리게 되고 자연의 '스스로 그러함'을 피부로 이해하게 된다. 자연의 법칙에 순응하게 되는 것이다. 이 고비 길을 넘어서자 마음에 평화가 오는 것이다. 이런 일련의 과정은 서로 맞물려 순환논리에 빠져 있는 것 같다. 그러나 이 단계에 이를 때, 우리는 '무'가 무한한 가능성을 내포하고 있다는 것을 감지하게 된다. 이 단계에서 우리는 노자가 "있음은 없음에서 생겨난다.(有生於無)"라고 말한 뜻을 이해할 수 있게 되는 것이다. 우리는 '무'가 무한한 가능성을 내포하고 있는 시원적 출발점임을 이미 알고 있기 때문이다.

나는 노자의 생각을 따라가면서 우주의 거대한 운행을 마음으로 느낄 수 있었다. 굉음은 들리지 않으나 천체들은 구르고 있고, 현상은 보이지 않으나 소립자들의 파동은 우주를 날아 무한히 떨리고 있는 것 같았다. 새싹이 흙을 비집고 올라오는 것도, 들꽃의 수줍은 흔들림 하나도 이 거대한 우주의 운행과 무관하지 않은 법칙들과 그 법칙들의 관계들로 연결되어 있는 것 같았다. 노자는 이 거대한 운행을 느끼면서 '모름'과 '무' 앞에 조용히 무릎 꿇었던 것 같다. 그리고 '스스로 그러함'과 '그대로 있게 함'을 성찰했을 것이다.

노자의 생각을 따라가면서 나는 또한 죽음에 대해 더욱 골똘하게 생각하게 되었다. 나의 죽음은 슬픈 것일 뿐 아니라 내 우주의 마감과도 같은 것이다. 그러므로 나의 죽음은 실로 절박하고 심각한 문제가 아닐 수 없다. 그러나 그것 또한 자연의 질서라면 어찌해 볼 수도 없는 것이다. 절박하지만 나의 죽음 또한 꽃이 피고 지는 것과 똑같은 자연의 법칙인 것이다. 그렇다면 그저 바라볼 수밖에 다른 도리가 없지 않겠는가? 나는 망연히 '무' 앞에 서 있는 느낌이 들었다. 무의 무한을 보는 느낌도 들었다. 그리고 나를 던져야 한다고 생각했다. 나를 비우지 않고 죽음과 무 앞에 설 수 없다고 생각했다. 참으로 죽는 날까지 비우고 던져야 하는 것이다.

산 밑에 살면서 나는 이렇게 죽음과 자연을 생각했다. 그 생각의 결과가 이 책에서 이야기할 내용이다. 무엇보다도 죽음에 관해서 자세히 이야기할 것이다. 거기에는 정보도 조금 있을 것이며 나의 주장도 있을 것이다. 그런데 본격적인 이야기에 앞서 내가 암에 걸렸던 전말을 이야기하는 것이 전체적인 이해에 도움을 주리라 생각한다.

# 02
# 암과 죽음과의 조우

2002년 9월 26일 오전 11시, 대장 내시경 검사를 받았다. 검사를 마치고 의사 앞에 앉았을 때, 의사는 컴퓨터에서 얼굴을 떼지 않으며 말했다.

"확실한 것은 조직검사 결과가 나와야 알 수 있습니다. 일주일 후쯤 결과가 나올 것입니다. 그런데 그게 ……"

말을 흐리며 애써 내뱉은 '암'이라는 단어가 내 머리에 총알처럼 들이박혔다. 일순 사물이 흔들려 보이고 깊은 물밑에 들어온 것처럼 귀가 먹먹했다. 땅 밑이 무너지는 것 같아 의자 손잡이를 단단히 붙들고 무너지려는 몸을 가까스로 버텨야 했다. 의사는 내 얼굴을 똑바로 보지 못하고 침묵을 지켰다. 그렇게 무거운 정적이 흘렀다.

그 달 초, 평양 방문을 마치고 돌아온 이후 복통과 설사가 그치질 않아 동네 내과에서 치료를 받았으나, 약을 먹으면 잠시 좋아졌다가 다시 증세가 계속되곤 하였다. 큰 병에 걸린 것 같은 예감이 들었다. 동네 의사는 큰 병은 아닐 것이라고 안심시키면서도 확실히 하기 위해 대장 내시경 검사를 받아 보라면서 전문 병원을 소개해 주었다. 걱정이 들기는 했지만 회사 일 때문에 차일피일 미루다가 이 날 검사를 받게 된 것이다.

"상태는 어떤지 ……"

가까스로 나는 말문을 열었다.

"내시경 검사 결과로는, 그것이 좀 ……"

의사는 곧바로 C/T 촬영을 권했고 그 결과를 가지고 오후에 다시 만나자고 말했다. C/T 전문 병원으로 옮겨 촬영을 끝내고, 돌아오는 차 안에서 읽어 본 차트에는 영어로 'cancer'라는 단어가 명료하게 박혀 있었다. 다시 만난 의사는 서둘러 수술 날짜를 잡아야 한다면서 일주일 후로 예약을 해주었다.

대장암 3기 C2. S결장에 5cm 크기의 암 덩어리가 있으며, 그 위 5cm 떨어진 임파선에 5개의 작은 전이가 발견된 중태였다. 재발률 75%. 살아날 가능성은 겨우 25%. "이젠 죽었구나." 하는 생각이 온통 머리를 차지했다. 어쩌다가 이런 불행이 나에게 찾아온 것일까? 믿을 수가 없었다. "그럴 리가 없어." 오진일지도 모른다는 생각이 뇌리에서 떠나지 않았다. 그러나 수술까지 예약한 상태가 아닌가? 그렇다면 오진도 아니었다. 머릿속이 뒤죽박죽 혼란스러웠다. 암이라는 현실이 도무지 믿어지지 않으면서도 죽었구나 하는 생각이 머리를 내리눌렀다. 그러다가 갑자기 정적처럼 마음이 차분하게 가라앉으면서 눈물이 스르르 흘러내렸다.

나는 회사 가기를 포기하고 집으로 향했다. 집 어귀에서 내려 차를 돌려보내고 동네 주위를 서성이다가 가끔 아침 운동 하러 다니는 초등학교 교정으로 들어섰다. 어린 아이들이 여기저기 뛰어다니며 놀고 있었다. 나는 천천히 그들을 지나쳐 운동장 끝 벤치에 앉아 그들의 노는 모습을 보았다. 그러나 어항 속에라도 들어가 있는 듯 그들의 모습이 흔들려 보였고 복잡한 머릿속 때문에 그들을 보고 있었으나 의식하지 못하고 있었다. "이 일을 어찌 해야 한단 말인가?" 나는 아내에게 이 사실을 어떻게 설명해야 할지 엄두가 나지 않았다. 어둠이 내린 후에야 나는 벤치에서 몸을 일으켜 집으로 향했다.

소식을 전해들은 가족들은 감출 수 없는 침울함에 깊이 빠져들었다. 아이들은 슬금슬금 자기들 방으로 들어가더니 나오지 않았다. 아내는 말을 잃고 소파에 몸을 묻었다. 나는 미안하고 면목이 없었다. 먹는 둥 마는 둥 저녁을 끝내고 자겠다며 일찍 침대에 누웠다. 아내는 거실에서 목소리를 낮추며 이곳저곳으로 전화를 해 선후책을 강구하는 눈치였다. 무엇보다도 아내에게 미안했다. 저 고통을 어찌해야 한단 말인가? 잠을 청했으나 잠을 이룰 수 없었다. 눈물이 베개를 적셨다.

먼저 해야 할 일은 병원과 의사를 정하는 일이었다. 내시경 검사를 받은 병원에서 일단 수술을 예약했으나, 이리저리 알아본 결과 그렇게 쉽게 결정할 일이 아니었다. 암을, 그것도 중태의 암을 치료한다는 것은 목숨과 직결된 중대한 일인 것이다. 여러 곳에 수소문한 결과, 서울대학교 P교수가 대장암의 최고 권위자라는 것을 알 수 있었다. 그는 당시 일산 암센터 원장으로 근무하고 있었다.

9월 30일 오후 2시, 암센터 원장실에서 P교수를 접견했다. 친지들의 알선으로 바쁜 그를 접견할 수 있었던 것은 행운이 아닐 수 없었다. 나는 일단 그를 접견하고 그의 의견에 따라 치료 절차와 방법을 결정할 계획이었다. 그는 친절하게 나를 맞이했다. 앞서 다른 병원에서 검사한 대장 내시경 검사 필름과 C/T 검사 차트를 잠시 살펴본 그는 내 직업인 방송관련 이야기를 시작했다.

그는 당시에 전국적인 '금연 캠페인'을 시작하고 있었던 관계로 방송사들의 협조가 긴요한 때였다. 그는 금연 운동의 중요성과 방송 역할의 중요성 등을 길게 설명했다. 그의 설명으로 나는 금연의 중요성을 알게 되었다. 그러나 나는 조바심이 나고 좀이 쑤셨다. 나의 관심은 다른 데 있었기 때문이었다. 내 병세에 관해 빨리 설명해 주기를 고대했다. 죽느냐, 사느냐의 고비 길에 선 심정으로 나는 그의 조언을 구하기 위해 접견을 하고 있었던 것이다. 그러나 그는 나의 초조함에도 아랑곳하지 않고 또 다른 이야기를 더 하다가 갑자기 말했다.

"지금, 입원하는 것이 어떻겠습니까?"

나는 순간 얼떨떨해 대답을 하지 못했다. 그의 설명을 들은 다음에 입원 등은 차차 상의할 예정이었는데 당장 입원을 하라니 그 의도를 이해할 수 없었다.

"지금, 입원하는 것이 좋겠습니다."

그는 나의 대답을 기다리지 않고 비서에게 입원실을 체크하도록 지시하면서 앞으로의 수술 절차 등을 빠르게 설명했다.

나는 지금도 그의 배려에 깊이 감사하고 있다. 나의 병세는 시간을 다툴 정도로 긴박했던 것이 분명했다. 그럼에도 불구하고 그는 아무런 내색을 하지 않고 다른 화제를 계속하다가 갑자기 입원을 서둘렀다. 환자가 심리적으로 위축받지 않도록 배려했던 것이다.

의사로서의 이런 사려 깊음이 그를 당대 최고 명의의 한 사람으로 만드는 데 기여했을 것이라고 나는 생각한다.

나는 원장실을 나와 비서의 안내로 병실로 직행했다. 병실에서 회사와 아내에게 입원 사실을 전화로 알렸다. 병실에 혼자 남은 나는 천천히 옷을 환자복으로 갈아입은 후 침대에 동그마니 앉았다. 이상하게 걱정이나 초조함이 들지는 않았다. 다만 멍할 뿐이었다. 이제 나는 암 환자였다. 암과의 만남, 그 운명적인 조우는 이렇게 시작되었다.

나는 당시까지 암에 관해 아는 지식이 거의 없었다. 막연하게 암에 걸리면 살기 어렵다는 상식을 가지고 있을 뿐이었다. 누가 암에 걸렸다는 소식을 접하면 "아, 그 사람 이제 곧 죽겠구나." 하는 생각을 떠올릴 따름이었다. 암과 죽음과의 연결 이외에 내가 아는 암에 관한 지식은 거의 없었던 것이다. 이 점에 있어서 대부분의 사람들은 똑같은 처지일 것이다. 이렇게 암에 대해 아무것도 알지 못한 상태에서 나는 암과 만났으며 투쟁을 시작해야 했다.

암에 대한 일반적인 인식은 극단적인 두 가지 형태로 나타난다. 먼저 당시의 나처럼 대부분의 사람들이 암에 관한 지식을 전혀 가지고 있지 못하는 경우가 있을 수 있고, 다음으로 일단 암에 걸린 후에는 수많은 정보에 시달리게 되는 정보의 홍수를 경험한다는 사실이다. 입원 초기 나는 별의별 정보에 시달려야 했다. 합리적인 판단을 내리는 데 장애가 될 정도로 수많은 정보가 밀려들었다. 이 많은 정보가 말하는 것은 그만큼 암의 극복이 어렵다는 뜻이었다.

  암은 아직도 인류가 풀어야 할 난제 중의 하나이다. 비전문가의 입장에서, 그러나 한 사람의 환자로서 나는 암의 특성을 크게 세 가지로 나누어 생각한다.

  첫째, 암은 미지의 병이다. 아직도 각 개인별 발병 원인과 경로를 정확히 가려내지 못하고 있으며 확실한 치료방법도 찾지 못하고 있다. 최근 의학의 발달로 치료성과를 크게 높이고 있지만 아직도 모르는 부분이 너무 많다고 한다. 세 번이나 다른 장기로 전이된 환자가 극적으로 완치되는가 하면 초기 환자가 5년 생존율을 넘긴 후 갑자기 재발해 목숨을 잃기도 한다. 암은 종잡을 수 없는 수많은 예외를 만들고 있으며 난무하는 억측 속에서 인류를 비웃고 있는 것이다.

  둘째, 암은 복잡한 병이다. 암은 육체뿐 아니라 정신과도 깊은 연관을 가지고 있다. 스트레스는 암을 유발하는 중요한 원인으로 지적되고 있다. 치료와 관련해 대체요법과 기적적인 방법도 무시하기 어렵다. 종합병원에서 더 이상의 치료가 불가능하다고 포기한 말기 암 환자가 산 속에서 약초를 캐먹고 살아나는가 하면, 기도로 기적처럼 완치되는 경우도 있다고 한다. 이렇게 암은 복합적인 특성을 가지고 있다.

  셋째로, 암은 사회의 변화와 밀접한 연관을 갖고 있다. 현대 사회의 문제점은 모두 암의 발생과 치료의 어려움으로 나타난다. 환경오염이 심해지고, 생활이 편의 위주로 흐르고, 사회적 스트레스가 높아지는 등의 사회 흐름은 암의 발생률과 사망률을 높이는 직·간접의 원인으로 거론된다. 다시 말해 '병든 사회'가 암을 조장하는 것이다.

  암에 대한 지식이 늘어가면서 나는 병원의 지시만을 충실히 따르기로 결심했다. 여러 친지들이 정보와 함께 이런저런 약제들을 사왔으나 일체 입에 대지 않았다. 성의는 감사했지만 병원에서 금하는 것을 먹을 수는 없었다. 병원에서는 특별히 외부의 정보를 무시하라고 당부했다. 과학적인 근거가 없기 때문이었다.

2002년 10월 4일, 나는 대장암 수술을 받았다. 입원한지 5일 만이었다. 입원하던 날 밤부터 수술을 위한 준비가 바쁘게 진행되고 모든 검사와 준비가 완료된 뒤였다. 수술 당일, 새벽부터 의사와 간호사들이 나의 병실을 들락거리며 바쁘게 움직였다. 양 팔에 혈관 주사 바늘이 꽂히고 주사액들이 주렁주렁 침대 위에 매달렸다. 주사액이 한 방울씩 떨어지는 것이 보였다. 저 주사액들이 혈관을 통해 온 몸을 돌아다닐 것이다. 그리고 복부가 열리고 암 덩어리가 적출될 것이다. 나는 수술 과정을 상상하면서 수술이 성공하기를 간절히 기도했다. 나는 뚜렷한 신앙을 가지고 있지 못했으나 큰 수술을 앞두고 기도하지 않을 수 없었다.

드디어 누운 상태에서 침대가 움직이고 긴장된 얼굴로 아내가 침대 곁을 따라왔다. 수술실 앞에서 아내가 손을 꼭 쥐어 준 후, 침대는 여러 문을 통과하며 인계되었고 마취가 시작되었다. 몽롱한 의식 속에서 다시 한 번 수술이 잘 끝나기를 간절히 기도했다. 침대가 다시 움직이고 불빛이 강한 방으로 들어선 후 여러 사람들의 조용하면서도 빠른 말소리가 잠시 들리더니 의식을 잃었다. 그 후 네 시간의 수술이 진행됐다.

수술 경과는 좋다고 했다. 암 덩어리가 발견된 곳을 중심으로 약 30cm의 대장을 잘라내고 그에 부수된 임파선도 제거했다. 일단 암의 근원을 외과적으로 제거한 것이다. 보편적인 암 치료의 순서는, 먼저 외과적 수술로 식별된 암을 제거하고, 그 다음에 항암 화학요법으로 식별되지 않았으나 잔존할 가능성이 많은 암세포를 제거함으로써 재발을 막는 것이며, 여기에 부수적인 요법이 추가되거나 삭제된다. 나의 경우, 특별히 다른 요법을 동원하지 않아도 되는 수준이었다. 다행이 아닐 수 없었다.

수술을 받은 다음, 환자는 하나의 화학공장처럼 각종 수치에 따라 제어되고 통제된다. 경과가 좋아지면서 줄줄이 달려 있던 부착물들이 하나씩 줄어든다. 그러나 갑자기 경과가 나빠지면 응급조치가 취해지고 새로운 부착물들이 등장한다. 그렇게 시간이 가면서 여러 처치들은 하나의 일상이 되어 가고 환자는 비록 고통이 심할지라도 모든 과정을 통과의례로 받아들여야 한다.

시간이야말로 약이 된다. 어떠한 고통도 시간이 가면서 잊어진다. 고통이 잊어지는 것은 참으로 오묘하다. 내 입원기간도 그렇게 지나갔다. 매일 매일의 의료처치에 신경을 쓰느라 특별히 걱정 같은 것은 하지 않으며 시간이 빠르게 흘렀다. 경과가 좋다는 말을 들으며 21일 간의 입원을 끝내고 집으로 돌아올 수 있었다.


그러나 집으로 돌아온 나는 병원에 있을 때보다 훨씬 복잡한 심정에 빠졌다. 세 가지 상황이 나를 기다리고 있었기 때문이다.

첫째로, 암에서 벗어날 방도를 이제부터 본격적으로 모색해야 한다는 생각에 나는 물론 온 가족의 신경이 날카롭게 곤두서 있었다. 수술로 일단 암 덩어리는 제거했으나 내가 앞으로 걸어가야 할 길은 멀고 먼 길로 느껴졌고 그 장래가 불길하게만 생각되었다. 두렵고 불안했다. 병원에서는 잠시 덮어 두었던 두려움이 집에 돌아오자 갑자기 확장되는 느낌이 들었다. 나와 아내는 내색하지는 않았으나 가슴에 두려움을 숨기고 서로 눈치를 살폈다. 아이들은 입을 다물고 슬그머니 자리를 뜨기 일쑤였다.

그리고 극도로 쇠약해진 몸 때문에 나는 종종 신경질적인 반응을 보였고, 이를 지켜보는 가족들은 입을 다물고 괴로워했다. 아내의 고통은 이루 말할 수 없이 컸을 것이다. 언제나 환자보다 옆에서 간병하는 사람이 더 괴로운 법이다.

둘째로, 나에게 만약 불행이 찾아왔을 때, 내 어깨에 지워진 가족에 대한 책임을 어떻게 해야 하느냐 하는 문제를 두고 나는 자주 남모르는 번민에 빠져들었다. 아직도 나에게 남겨진 책임은 너무 많은데, 만일 암이 재발해 회사를 그만두어야 하는 사태에 이른다면 이 일을 어찌해야 할 것인가. 나는 미리 앞일을 걱정하고 있었다. 병에 대한 두려움이 가족에 대한 책임으로 연결되면서 번민이 쌓여갔던 것이다. 퇴원을 한 후로 이러한 유형의 번민이 자꾸만 나를 괴롭혀, 나는 마음을 가다듬어야겠다는 생각을 자주 갖게 되었다.

셋째로, 종교적인 마찰이 마음에 상처를 주곤 했다. 그 당시 나는 교회를 다니고는 있었으나 믿음은 어줍은 상태였다. 그러나 아내는 중대한 시련에 직면해 강한 믿음으로 기도에 매달렸다. 아내는 신유은사로 유명하다는 C목사님에게 안수기도 받기를 권했고, 나는 마지못해 받아들일 수밖에 없었다. 그러나 안수기도를 받으면서도 그 기도가 이루어질 것이라고 믿기 어려웠다. 기도로 병이 낫는다면 수술은 왜 받는다는 말인가? 믿음이 동반하지 않으니 기도 받으러 다니는 일이 괴로웠다. 종교적 행사는 상대방의 입장을 고려하지 않고 일방적으로 종교적 우위를 강요하는 행위라고 생각했다. 나로서는 마치 뱁새가 황새걸음을 흉내 내는 꼴 같았다. 이 보폭의 차이는 그 당시 나에게 많은 갈등과 마찰을 일으켰다. 치유는 고사하고 마음의 병이 새로 생기는 것 같았다.

2002년 10월 28일부터 항암화학요법이 시작되었다. 병원 주사실에 가서 3대의 주사를 혈관에 맞는 것인데 이 주사가 몸에 남아 있는 암세포들을 죽인다는 것이었다. 3대의 주사 맞기를 5일 동안 계속하고 한 달 쉬었다가 다시 주사를 맞고 이러기를 총 6회, 그러니까 보통 6개월을 계속하는데, 그 이상은 효과에 비해 부작용이 크기 때문에 피한다고 한다.

주사를 맞은 다음, 주사실 앞에 마련된 긴 의자에 앉아 솜으로 혈관을 누르며 피가 응고하기를 기다린다. 이때, 여러 상념들이 교차한다. 주사약 기운이 코를 통해 약한 냄새로 풍겨 오고 몸에 열기를 느끼면서 조용히 눈을 감는다. 이 주사약이 암 인자들을 물리쳐 주옵소서. 마음속으로 기도를 드린다. 마음은 간절하고 눈시울은 젖어 온다.

그 주사실 앞에서 만난 환우들의 눈망울은 결코 잊을 수 없다. 그들은 길게 늘어서 있는 의자 이곳저곳에 한두 사람의 보호자들과 함께 앉아서 주사 차례를 기다리든가, 혹은 주사를 이미 맞고 안정을 취하든가 하는데, 하나같이 말을 잃고 그린 듯 앉아 있었다.

그 모습을 보면 환우와 보호자를 한 눈에 구분할 수 있다. 애원하는 듯, 물기 어린 눈망울로 멍하니 앉아 있는 그들, 보호자들은 목소리를 죽여 무언가 소곤대지만 그들은 아무 대꾸 없이 고개를 끄

덕일 뿐이다. 그 눈망울들, 간절한 기원과 체념을 숨기고 애써 먼 시선을 만들던 그 눈망울들. 그들을 어찌 할 것인가? 모두 각기 다른 삶의 배경과 사연들을 가지고 있지만 이제 이 주사실 앞에서 한 가지로 낫기만을 염원하며 의자에 모여 있는 그들. 어떤 요술 지팡이라도 있다면 한 번 획 휘둘러 암을 단번에 낫게 하련만, 어찌할 방도가 없다. 아니면 모두 서로 끌어안고 엉엉 울기라도 했으면 위로라도 되련만 그럴 수도 없다. 그 애원하는 듯한 표정을 마음에 담고 서로 헤어져야 한다. 그리고 어떤 운명일지, 혹 죽음이 기다릴지도 모르는 운명을 향해 각기 걸어가야 한다.

암은 절대 걸리지 말아야 하는 병인데, 그 이유 중 하나가 항암주사를 맞아야 하기 때문이라고 나는 생각한다. 항암주사만 맞지 않을 수 있다면 그나마 견딜 만한 병이라고 말할 수 있다. 항암주사는 정말 참아내기 고약했다. 속이 매슥거리고 금방 토할 것 같아 괴로운 것은 말할 것도 없고, 특히 음식을 먹으려고 하면 증상이 심해져서 음식을 빨리 치워야만 한다. 그러니 먹을 수 없고 먹은 것이 없으니 체력이 급격히 떨어지게 된다.

항암주사는 암세포를 죽이지만 다른 건강한 세포들에게도 손상을 입히며, 특히 소화기관과 척수, 모발 세포에게 큰 타격을 준다고 한다. 암 환자들의 머리털이 빠지고 구토증을 호소하는 것은 이런 이유 때문이다. 물론 피부는 검고 거칠게 변하며 쉽게 피로해지고 기운을 쓰기 어려워진다.

나에게 가장 어려운 문제는 먹을 수 없다는 점이었다. 아내는 나의 체력보강을 위해 보양식을 여러 가지로 준비했지만, 음식 끓이는 냄새가 조금이라도 코끝에 스치면 구토증을 견딜 수 없었다. 겨우 참으며 식탁에 앉아 밥그릇이나 냄비뚜껑을 열면 김과 함께 냄새가 확 코를 자극해 화장실로 뛰어가야 했다. 이렇게 되면 더 이상 식사할 엄두가 나지 않았다. 아내는 낭패한 얼굴로 울상이 되었으며 나는 창문을 열기에 바빴다. 나는 3차 항암주사를 끝낼 때까지 꿀물과 두유, 빵 따위로 끼니를 때워야 했다. 그나마 구운 오리고기가 자극을 덜 주어 가끔 이것으로 영양을 보충할 수 있었다.

나는 2차 항암주사를 맞고 나서 일주일 후에 장협착 증세로 무려 30여 시간을 극심한 고통에 시달렸다. 너무 아픈 나머지 방안을 기어 다니며 소리를 지르기까지 했다. 병원에 긴급히 연락을 했으나 참는 도리밖에 없다는 말을 들었다. 너무 심하면 응급실로 와도 좋지만 처치할 수 있는 것은 거의 없다는 것이다.

나중에 알게 된 일이지만 장협착 증세는 항암주사를 맞으면 자주 찾아오는 것인데, 고통에 비해 생명을 잃을 일은 거의 없으며, 끝까지 협착이 풀리지 않으면 수술로 그 부위를 떼어 낼 수 있다고 했다. 나는 3차 주사 후에도 심한 복통과 설사로 고생했다. 그러나 이러한 고통들은 결정적인 문제를 일으키지 않고 극복되었다.

나는 비교적 고통을 잘 참아내는 편이다. 이 점은 아내나 아이들도 수긍할 것이다. 독하다는 말을 듣기도 했지만 병을 견뎌 내는 데는 큰 도움이 아닐 수 없다. 장협착 증세가 생명에는 지장이 없다는 말을 듣고 식구들을 방에서 모두 내보낸 뒤 수건을 말아 입에 물고 혼자 고통을 이겨 내기로 했다. 고통으로 이를 너무 악 다무는데다가 소리까지 지르는 것을 방지하기 위해서였다. 창자가 끊어질 것 같은 고통을 이겨낸 뒤 나는 기진맥진하고 말았다. 고통이 가져오는 체력 소모는 너무 컸다. 그리고 고통으로 일그러진 얼굴의 근육은 한참이나 문질러서 풀어야 했다.

다행히 시간은 지나갔고 고통은 잊혀졌다. 고통을 잊을 수 있다는 것은 참으로 큰 은혜다. 그러나 이러한 고통을 겪으면서 나는 죽음이 가까이 다가오고 있다는 것을 민감하게 깨달을 수 있었다. 고통은 죽음의 예고라고 생각되었다. 목전의 고통을 참아내면서 앞으로 다가올 막강한 죽음의 그림자를 예견하고 있었다. 이 막막한 예견은 때때로 강한 공포로 돌변했다.

2003년 4월 말, 6차례의 항암주사를 무사히 마쳤다. 한 차례도 주사를 미루는 일 없이 순조롭게 화학요법을 끝낼 수 있었다는 것은 그만큼 내 신체 조건들이 잘 견뎌 낸 것을 의미했다. 나와 같은 날 주사를 맞기 시작한 한 환우는 조건이 맞지 않아 주사를 한 달 두 달 미루다가 결국 외국으로 치료를 위해 떠나기도 했다. 그 환우는 지금 어떻게 되었는지 소식을 알 길 없다.

이렇게 화학요법은 수치들과의 싸움이기도 하다. 신체를 하나의 화학공장이라고 이해한다면, 항암주사란 강력한 화학성분을 분사하는 것으로서 유해한 독소를 제거하고 공장 내부를 정비하지만, 이에 따른 별도의 화학작용이 일어나 각종 계기들의 수치가 갑자기 하강해 간신히 가동이 유지되는 상태를 의미하며, 다음 분사 때는 계기들의 수치를 면밀히 검토해 가동에 지장이 생기지 않도록 유의해야 하는 것이다. 그런데 수치들의 한계 내 유지는 신체 내부의 자연적 화학작용으로 조절되는 것으로 의사들의 개입과 차원을 달리하는 신비한 어떤 율려(律呂) 같은 것이라고 이해해야 할 것이다.

사람의 몸을 그러므로 소우주라고 부르는 것이다. 이러한 부분에 생각이 미치자 화학요법을 무사히 마친 것에 대해 전율 같은 감사를 느꼈다. 동시에 운명이라 할까, 섭리라고 할까 어떤 알 수 없는 손길이 느껴져 옷깃을 여미기도 했다.

항암주사를 끝내고 나는 본격적으로 시골 생활에 들어갔다. 시골 생활은 한 편으로 자연의 아름다움과 경이를 깨우치게 해 마음을 밝게 만들었으나, 다른 한 편으로는 혼자만의 고립생활이 쓸쓸함을 증대시켜 자칫하면 불길한 생각을 일어나게 했다. 낮에는 자연에 취하고 밤에는 불길한 예감을 떨쳐내지 못하는 이중생활이 계속되었다.

그 때, 나는 나의 병세를 명료하게 내려다보고 있었다. 암에 관한 상식을 풍부히 갖춘 나는 3기 C2라는 나의 병세를 투명하게 인식하고 있었다. 재발률 75%. 대개 1년 이내에 재발하며 2년, 3년 지날수록 재발률은 떨어진다. 비록 항암주사는 잘 끝냈으나 지금부터 1, 2년이 가장 중요하다. 나는 항상 경계하는 마음을 늦출 수 없었으며 신경은 날카롭게 대응했다.

그 해 봄, 나는 몸 상태가 조금만 나빠도 드디어 올 것이 왔는가 하는 불안에 떨어야 했다. 봄은 왔으나 봄 같지 않은 나날을 보내야 했다. 한 달에 한 번씩 받는 정기검진 날이 다가오면 미리 불안에 떨어야 했고, 검진에서 이상이 없다는 말을 들으면 휴 하고 한숨이 절로 쉬어졌다. 불안한 나날이 조심스럽게 지나가고 있었다. 25%의 생존 가능성은 너무 낮은 확률로 느껴졌다.

그러던 6월의 어느 날이었다. 나는 그날 밤 도무지 잠을 이룰 수 없었다. 이리뒤척 저리뒤척 잠을 청했지만 시간이 지날수록 정신은 말짱해지면서 문제의 25% 확률에 의식이 고정되었다. 이래선 안 되겠다 싶어 몸을 일으켜 방안을 거닐었다.

“지금까지 잘 견뎌내고 있는 거야. 아직 걱정하기에는 일러. 힘을 내자! 희망을 갖자!”

스스로 위로하며 걱정을 떨쳐 버리려고 안간힘을 쏟았다. 다시 잠자리에 들었으나 이번에는 이웃집 개가 짖더니 우리 개들까지 덩달아 짖어대 잠을 말짱하게 쫓아내고 말았다. 이불을 머리 위까지 덮어쓰고 잠을 청했다.

그날 밤은 특이했다. 병이 재발했다는 통고를 받은 것도 아닌데 마치 재발이 틀림없는 듯 마음이 다급하고 불안이 커 갔다. 공포가 몰려 왔다. 그날 밤 안으로 죽을 것 같은 생각이 들었다. 공포가 머릿속을 들쑤시고 심장이 멎을 듯 옥죄어 왔다. 고통 속에서 어둠을 응시했다. 그 어둠 가운데 그림자처럼 더 어두운, 구름처럼 피어오르는 것이 나를 덮쳐 왔다. 그것이 나를 감싸 안으면 곧 죽을 것 같았다.

어느 순간 나는 뛰어 오르듯 일어나 엎드리며 외쳤다.

“살려 주십시오! 살려 주십시오!”

나는 정신없이 오열하고 있었다. 얼마나 오래 그렇게 있었는지 모른다. 나는 모로 쓰러져 기진맥진 누워 있었다. 의식을 못하는 시간이 얼마나 흘렀는지 알 수 없었다. 그리고 어느 순간 마음 저 깊은 곳으로부터 “그래, 이제 죽자. 그래, 죽자.” 하는 생각이 일었다. 삶을 포기하고 죽음을 받아들인 것이다.

그런데 이상했다. 언제부턴가 울음을 그치고 있었고 마음이 편안해졌다. 시원한 느낌, 무언가 툭 터진 느낌이 들고 머릿속이 맑았다. 눈물과 콧물을 닦고 어둠 속에 우두커니 앉아 있었다. 아무런 생각이 떠오르지 않았으나 편안하고 시원했다. 가슴에 뭉쳐 있던 것들이 모두 사라지고 해방된 느낌이 들었다. 소쩍새가 먼 산에서 울었다. 그리고 머지않아 먼동이 터왔다.

그날 밤 이후로 나는 죽음에 대한 공포에서 벗어나 마음의 평화를 얻을 수 있었다. 마치 죽음의 과정을 졸업한 것처럼 무섭지도 대수롭지도 않았다. 죽음이 매우 가까이 느껴졌으나 당연히 거기 있어야 할 것으로 생각되었다. 그리고 신생을 얻은 듯 모든 사물이 새롭게 감지되었다. 기쁨과 감사가 솟아오르기도 했다. 왠지 몰랐다. 그러나 새로운 삶이 시작된 것은 분명했다.

그로부터 약 석 달 후, 나는 내 인생을 결정적으로 전환시킨 저 신비한, 도무지 짐작할 수도 없는 특이한 체험을 하게 된다. 그 체험의 정체를 나는 일단 '지안'이라고 부르기로 한다. '지극한 평안'을 줄여서 '지안(至安)'이라고 부르는 것이 그나마 당시의 느낌에 가장 적합한 것으로 생각되었기 때문이다.

90

# 03
# 죽음의 발견



　이제부터 '죽음'에 관해서 이야기하려고 한다. 그런데 죽음을 이야깃거리로 삼는다는 것은 아무래도 꺼림칙하고 수월치 않은 일이다. 사람에 따라서는 하필이면 죽음 이야기를 꺼내느냐고 나무라는 사람도 있을 것이다. 죽음을 입에 담는 것 자체를 불길하고 재수 없는 일로 간주하는 사회풍조가 있는 것도 사실이다. 모두 죽음을 싫어하고 멀리하기 때문일 것이다.

　또 죽음을 혹 이야기한다 하더라도 죽음은 쉽게 알 수 있는 대상이 되지 못하기 때문에 이야기 자체가 수월치 않다. 죽음은 흔하고 잘 안다고 생각되는 현상이지만 그것을 이렇다 하고 명쾌하게 설명하기는 매우 어렵다. 이래저래 죽음 이야기는 쉽지 않은 것이 사실이다. 이런 이야기를 구태여 꺼내는 이유는 불가피하기 때문이다.

　우선 나는 개인적으로 죽음 문제를 꼭 파헤쳐 보고 싶었다. 중증의 암에 걸려 죽음의 공포에 시달리던 때부터 "도대체 죽음이란 무엇인가?” 하는 의문이 뇌리에서 떠나지 않았다. 그리고 앞에서 이 야기한 대로 일련의 경험을 겪고 난 후에는 더욱 죽음 문제와 이 죽음 문제를 둘러싸고 일어나는 마음의 문제를 추적해 보아야겠다고 생각했다.

내가 겪은 일련의 체험들은 나에게 매우 특별한 것이었으며 또 소중한 것들이었다. 죽음에 대한 공포를 비롯해 금방 죽을 것 같았던 경험, “그래 죽자.” 하고 죽음을 받아들였던 일, 그랬더니 공포가 사라지고 평안이 왔던 일, 이어서 찾아왔던 ‘지안’까지, 이런 경험들의 전말을 낱낱이 따지고 그 근본에 자리 잡은 죽음 문제를 명백하게 밝히고 싶었다.

나는 이러한 일련의 체험을 한 뒤, 거기에는 어떤 원리 같은 것이 작용하고 있다고 생각하여 이를 밝혀 보고 싶다고 마음먹었다. 생각해 보면, 죽음은 자연의 법칙이며, 따라서 누구도 이를 피할 수 없다. 그럼에도 불구하고 사람들은 이 당연한 법칙을 받아들이지 않고 한사코 피하려고만 한다. 살려는 본능이 작용하고 있기 때문이다. 여기에 긴장이 조성된다. 한 편에 살려는 본능이 있으며, 다른 한 편에 죽을 수밖에 없는 자연의 법칙이 대립한다. 이 긴장은 팽팽하게 맞서다가 결국 자연의 법칙 쪽으로 기울고 만다. 자연 법칙을 수용할 수밖에 없다는 사실을 확인하는 것이다. 이 단계에서 비등점이 만들어지고 승화와 같은 현상이 일어난다. 반전(反轉)이 오는 것이다. 나는 이 반전의 원리를 밝혀야 한다고 생각했다.

그런데 언제부턴가 나는 반전의 원리를 밝히는 일이 내 개인적 차원을 넘어서 모든 사람들에게 적용될지도 모른다는 생각을 갖게 되었다. 역사적으로 죽음을 각오한 사람들이 위대한 일을 하는 경우가 많았는데 이러한 사례들이 반전의 원리에 포함된다고 보았던 것이다.

"그래, 죽자" 하며 죽음을 각오할 때, 역설적 반전(反轉) 현상이 일어나며 여기에서 위대한 에너지가 나오는데, 이런 일은 모든 사람들에게 적용된다고 파악했던 것이다. 영화에서도 흔히 나오는 소재이지만, 비장하게 죽음을 각오하는 결사대원들은 보통 사람들이 상상하는 것 이상의 에너지를 뿜어낸다. 이렇게 죽음을 각오한다는 것은 분명 큰 비밀을 숨기고 있음에 틀림없다. 이 비밀을 밝혀야 하는데 그 일은 모든 사람들에게 적용되는 보편성을 지니고 있다고 나는 생각한 것이다.

이렇게 죽음 문제와 거기에 얽혀 있는 마음의 문제를 추적하는 일은 내 개인적 관심을 넘어 모든 사람들에게도 적용된다고 생각했다. 이런 생각으로 인해 나의 작업이 보편성을 가졌다고 자신하게 되었고, 따라서 죽음 문제의 파악에 더욱 매달릴 수 있었다.

## 1. 죽음의 공포와 심리학

"암 환자는 누구나 한 번씩 죽는다."

나는 이 말을 옳다고 생각한다. 암에 걸렸다는 의사의 말을 듣는 순간, 대부분의 사람들은 "아, 이제 죽었구나." 하고 충격에 빠질 것이다. 암은 최근에 완치되는 비율이 크게 높아졌지만, 아직도 사람들의 뇌리에 죽는 병으로 각인되어 있기 때문이다. 어떤 조건, 어느 경우에도 암에 걸렸다는 통고는 사람들을 일단 죽음의 공포로

밀어 붙인다. '암'이라는 말이 비수처럼 머리에 박히고 마는 것이다.

그 첫 반응은 누구에게나 똑같은 강도로, 조건반사적으로 일어난다. 나는 이 1차 반응을 암 환자들이 겪게 되는 모든 경험의 핵심이라고 본다. 그리고 이 1차 반응이야말로 "암 환자는 누구나 한 번씩 죽는다."라는 말의 실증이다. 즉, 이 1차 반응은 죽는 것과 같은 체험을 가져온다는 뜻이다. 실제로 죽지 않을 경우에도 그 심리적 체험만큼은 실제와 진배없다는 말이다. 심리적으로 한 번 죽는 것과 같은 이 1차 반응은 앞으로 설명할 '죽음에 의한 지혜'의 출발이 된다 하겠다.

암의 통고가 이렇게 충격적인 1차 반응을 일으키는 이유는 크게 두 가지라고 생각된다. 첫째로, 암은 아직도 불치병의 하나로 인식되고 있기 때문이다. 둘째로, 그 병이 나에게 왔다는 직접성 때문이다. 그 병으로 죽지 않는다면 문제될 일이 아니다. 죽을 것이라는 예상이 충격을 가져오는 것이다. 그리고 그 병이 남에게 갔다면 또 문제될 일이 아니다. 바로 그것이 나에게 왔다는 것이 문제되는 것이다.

이렇게 두 가지 사실이 충격을 가져오게 하는 실체이다. '죽는다는 사실'과 '내가' 죽는다는 사실이 문제인 것이다. 다시 말해서 '죽음'과 '나'가 문제이며 문제의 실체인 것이다. 이 두 가지가 공포의 출발점이며 내용이다. 그리고 생각해 보면 이 두 가지가 모든 병에 의한 두려움의 핵심이다. 그리고 더 생각해 보면 인생살이의 모든 불안과 두려움의 근본 원인이기도 하다. 곧 '나의 죽음'이 모든 불안의 근거인 것이다.

그러므로 우리는 앞으로 '나의 죽음'에 관해 깊이 생각해야 할 것이다. 불안과 공포의 근거로서, 해소시켜야 할 근본 원인으로서, 삶을 끊임없이 위협하는 대상으로서, 삶을 반추케 하는 실체로서, 우리는 '나의 죽음'을 깊이 사유해야 한다. 그리고 '나의 죽음'이 몰고 온 공포에 관해서도 충분히 생각해야 할 것이다. 암이라는 통고를 받자, 왜 그렇게 충격을 받게 되는 것일까? 그리고 내내 "이제 죽었구나." 하는 두려움에 빠지는 이유는 무엇일까? 그리고 이런 두려움으로부터 벗어날 길은 없을까? 일단 죽음의 공포에 관해 검토해 보자.

나는 의사로부터 암의 통고를 처음 받던 때를 분명하게 기억하고 있다. 당시에 나는 혼이 빠진 상태였다. 솔직히 세상이 무너지는 것 같았다. 무엇을 보고도 그 보는 것을 의식하지 못하고 있었으며, 마치 물속에라도 들어간 것처럼 사물이 일렁거려 보였다. "이제, 죽었구나." 하는 생각만이 온통 머리를 채우고 있었다. 그리고 머릿속은 혼란으로 뒤죽박죽이 되었다. 논리적 사고나 이성적 판단은 애초에 불가능했다.

죽음 문제의 저명한 연구자 엘리자베스 퀴블로 로스(Elisabeth Kuebler-Ross, 1926~2004)[2]는 유명한 '비탄의 다섯 단계'를 밝

---

[2] 엘리자베스 퀴블로 로스는 그의 첫 저서 "On Death and Dying"(Simon & Schuster/ Touchstone, 1969, '인간의 죽음', 분도출판사. 1979.)에서 '비탄의 다섯 단계(the Five Stages of Grief)'를 제시했다. 그것은 다음과 같다.
1) 거부(denial): "내가 그 병에 걸리다니 그럴 리 없어. 의사의 오진일거야."
2) 분노(anger): "왜 하필 내가 선택되어야 해. 하나님이 있는 거야 없는 거야."
3) 거래(bargaining): "아이가 대학 졸업할 때까지만 살 수 있다면…"
4) 우울(depression): "방법이 없구나, 절망이구나."
5) 수용(acceptance): "죽을 수밖에 없구나. 그래 죽자."

혀냈는데, 나는 이 5단계를 정확히 밟아 갔다. 처음 의사로부터 암 통고를 받고 입원하기까지 5일 동안 부인(否認), 분노(憤怒), 거래 (去來)의 3단계를 차례로 겪으면서 머릿속은 오직 "이제 죽었구나." 하는 한 가지 생각으로 가득 찼다.

의사의 통고를 받고 수술 날짜까지 협의를 했음에도 불구하고 그 다음 날까지 의사가 오진했을 것이라는 생각이 불쑥불쑥 떠올랐다. 의사들이 무엇인가 착오를 일으켰을 것이라고 생각하면서 잠시 안 도의 짬을 얻었다가 이내 C/T촬영의 소견서까지 읽었던 사실을 떠 올리고 현실로 되돌아오면 참담한 비탄으로 심장 고동이 빨라지고 있었다.

이런 시간이 지나자 이제 "왜 하필 나를 선택했는가?" 하는 생각 이 들면서 운명과 하늘에 대해 심한 반발을 느껴야 했다. 하나님이 있다면 대들어 싸우고 싶었다. 그러나 내 앞에는 허공이 있을 뿐이 었다. 밤이 되면 나는 눈물로 베개를 적시면서 아이들이 각자 독립 할 때까지라도 살게 해달라고 빌었다. 늙은 부모들은 어찌할 것이 며, 아내는 또 어찌할 것인가? 유예를 달라고 빌고 빌었다. 그러나 어디에도 대답은 없었다.

그리고 입원을 하면서 병원의 처치를 따라가느라 심리적인 압박 은 좀 줄어들었다. 그러나 혼자 문득 생각해 보면 죽었구나 하는 정 서가 나의 내면을 가득 채우고 있음을 발견하곤 했다. 그렇게 시간 이 가고 화학요법을 받던 6개월도 지나갔다. 병원의 처치는 끝나고 오직 기다리는 시간이 왔다. 이때부터가 정작 더 어려웠다. 퀴블러 로스가 의기소침(depression)으로 규정한 시간이 왔던 것이다.

이 단계는 나의 경우, 단지 우울만 온 것이 아니라 공포(phobia)까지 함께 몰려왔다. 한 달에 한 번씩 계속되는 병원 검사 날이 가까이 오면 일주일 전부터 긴장으로 신경이 곤두서고 결과가 꼭 잘못 나올 것 같은 예감으로 가득 찼다. 그리고 어떤 날은 밤에 잠을 이룰 수가 없었다. 나쁜 예감과 망상으로 도무지 잠을 이루지 못했던 것이다. 공포는 참으로 처치 곤란이었다. 아무리 마음을 누그러뜨리고 기도를 해도 한번 공포가 엄습하면 영 떼어내기 어려웠다.

죽음의 공포는 무엇인가? 그리고 그것은 왜 생기는 것일까? 나는 이 문제를 풀기 위해서 많은 책을 살펴보았으나 별 성과를 거두지 못했다. 언뜻 매우 흔할 것으로 보이는 '죽음의 공포'라는 주제를 정면으로 다룬 책은 거의 없었다. 이상하다는 생각과 함께, 나는 스스로 생각을 거듭했다. 전문적 소양이 부족한 상태에서, 나는 죽음의 공포를 세 가지로 구분하는 것이 타당하다고 생각했다. 그것은 ① 죽음에 대한 본능적 두려움, ② 비본질적 죽음에 대한 두려움, ③ 본질적 죽음에 대한 두려움 등 세 가지이다.

첫째로, 죽음에 대한 본능적 두려움은 사람의 본능으로부터 유발되는 극히 자연적 현상이라고 볼 수 있다. 사람을 포함한 모든 생명체는 살고 번식한다. 생명체의 본능은 생명의 유지와 자손의 번식을 목적으로 기능한다. 다시 말해서 생명 현상은 본능을 자연적으로 유발한다. 우리는 유기체가 임의의 물리적 과정 가운데서 유리한 통계적 편향을 어떻게 선택하는지 정확히 알지 못하며, 따라서 본능이 어떻게 작동하는지 그 원리를 정확하게 알지 못하고 있다. 그러나 우리는 본능이 있다는 사실과 그것이 생명 현상의 기초

기능이라는 것을 안다. 본능이 없다면 생명 현상은 유지될 수 없다. 그러므로 본능은 오로지 생명 유지를 목표로 한다.

따라서 본능은 무조건 죽는 것을 배척한다. 이 살려는 본능이 없다면 생명체도 없을 것이며, 따라서 자연 자체도 존재하기 어려울 것이다. 무생물만의 존재 공간을 자연이라고 말할 수 없다. 다시 말해서 사람은 살려고 발버둥 치게 되어 있다. 오직 살려고 하고 죽기를 한사코 싫어하는 것이 사람의 본능이다. 이러한 본능에 따라 죽는다는 사실은 언제나 두려움과 공포를 유발하는 것이다. 이렇게 사람은 죽음에 대한 본능적 두려움을 가지고 있다. 그러므로 이 두려움은 가장 근본적이고 무조건적이다.

둘째로, 비본질적 죽음에 대한 두려움은 죽음과 관련된 지각 가능한 현상들을 무서워하는 두려움을 가리킨다. 예를 들어, 죽을 때의 육체적 고통을 두려워하는 것과 같은 것이다. 죽음에 임박해 고통스러워하는 모습을 보고, 사람들은 그 고통을 가장 통증이 심할 것이라고 짐작하며 이를 두려워하는 것이다. 그러나 이러한 짐작은 대개 명확하지 않은 것이다.

셋째로, 본질적 죽음에 대한 두려움은 지각 불가능한 죽음의 성격에 대해 두려움을 갖는 것을 가리킨다. 예를 들어, 죽은 후 어디로 가는지 알 수 없다는 사실 때문에 두려워하는 것과 같은 것이다. 죽음이라는, 그 알 수 없는 미지성 때문에 우리는 두려워하는 것이다.

일본 조지대학 알폰스 디켄(Alfons Deeken)[3] 교수는 죽음에 대한 아홉 가지 두려움을 분석했다. 이들 아홉 가지 두려움을 나는 크게 두 가지로 나눌 수 있다고 본다. 그 첫째는 ① 통증, ② 고독, ③ 추한 모습, ④ 부담감, ⑥ 늙음, ⑦ 후회 등이며, 둘째는 ⑤ 무지,

⑧ 절멸, ⑨ 사후 심판 등이다.

전자는 죽음에 이르는 과정(dying process)이나 죽음에 의한 영향(effect by dying)과 같은 죽음과 연관된 '지각 가능한 현상'에 대한 두려움을 가리킨다. 나는 이것을 '비본질적 죽음에 의한 두려움'이라고 생각한다.

후자는 죽음에 따라 자신의 존재가 사라진다고 인식하거나 또는 죽은 후에 심판이 있을 것이라는 믿음에 따라 두려움이 생기는 것이다. 즉 '지각할 수 없는 죽음'의 성격에 관한 감정의 발로이다. 나는 이것을 '본질적 죽음에 대한 두려움'이라고 분류하고 있다.

내가 전자를 '비본질적 죽음에 대한 두려움'이라고 말하는 이유는, 이들 두려움의 경우 죽음을 죽음 자체의 본질에서 파악하는 것이 아니라 죽음에 이르는 과정이나 죽음이 가져오는 영향과 같은 부수적이고 2차적인 사항에서 파악하는 것이기 때문이다. 이것은 죽음의 본질과 하등 관계가 없는 삶의 양식을 다만 죽음과 연결할 뿐이다. 통증의 경우를 보더라도 그것은 사는 동안의 한 양식을 죽

---

<sup>3</sup> 알폰스 디켄 교수가 한국 죽음학회 2006년도 초청 강연회에서 밝힌 '죽음에 대한 아홉 가지 두려움'은 다음과 같다.
1) 통증에 대한 두려움(통증)
2) 외롭게 혼지 죽는 것에 대한 두려움(고독)
3) 죽을 때의 추한 모습에 대한 두려움(추한 모습)
4) 가족, 사회에 짐이 된다는 두려움(부담)
5) 죽음이라는 미지의 세계에 대한 두려움(무지)
6) 늙어 가면서 언제 죽을지 모른다는 두려움(늙음)
7) 미완성의 삶을 살아 왔다는 것에 대한 두려움(후회)
8) 자신의 존재가 사라진다는 것에 대한 두려움(멸절)
9) 죽은 후의 심판과 죄에 대한 두려움(사후 심판)

음의 경우에 대입하고 있을 뿐이다.

통증은 원래 삶을 증진시키기 위해 존재하는 생리적 방어기제이다. 통증이 있음으로 해서 통증을 없애려고 노력하고 그 과정에서 상처가 치료되어 삶이 증진되는 것이다. 만일 통증이 없다면 우리는 손을 불 속에 집어넣을 것이다. 손이 불에 타더라도 아픔을 느끼지 못한다면 가공할 사태가 벌어질 것이다.

우리의 신체구조는 통증을 느낌으로 자동반사신경이 작동해 손을 불에서 끄집어내고, 이어 통증에 따른 불쾌감에 의해 몸 전체에 경보를 내리고 항구적인 대책을 내리도록 강제하는 등 삶을 증진시키도록 만들어져 있다. 역경 속에서 삶의 의미를 발견하듯 통증은 우리 삶을 더 풍부하게 만드는 역할을 한다. 이렇게 통증은 아무도 원치 않지만 삶에 있어서 반드시 필요한 선물과 같은 것이다.

이러한 통증이 삶을 마감하려는 사람에게 나타날 때, 우리는 극단적인 상상을 하게 된다. 죽음 직전의 통증은 아마도 우리 일생 중 가장 그 정도가 심할 것이라고 유추하는 것이다. 죽기 전의 환자가 고통스러워하는 모습을 보면서 극단적인 아픔을 상상한다는 것은 어쩌면 당연한 일일 것이다.

그러나 냉정하게 생각해 보면 그러한 우리의 상상은 다만 상상일 뿐 객관적인 근거를 갖지 못하고 있다. 죽음 직전의 통증을 계측할 수 없기 때문이다. 시력이나 청력을 잴 수 있듯이 통증을 객관적으로 계량할 방법이 어딘가에 있을 수는 있다. 그러나 통증은 매우 주관적인 현상이므로 기준량을 정하는 데 어려움을 겪을 것이며, 특히 죽음 직전의 통증 계측은 불가능할 것이다. 모든 생리작용들이 극심한 혼란을 겪는 와중에 조건 반사의 판단으로 나타날 종합적 통증을 개인적 편차 없이 계측한다는 것은 거의 불가능하게 보이기 때문이다.

이렇게 사실을 알 수 없는 죽음 직전의 통증을 사람들은 가장 아플 것이라고 상상한다. 사실은 모른다고 말해야 할 일을 사람들은 다만 상상만으로 그렇다고 단정하는 것이다. 우리는 흔히 이러한 혼동을 저지르고 있다. 급박한 일일수록 이러한 혼동은 더 심해진다.

그런데 이러한 혼동의 이면을 조심스럽게 살펴보면 그 일이 죽음과 연결되어 있기 때문에 이런 현상이 생기는 것임을 발견할 수 있다. 즉, 사람들은 통증이 무서운 것이라기보다는 실은 죽음 자체의 그 최종적인 것, 극한적인 것, 종국적인 것이라는 사실을 무서워하고 있는 것이다. 바로 죽음의 본질을 무서워하면서도 그 비본래적 속성을 무서워한다고 착각하고 있는 것이다.

이렇게 '비본질적 죽음'을 두려워하는 마음 이면에는 '본질적 죽음'에 대한 두려움이 숨어 있는 것이다. 다시 말해서, 죽음을 무서워하는 우리의 두려움은 모두 죽음의 본질로부터 나오며 부수적 현상들, 즉 통증, 고독, 부담, 후회 등은 본질에 대한 착시적 대용물에 지나지 않은 것이다. 따라서 이러한 대용물은 본질적 의미에서 무시한다 하더라도 죽음의 공포를 설명하는 데 큰 무리가 없을 것이다.

이렇게 보자면 '본질적 죽음'의 속성이 중요한 의미를 갖게 된다. 본질적 죽음은 알폰스 디켄 교수의 명단에 따르면 ⑤ 무지, ⑧ 멸절, ⑨ 사후 심판 등인데, 여기에 죽음의 본질과 관련되는 것은 모두 첨가시킬 수 있을 것이다.

즉, 사람들이 보통 죽음에 관해 최종적이며 극단적이라고 생각하는 바의 것들, 예를 들어 무화(無化), 단절(斷絕), 공허(空虛), 흑암(黑暗), 극점(極點), 초극(超克), 영혼불멸(靈魂不滅) 등의 의미가 모두 첨가될 수 있을 것이다. 나는 이러한 것들을 죽음의 본질과 관련된다고 생각한다. 물론 죽음의 본질은 우리에게 정확하게 인식되지 못한다. 죽는 순간 우리의 인식은 단절되기 때문이다.

우리가 죽음에 관해 알 수 있는 것은 오직 죽음 직전까지의 현상뿐이며, 죽음에 진입하는 순간부터 우리의 감각과 인식은 무화하고 만다. 따라서 죽음의 본질은 경험론적으로 인식되지 못하고 그 본질적 속성을 과학적인 자료 위에 올려놓을 수 없다.

이러한 사정 때문에 죽음의 본질에 관한 논의가 학문적 형태를 이루지 못하고 자칫하면 주관적 믿음의 수준을 벗어나지 못하는 것이다. 그러므로 우리는 이러한 사정의 한계 안에서 죽음의 본질을 이론적으로 탐색할 수밖에 없다. 바로 이렇기 때문에 죽음 논의에서 논리가 중요하게 되는 것이며, 만일 가정(假定)과 직관을 이용할 경우에는 "이러이러한 전제 하에서…"라는 한계를 명확히 밝혀야 하는 것이다.

우리가 죽음에 관해 이야기하는 태반의 내용은 비본질적, 2항적 현상에 관한 것이다. '좋은 죽음을 위한 준비', '안락사에 관한 논쟁', '호스피스 운동의 현황' 등 사회적으로 관심을 끄는 죽음 문제는 모두 2항적 현상에 관한 것들이다. 그러므로 죽음 논의가 갈수록 관심을 끈다는 것은 결국 죽음의 비본래적, 2항 현상에 관한 관심이 높아간다는 말이다. 이러한 사정은 불가피한 일이라고 생각된다. 죽음에 관해 우리가 자료를 제시하며 논의할 수 있는 부분은 그나마 이 비본래적, 2항적 현상이기 때문이다. 이 부분은 실제적이고 감각적이며 사회적인 현상으로 나타나기 때문에 논의하기에 편리하고 비교적 수월하다.

그러나 나는 죽음에 관한 논의를 보다 균형 있게 하기 위해서는 죽음의 본질적, 1항적 성격에 관해서도 충분히 검토해야 한다고 생각한다. 또 앞에서 파악한 것처럼 죽음의 비본질적 속성에 대한 두려움은 기실 본질적 속성에 대한 두려움을 뒤에 숨기고 있다는 사실을 감안할 때, 죽음의 본질적 속성에 대한 논의가 보다 더 중요하다는 점을 알게 된다. 결국 죽음에 관한 모든 논의는 죽음의 본질에 관한 논의로 집중된다 하겠다. 죽음의 그 최종적인, 단절적인, 극단적인, 무화적인 의미와 상징이 우리를 죽음 앞으로 끌고 가는 것이다. 그리고 우리를 죽음이란 과연 무엇이란 말인가 하며 탄식하게 만드는 것이다.

위대한 철학자 플라톤(BC. 427 ~ BC. 347)은 임종에 앞서서 "내가 쓴 많은 내용들은 죽는 연습일 뿐이었다."고 술회했다고 한다. 플라톤의 방대한 저서들, 즉 〈국가〉(Politeia), 〈법률〉(Nomoi), 〈심포지온〉, 〈파이돈〉, 〈고르기아스〉, 〈파이드로스〉, 〈티마이오스〉 등등 그 수많은 책들에 담긴 그의 사상과 생각들은 오늘날까지 철학과 지혜의 원천으로 받아들여지고 있다.

그런데 이런 모든 내용들이 하나의 연습이었으며, 그것이 연습이므로 정작 중요한 것은 아니며, 중요한 것은 바로 죽음이라고 토로한 것이다. 숙연한 마음을 가눌 길 없다. 플라톤이 말한 그 죽음은 무엇을 가리킬까? 최종적인 것, 궁극적인 것을 말하지 않았겠는가? 그렇다. 그가 말한 것은 죽음의 본질에 관한 것이었다.

이렇게 죽음의 본질은 중대한 의미와 상징을 갖는다. 죽음이 우

리의 삶을 중지시키는 그 끝, 그 마지막 시간과 공간에 서 있다고
생각해 보자. 한사코 죽음을 피하고 싶던 욕구도 의지도 이제는 그
마지막에 직면했다고, 삶의 가치도 의미도 사라질 최후의 순간에
이르렀다고, 그리고 형체도 이름도 산산이 흩어질 마지막 낭떠러지
에 서 있다고 생각해 보자.

아, 우리는 그렇게 죽음의 문에 들어서야 한다. 극점에 이르러 사
유가 사라지듯이[4] 우리는 무화(無化)하는 것이다. 이 언저리의 사유
가 죽음의 본질과 통할 것이다. 그러나 죽음의 본질에 관해 우리는
무엇을 안다고 말할 수 없다. 다만 모른다고 말할 수 있을 따름이다.
바로 이 점이 죽음의 본질에 관해 말할 수 있는 출발점이 될 것이다.

지금까지 우리는 죽음에 대한 두려움에 관해 살펴보았다. 이에
따라 우리는 죽음에 대한 두려움이란 살려는 본능과 죽음의 본질
에 깊이 연결되어 있다는 점을 알게 되었다. 특히 죽음의 본질적 성
격은 두려움을 일으키게 하는 원천과 같은 것이라는 점을 이해하게
되었다.

그런데 기실 죽음의 본질적 성격은 사는 동안 우리를 내내 억눌
러 왔던 보이지 않는 불안 덩어리이기도 했다는 사실을 우리는 알
고 있다. 막연한 불안감, 형체를 알 수 없으나 언제나 주위를 감싸

---

[4] 극점에 이르러 우리의 사유가 사라진다는 생각은, 천체물리학에서 빅뱅이론을 설명할 때 가
장 잘 표현되는 것 같다. 빅뱅이론은 빅뱅 5분 전의 상황에 관한 질문은 성립하지 않는다고 설
명한다. 빅뱅에 의해 시공간이 생기기 때문에 그 이전에는 시공간 자체가 없으며, 그러므로 모
든 질문이 그 자체로 성립할 수 없다는 것이다. 이렇게 극점에 이르면 사유는 그 자체로서 성립
되지 못한다. 예를 들어 북쪽을 향해 끝없이 나가라고 명령을 받은 사람이 북극점에 이르렀다
면 그 사람은 더 이상 북쪽으로 갈 수 없다. 한 발 더 북쪽으로 가라고 명령해 보아야 그는 갈
수 없다. 왜냐하면 한 발 더 내밀면 그 방위는 남쪽이 되기 때문이다.

고 도는 슬픔의 느낌, 딱히 말할 수는 없으나 마지막이 다가서고 있는 듯한 스멀스멀한 예감, 이런 것들이 모두 죽음의 본질로부터 유래한 실존적 불안이었던 것이다.

삶의 밑바탕에 깔려 있던 이러한 불안은 언제 닥칠지 모르는 불안한 죽음의 그림자를 반영하는 것이다. 이 불안에는 특별한 대상이나 원인도 없다. 대개 막연하지만 언제나 마음 가운데 깔려 있는 그런 것이다. 바로 마지막에 버티고 서 있는 죽음 때문에 이런 불안이 생기는 것이다. 파스칼(Blaise Pascal, 1623~1662)은 "인간은 무(無)를 알지 못하지만 느낀다."고 말했다. 바로 이 무에 대한 느낌이 죽음의 본질적 속성에 대한 감정인 것이다. 이 감정이 때로는 슬픔으로, 때로는 예감으로, 그리고 결국에는 두려움으로 나타나는 것이다. 그렇다면 이 감정이라는 것은 또 무엇인지 살펴보기로 하자.



## 2. 감정에 관한 이론들

나는 죽음의 공포에 짓눌려 곧 죽을 것 같은 순간을 경험했다. 이 악몽에서 벗어나 다시 평안을 찾아가는 동안 나는 우리의 삶에서 '감정'이 얼마나 중요한 역할을 하는지 깨달을 수 있었다. 불안, 두려움, 공포와 같은 감정들은 우리 삶에서 마음의 배경 또는 전체를 항상 감싸고 있는 분위기와도 같은 역할을 하는 것 같다. 근본적 감정들, 예를 들어 기쁨과 슬픔, 사랑과 미움, 희망과 불안 등을 살펴보더라도 그들은 자주 막연하고 표현하기 어려울 때라도 우리의 마음을 전체적으로 휘감고 있는 어떤 상태로서 기능하는 것을 알 수 있다.

　나는 죽음에 대한 두려움에 떨고 있을 때, 이 감정이 얼마나 강력하게 마음을 지배하고 있으며 지성이나 이성으로 아무리 설득하려고 노력해도 그 의도와 방향을 결코 수정하지 않으며 언제나 마음의 전체 분위기를 얼마나 확실하게 장악하고 있는지 여실히 살필 수 있었다. 한번 감정에 휩싸이게 되면 그것을 수정하기는 참으로 어려웠다. 감정은 마음의 상태로서 마음의 움직임을 전반적으로 촘촘하게 얽어매고 있었다.

　이러한 감정에 관해, 나는 충분히 알고 있어야 한다고 생각했다. 감정이란 지성과 이성, 의지 등과 어떤 차이가 있으며 그들 사이의 관계는 어떠한 것인지를 알고 싶었다. 이러한 것들을 알아야겠다고 생각한 이유는 주로 감정을 조절할 수 있느냐 하는 점에 모아지는 것이었다. 나는 죽음의 공포와 같은 감정은 조절되어야 한다고 생각했다. 나는 죽음의 공포에 짓눌려 거의 자진할 지경에 이른 경험이 있었고, 우연하게 그 공포로부터 단숨에 빠져나올 수 있었기 때문에, 분명히 공포는 조절될 수 있다고 생각했다. 나는 그 방법을 찾아야 했다.

　심리학 개론서에 따르면 행동을 추동하는 요인으로 동기(motive)와 정서(또는 감정, emotion)를 꼽고 있다. 어떤 자극에 의해 동기가 주어지면 그 결과는 행동으로 나타나는데, 이런 동기와 같이 정서도 행동을 각성시키고 방향을 지시한다는 것이다. "너무 화가 나서 그를 때렸다."라든가 "좋아서 우리는 소리를 질렀다." 등의 말에서 우리는 정서가 행동을 유발하고 증진시킨다는 사실을 알 수 있다.

그러나 나는 심리학 개론서들이 일반적으로 기술하고 있는 이러한 이론이 정서와 감정을 충분히 설명하지 못하고 있다고 생각했다. 감정은 행동을 추동하는 하나의 요인에 그치는 것이 아니라 마음의 전 영역을 감싸고 있는 배경이나 분위기로서도 기능하고 있으며, 한 발 더 나아가 초월적 직관을 이끄는 매개로서도 기능하고 있다고 생각했다. 이러한 감정의 또 다른 측면들은 분명하게 밝혀져야 하는데 오늘날 심리학은 아직 여기에는 미치지 못하는 것 같았다. 아무튼 심리학의 정서이론을 잠시 살펴보자.

근대 심리학에서 최초의 정서이론은 제임스-랑에 이론(James-Lange theory of emotion)으로 알려져 있다. 1880년대 미국의 윌리엄 제임스(William James)와 덴마크의 카를 랑에(Carl Lange)는 자극을 받으면 생리적 반응이 일어나고 이에 따라 정서가 만들어진다고 주장했다.

곰을 만났을 때, 우리의 심장 박동은 빨라지고 동공은 커지고 호흡은 거칠어진다. 이러한 생리적 반응이 일어나면 대뇌피질은 사태를 파악하고 두려움이란 정서가 만들어지고 이어 도망치는 행동이 뒤따른다는 것이다. 이 이론은 생체적 반응과 두려움의 형성이 거의 동시에 이루어진다는 사실을 충분히 설명하지 못함에 따라 새롭게 대두한 이론들에 의해 비판을 받았으며 오늘날 거의 인정을 받지 못하고 있다. 그러나 제임스-랑에 이론은 생체 반응을 과학적으로 분석한 최초의 이론으로서 심리학의 정서 이론에 새로운 이정표를 세웠다.

그 뒤, 제임스-랑에 이론을 비판하면서 케논-바드(Cannon-Bard theory of emotion) 이론이 등장했으며, 인지이론(cognitive theory)이 이를 더욱 발전시켰다. 그러나 정서 이론은 신경생리학의 비약적 발전에 따라 뇌의 영역별 기능이 상세히 밝혀지면서 새로운 시대를 맞고 있다. 오늘날 신경생리학(Neurobiology)은 뇌의 특정 영역과 특정 신경화학물질이 정서 유발 및 감퇴에 밀접한 연관을 가지고 있다는 사실을 밝혀냈다.

인간의 정서에 관한 신경생리학적 설명에서 최근까지 가장 주목을 받았던 것은 변연계와 관련된 연구였다. 변연계(邊緣系, Limbic system)는 뇌간(뇌 줄기)에 이어지는 길목, 즉 뇌의 중심부에 있는 시상하부 주위를 둘러싼 고리 형태의 구조를 가지고 있는 특별한 체계이다. 시상하부, 해마, 편도체, 대상회, 후뇌피질 등으로 구성되어 있으며, 대뇌피질과 뇌간을 연결하는 신경섬유들을 포함하고 있다.

변연계는 정서와 학습을 조절하는 것으로 알려져 있는데 자세한 작용은 아직 밝혀지지 않은 것이 많다. 스트레스를 받는 동안, 변연계의 각 부분은 상호작용을 함으로써 협동하는 것을 관찰했으며, 각 부분은 각각 특별한 기능을 가지고 있는 것으로 알려졌다. 예를 들어, 해마(海馬, Hippocampus)는 기억에서 중요한 역할을 하면서 정서의 기억을 저장하는 곳으로 밝혀졌다.

또 편도체(扁桃體, amygdala)는 시상으로부터 들어오는 지름길을 형성하며 시상에서 모인 모든 지각의 약 5% 정도만을 제공받아 즉각적인 결정을 내리는 것으로 알려졌다. 그 외 95%의 지각 정보는 대뇌피질로 전달돼 정확한 판단을 내리게 된다.

따라서 편도체 경로의 사태 판단은 매우 막연하고 불분명할 가능성이 크다. 그러나 편도체 경로는 빠르고 즉각적인 상황 판단에 긴요하다. 신경 기능의 진화과정상, 편도체 경로는 하나의 결함일 수도 있으나, 생존에 필요한 즉각적인 행동을 취하는 데 절대적인 구조임을 감안할 때, 인간의 삶에 모두 필요한 기능인 것이다.

또 사랑의 감정은 대상회(帶狀回, Cingulate gyrus)의 일부분에서 표출되는 것으로 추정되는데, 이 부분은 자식의 양육과 보호를 촉진하는 신경조직의 고(古) 회로에 해당한다. 이러한 고 회로는 이밖에도 언어를 담당하는 대뇌피질의 출현 이전에 신체 언어를 담당했던 신경 근거에도 남아 있으며, 주로 전뇌와 뇌간, 척수 등의 신경세포에 옛 경로로서 남아 있다.

신경세포의 진화 과정에서 포유류의 후각 기능은 야간에 활동하면서 크게 발달하는데, 천적인 파충류가 밤에 활동을 멈출 때 먹이를 구하기 위해 후각을 사용해야 했던 포유류는 뇌의 후각엽을 키우는 데 성공한다. 이러한 후각 경로는 점차 변연계의 형성으로 진화한다고 설명된다. 이러한 설명에 기여한 학자로는 브로카(Broca, 1878), 파페즈(Papez, 1937), 맥클린(MacLean, 1952) 등을 들 수 있는데, 이들은 감정이 변연계와 밀접한 관계에 있다고 설명했다.

그러나 최근의 신경생리학적 조사에 의하면, 변연계보다는 뇌의 다른 부분들이 오히려 감정에 더 밀접하다는 사실들이 밝혀지고 있다. 예를 들어, 전전두엽 피질이 감정을 일으킨다는 조사 자료가 계속해 제시되고 있는 것이다.

2003년의 한 연구조사[5]에 따르면 왼쪽 전전두엽 피질이 긍정적



---

[5] Kringelbach, M.L.; O'Doherty, J.O.; Rolls, R.T.; & Andrews, C. (2003). Activation of the human orbitofrontal cortex to aliquid food stimulus is correlated with its subjective pleasantness. Cerebral Cortex, 13, 1064–1071. From Wikipedia.

감정을 일으키는 자극에 반응한다는 사실을 밝혀냈다. 이 조사는 음료식품의 자극에 의한 전전두엽 피질의 반응이 주관적 기쁨에 상호작용한다는 것을 밝혔다. 이러한 입증은 이론적으로 그 역도 가능하다는 것을 의미한다. 따라서 긍정적 감정은 동일한 자극이 계속될 때, 반복을 이어 가겠지만 부정적 자극이 올 경우 그 반대의 반응이 나타날 것이라고 추정할 수 있다.

이러한 실험 자료들이 계속 제시되면서 전전두엽 피질과 감정과의 상관관계에 관한 신경생리학적 모델 네 가지가 등장했다. 이들 네 가지 모델들 가운데 부끄러움과 행위억제에 관한 연구조사로부터 수동적 감정이 오른쪽 전전두엽 피질과 밀접하다는 사실을 밝힌 '행동경향 모델'(the Action Tendency Model)이 전반적인 지지를 받고 있다. 그러나 이러한 모델들은 아직 가설의 위치를 벗어나지 못하고 있으며 더 많은 과학적 자료가 쌓여야 객관적 입증이 가능할 것이다.

정서이론에서 또 하나의 큰 축을 이루는 것은 인지 이론(Cognitive theory)들이다. 인지 이론이란 판단이나 평가와 같은 인지적 행위가 정서를 유발하는 데 필수적이라고 주장하는 이론이다. 인지 이론은 대체로 다음과 같은 순서에 따라 정서가 유발한다고 주장한다.

① 인지적 평가 – 사건을 인지적으로 평가하며 이 인지평가가 정서에 대한 신호가 된다.

② 생체적 변화 – 인지적 반응은 생리적 변화를 가져오게 한다. 심장 박동이 증가하며 뇌하수체의 아드레날린 반응이 증가한다.

③ 행동 – 정서를 느끼며 반응할 행동을 선택한다.

예를 들어, 영이가 뱀을 보았다고 하자. ① 영이는 가까운 거리 안에 뱀이 있다는 사실을 인지적으로 평가한다. 이에 따라 두려움이 유발한다. ② 영이의 심장이 고동치고 아드레날린이 혈관을 통해 분출한다. ③ 영이는 소리 지르며 도망친다.

이때 정서의 질과 강도는 인지적 과정에 의해 통제된다. 이러한 인지적 과정은 적절하게 나타나는 행동 전략의 근거가 되는데, 그 행동 전략은 또 사람과 환경 사이의 관계를 전환시킴에 따른 정서적 반응에 의해 형성하는 것이다.

인지 이론은 심리학자 리차드 라자루스(Richard Lazarus)에 의해 정립되었으며, 철학자 로버트 솔로몬(Robert C. Solomon)이 이를 인생의 의미와 결부시켜 설명했다. 인지 이론은 환자의 치료와 학생 교수 방법 등을 통해 실생활에 많이 적용되었는데, 90년대 초에 개발된 감정주입 모델(the affect infusion model, AIM)은 그 한 예라 하겠다. 이 모델은 감정과 기분이 개인의 정보처리 능력과 어떻게 상호 작용하는가를 설명함으로써 감정 주입의 방법론을 개발했다.

위에서 간단히 살펴본 심리학적 정서이론들은 생리적 반응과 행동 사이에서 정서의 위치와 기능을 찾는 연구에 치중하고 있다. 다시 말해서, 뇌의 특정 부위에서 일어나는 생체적 또는 분자화학적 반응을 검증 지표로 삼아 정서 기능과 행동과의 상관관계를 연구하는 것이다. 나는 이러한 과학적 연구가 감정을 밝히는 작업에 절대적으로 긴요하다는 점을 인정한다. 과학적인 자료가 제시됨으로써 객관적인 논의에 타당성을 부여할 수 있기 때문이다.

그러나 과학적 분석은 마음이나 정신을 하나의 기능으로 파악함으로써 마음의 전체론적, 형이상학적 측면을 포섭하지 못하는 난점을 드러낸다는 점을 알고 있다. 나는 정서이론에서도 이러한 한계를 발견하고 있다. 물론 과학적인 조사연구가 밝혀낸 자료들은 귀중하다. 그러나 이러한 과학적 자료가 감정의 모든 것을 설명하기에는 아직 멀었다는 점을 부정하기 어렵다. 과학과 실재 사이의 이러한 간격을 어떻게 해소할 것인가? 내가 쫓고 있는 또 하나의 화두가 여기에 있다 하겠다.

정서를 어떤 기능으로 한정하거나 행동을 유발하는 원인으로 축소할 경우, 우리는 정서의 보다 포괄적인, 보다 심층적인 의미를 포기할지도 모른다. 나는 정서의 깊은 내용을 현 수준의 심리학적 울타리에 가두고 싶지 않다.

우리는 파스칼이 〈팡세〉에서 직관을 감정으로 분류했다는 것을 알고 있다. 그는 깊은 현실과 만나게 하는 직접적이고 자연스러운 시선, 즉 직관을 오직 감정일 뿐이라고 말했다. 이 감정 덕분에 우리는 사물의 원리와 이성적으로는 전혀 접근할 수 없는 가치들을 포착하는 것이다. 파스칼에게 감정은 가치를 파악하는 섬세한 정신이었던 것이다.

나는 17세기 철학자의 내성적 사변을 현대 심리학의 과학적 업적과 비교하는 우매와 잘못을 저지르고 싶지 않다. 다만 인간의 정신적 영역을 설명할 경우, 현대 과학의 설명은 아직도 많은 한계를 노출하고 있다는 점을 지적하고자 할 뿐이다. 따라서 나는 철학자들의 견해도 참고가 된다고 생각했다. 잠시 철학적 사변이 감정을 어떻게 설명하는지 살펴보자.

감정에 대한 철학자들의 견해는 크게 네 갈래로 나뉜다고 나는 생각했다.

① 형이상학적 흐름으로, 감정은 정신적 가치를 파악할 수 있는 직관으로 나타난다. 이 흐름은 파스칼과 결부되어 있다.

② 감정은 비합리적 현상으로 환경에 대한 주체의 반응을 표현하며 항상 육체적 변화가 뒤따른다고 파악했다. 정신생리적 흐름으로 데카르트와 그의 제자 말브랑슈가 여기에 관련된다.

③ 주지적 흐름으로, 감정을 막연한 지성의 형태로 간주하며 즉각적인 견해를 표하는 능력을 갖는다고 파악한다. 라이프니츠가 이와 연결되어 있다.

④ 특별한 감정을 심화시킨 개별적 견해들로서, 쇼펜하우어가 연민의 문제를, 키에르케고르가 불안의 문제를 탐구한 것 등을 예로 들 수 있다. 이들 철학자들은 감정 현상의 전반을 검토하기보다 그들이 핵심적이라고 생각한 부분을 심화시켰다.

이러한 철학자들의 논구에 따라 감정은 이성과 지성으로 환원될 수 없는 독특한 성격을 부여받았으며, 이에 따라 막연하지만 즉각적인 견해로서, 가치를 파악할 수 있는 직관으로서, 모든 의식의 뿌리에 놓여 있는 철저한 주관적 성격으로서, 우리를 감동시킬지는 모르지만 이성의 도움 없이는 진정한 대상에게 접근할 수 없는 특징으로서, 또 세기말의 좌절과 허무를 파헤치며 인간 실존의 고뇌를 토로했던 저 불안이라는 특별한 감정의 성격으로서, 각각 이해되고 설명되었다.

이러한 철학적 논의를 살핌으로써 철학이 제시한 감정의 독특한 성격을 다음과 같이 정리할 수 있겠다.

① 감정은 막연하지만 모든 의식의 뿌리에 자리 잡고 있는 전반적인 내적 상태이다.

② 즉각적인 견해를 표출할 수 있는 기능을 가지고 있다.

③ 가치를 파악할 수 있는 직관으로서 형이상학적 영역도 포함하고 있다.

④ 주관적이고 충동적인 색조를 나타내며, 이 때문에 이성이나 의지와 대립하는 개념을 가진다.

⑤ 이성의 도움으로 진정한 대상에게 접근할 수 있다.

⑥ 연민, 불안과 같은 시대적 에토스를 대변할 수 있다.

이상 6개 감정의 성격은 오늘날의 과학적 사고와 반드시 일치한다고 보기 어렵다. 특히 파스칼이 주장한 직관으로서의 형이상학적 연결은 다소 무리가 있어 보인다. 파스칼은 직관을 감정에 가까운 영역으로 파악하고 이 직관에 의해 이성으로는 접근할 수 없는 가치와 사물의 원리를 포착할 수 있다고 주장했다. 이러한 주장의 배경에는 파스칼이 본유관념을 전제하고 있으며, 이 선험적으로 미리 가지고 태어나는 관념체계가 실재를 파악하게 한다고 주장한다는 점을 주목해야 한다. 이러한 전제를 바탕으로 직관이 신과 영혼, 정의와 같은 높은 차원의 가치를 파악할 수 있다고 보고 이 직관을 보다 유연한 정신인 감정으로 분류했던 것이다.

이러한 본유관념의 전제는 17세기 사람인 파스칼로서는 당연한 일이라고 생각했겠지만 오늘날의 현대적 사고로 이를 수용하기는 매우 어려워 보인다. 그러나 파스칼의 이러한 무리가 오늘날의 생리화학적 분석이 좀 더 발전한다면 오히려 해소될지도 모른다고 생각한다. 오늘날의 과학적 분석이 두뇌의 모든 것과 마음의 모든 것을 이해하기에는 아직 먼 거리를 두고 있다고 알고 있기 때문이다.

지금까지 우리는 감정에 관한 현대 심리학의 연구 결과를 간단하게 살펴보았고, 철학적 사변의 내용들도 거칠게나마 훑어보았다. 이러한 논의를 토대로 나는 몇 가지 가설을 생각해 보았다. 감정에 대한 나의 생각을 이 가설들이 설명해 줄 것이라고 본다. 다시 말해서 내가 생각하는 감정의 모습을 이 가설들 위에 투영했다는 이야기이다.

나는 현대 심리학이 아직도 우리의 감정을 제대로 설명하고 있지 못하다고 생각하고 있으며, 또 철학적 논구들은 과학적 입증 자료를 제시하지 못하고 있다. 따라서 내가 느끼고 생각하는 '감정'은 제대로 설명되지 못하고 공중에 빈 누각처럼 떠 있는 상태라고 생각된다. 이런 '감정'을 이들 가설들이 어느 정도라도 설명할 수 있기를 희망한다. 그러나 가설들은 어디까지나 가설이기 때문에 정립되지 못한 것이다. 좀 더 기다려야 할 것이다. 기다리는 동안 그나마 가설들로서 우리 마음의 한 부분인 감정을 음미할 수 있는 자료로 생각해 주었으면 하는 것이다.


## 3. 감정에 관한 나의 가설

### 감정의 단계별 성숙설

첫째 가설로 생각하는 것은 '감정의 단계별 성숙설'이다. 이 가설은 현대 신경과학이 밝혀낸 뇌의 구조와 생리화학적 메커니즘을 바탕으로 삼되 철학적 논구의 흐름을 접목시킨 것이다. 이 가설이 가능할 수 있는 근거는 뇌의 진화 단계에 따른 옛 회로의 존재가 밝혀지고 있다는 사실 때문이다. 진화론자들은 파충류와 포유류, 그리고 영장류의 뇌 구조를 비교함으로써, 연수(延髓)와 소뇌, 후각엽이 발달한 형태로부터 연수와 소뇌는 비율적으로 작아지면서 후각엽은 안으로 들어가고 대뇌가 커지는 형태로, 그리고 대뇌가 매우 커지면서 피질이 발달한 형태로 진화되었다고 주장한다. 사람의 경우, 이러한 진화 단계에 따라 옛 기관과 경로들은 작아지면서 그 위에 새로운 대뇌 피질이 둘러싸는 형태로 발달했다는 것이다.

사랑의 감정이 변연계의 대상회 피질과 밀접한 상관관계에 있으며, 대상회 피질의 이 부분은 진화 단계의 옛 회로라는 점은 앞에서 언급한 바 있다. 이러한 사실이 분명하다면 자식의 보호와 육성을 담당하는 옛 회로에서 사랑의 감정이 나오는 것이므로 사랑은 옛 정서의 유전으로부터 유래하는 것이다. 다시 말해서, 사랑은 본능적 수준의 감정이라는 말이다. 그런데 사람은 오늘도 진화하고 있다고 본다면 사랑의 감정도 오늘 조금씩 다른 방향으로 진화하고 있을 것이다. 이 진화의 방향은 아마도 환경적 요인과 인지적 판단의 요인에 따라 유리한 쪽으로 흘러갈 것이다.

또 생리적 항상성(恒常性, Homeostasis)을 유지시키는 자극, 즉 고통, 배고픔, 목마름, 피로 등을 감정으로 분류할 수 있다면 이 감정들은 '원시적 감정'이라고 부를 수 있을 것이다. 가령 배고픔은 먹는 행동에 의해 원상을 회복하는데 이런 작용을 항상성을 위한 생리작용이라고 부른다. 그런데 이러한 항상성을 유지시키는 감정은 뇌의 가장 깊은 기부, 즉 연수와 뇌간, 후뇌 등과 연관되어 있다.

또 최근의 연구 결과에 따르면, 보다 세련된 감정들, 즉 기대, 희망, 기쁨, 불안, 슬픔 등은 전전두엽 피질과 깊은 연관을 갖는 것으로 알려졌다. 한 때, 감정은 전적으로 변연계의 작용에 의한 것으로 알려졌으나 차차 망상계(網狀系, Reticular formation, RF)와도 연관이 있으며, 최근에는 전전두엽 피질이 보다 깊이 연관되어 있다는 사실들이 밝혀졌다. 이러한 연구 결과들을 지켜보면서 우리는 앞으로 또 어떤 새로운 사실들이 드러날지 궁금하지 않을 수 없다. 뇌의 영역별 연관이 더욱 강화될지, 또는 여러 영역이 동시에 상호작용하는 것으로 밝혀질지 알 수 없다. 우리는 과학의 결과를 기다려야 할 것이다.

그러나 위에서 살펴본 신경생리학적 사실들로부터 다음과 같은 감정의 분류표를 만들 수 있을 것이다. 즉, 감정은 ① 원시적 감정과 ② 본능적 감정, ③ 인지적 감정, ④ 직관적 감정 등으로 구분할 수 있으며, 각 감정을 담당하는 뇌의 영역은 ① 뇌의 기저부, 즉 연수와 뇌간, 후뇌 등의 부분이며 ② 변연계, ③ 전전두엽 피질, ④ 좌·우 전전두엽 피질의 상호작용 또는 아직 알려지지 않은 대뇌 피질의 한 영역이나 복수 영역의 상호작용 등으로 가정할 수 있다. 네 가지 감정들은 ①에서 ④로 갈수록 강도(强度)는 약해지나 인지적 평가의 정확성은 높아질 것이다. 이를 정리하면 다음 표와 같다.

<표> 단계별 감정의 구분

| 분 류 | 분류별 감정들 | 뇌의 연관부위 | 의미 연관 |
| --- | --- | --- | --- |
| ① 원시적 감정 | 고통, 배고픔, 피로 | 뇌의 기저부 | 항상성 연관 |
| ② 본능적 감정 | 두려움, 사랑, 증오 | 변연계 | 생존본능 연관 |
| ③ 인지적 감정 | 기쁨, 슬픔, 불안, 희망 | 전전두엽 피질 | 자아 및 가치 연관 |
| ④ 직관적 감정 | 직관, 영감, 엑스타시스 | 상호 작용 | 통찰연관 |

네 가지 감정들 가운데 ④ 직관적 감정에 관해서는 별도의 설명이 필요할 것 같다. 생소하게 보일 것이기 때문이다. 이 감정의 유래는 앞에서 살펴본 것과 같이 파스칼로부터 유래한 것이다. 파스칼은 감정을 데카르트의 경우와 같이 육체와 연결된 수동적 심리상태로 파악하지 않았다. 그것은 가치를 파악하는 형이상학적 기능이었다. 파스칼이 보기에 이성은 추상력과 조직력을 갖지만 현실의 보다 깊은 차원에서 가치를 포착할 수 있는 것은 직관뿐이며 이 직관은 곧 감정인 것이다. 감정은 가장 순수하며 자연스러운 정신적 행위라는 것이다.

파스칼의 생각과 경향을 이어받았다고 보이는 독일의 철학자 쉘러(Max Scheler, 1874~1928)는 감정을 무언가에 대한 관심 갖기라고 보며, 인식 이전의 즉각적인 태도라고 보았다. 쉘러에게 감정은 유기체에 기원을 둔 수동적 정서로 축소되지 않으며, 그것은 항상 어떤 느낌, 즉 의미와 의도를 지닌 관심으로 드러난다. 쉘러는 신체적 수동성과 정신적 능동성의 정도에 따라 인간의 여러 감정을 다음과 같은 목록으로 작성하기도 했다.

1. 정서적 감각 : 국부적이면서 표면적인 '육체적' 고통과 쾌감

2. 유기체 전체를 참여시키는 생명의 감정 : 충일감, 싫증, 긴장감

3. '가치'와 맞닿아 있는 정신적 감정 : 사랑, 증오, 기쁨, 슬픔, 자아에 대한 감정

4. 인격의 깊이나 세계의 의미와 관계된 형이상학적 감정 : 희망, 평안, 신비주의적 환희

우리는 이러한 구분에서 어떤 질적 흐름을 발견하게 된다. 쉘러는 감정을 의도와 관심에 연결시킴으로써 정신적 지향성을 전제하고 있었던 것이다. 정신은 의미와 가치를 찾기 위해 항상 더 높은 곳으로 상승하려는 의지를 가지고 있으며, 이러한 정신적 상승 의지는 육체와의 긴장관계 속에서 지배적 지위를 확보하는 것이었다.

쉘러는 이런 정신적 상승 대열에 이성은 물론 감정도 참여시켰으며, 상승의 높은 단계에서는 오히려 감정이 깊은 의미를 보다 더 즉각적으로 획득할 수 있다고 보았던 것이다. 쉘러는 인격의 궁극적 깊이나 세계의 깊은 의미와 관계되는 감정을 형이상학적 감정이라고 구분하고, 이 감정을 정신적 상승의 최고 위치에 배열했다.

쉘러가 전제한 정신적 상승은 오늘날 신경생리학자들에게 어떻게 이해될 수 있을까? 아마도 생리학적으로 근거가 없는 관념론적 억지라고 해석되기 쉬울 것이다. 생리학적 신경세포가 인격의 궁극적 깊이를 염두에 둘 수는 없을 것이다. 오늘날 신경생리학자들이 규명하고자 하는 것은 어떤 자극이 뇌의 어느 영역에 어떤 반응을 일으키며 그것은 어떤 생리화학적 작용 구조를 가지고 있느냐 하는 것이다. 바로 자연의 존재론적 메커니즘을 밝히는 것이다. 여기에 정신의 가치나 깊이가 들어설 자리는 없어 보인다.

그러나 나는 쉘러가 전제한 정신적 상승은 반드시 규명되어야 할 대상이라고 본다. 관념론적 정신의 의미와 가치는 인간의 삶에서 결코 배제할 수 없는 실제적 필연성을 가진다. 오늘날 신경생리학자들이 도외시한다고 해서 그 실재적 필연성이 사라지는 것은 아니다. 살아가는 동안 우리는 정신적으로 상승하지 않을 수 없다. 상승하려는 갈망과 의지는 우리의 영원한 그리움과 같은 것이다. 그러므로 나는 정신적 상승과 신경생리학적 존재의 메커니즘이 한 자리에서 만나야 한다고 생각한다.

나는 감정을 ① 원시적 감정으로부터 ④ 직관적 감정까지 4단계로 구분했다. 이러한 구분에는 정신의 상승이 전제되어 있다. 나는 우리의 정신이 낮은 단계로부터 점점 상승하여 최고의 단계로 상승할 수 있다고 믿고 있다. 직관적 감정의 단계에 이르면 감정은 이성과 함께 상호작용을 하며 통찰의 순간에 이른다고 생각한다. 이때 감정과 이성은 서로 구분할 수 없으며 서로 도와 통찰의 높은 차원을 열어 가게 된다.

이 단계에 이르러 직관이 열리고 영감이 열린다. 이러한 정신적 차원은 인류의 역사상 수많은 선지자들이 직접 경험했던 실재였다. 나는 이 차원이 과학적으로 입증될 수 있다고 믿고 있다. 과학자들이 '감정의 단계별 성숙설'을 증명할 수 있길 바란다.

120

## 죽음에 대한 두려움

둘째로, '죽음에 대한 두려움'은 내가 네 가지로 구분한 감정들 가운데 두 번째에 해당하는 '본능적 감정'에 해당된다는 점을 지적하고자 한다. 나는 앞서 죽음의 두려움을 세 가지로 나누고, 그것을 죽음에 대한 본능적 두려움과 비본질적 죽음에 대한 두려움, 본질적 죽음에 대한 두려움으로 각각 구분했다. 이러한 구분의 기준은 죽음의 성격이었다. 죽음의 성격이 본질적이냐, 비본질적이냐, 또는 죽음을 회피하려는 본능이냐에 따라 두려움의 형태를 구분해 본 것이다.

그러나 그것이 어느 형태의 두려움이든 전체적으로 두려움은 감정에 포섭되는 개념이라면 두려움은 감정의 하나로 편입되는 것이다. 이렇게 본다면 감정의 구분에서는 '본능적 감정'의 일원에 포함시킬 수밖에 없다. 죽음을 회피하고 삶을 유지하고자 하는 생존 연관이 이 두려움의 원인인 것이며, 그런 의미에서 모든 죽음에 대한 두려움은 본능적 감정에 포섭될 것이기 때문이다.

그런데 진화론적 관점에서 보자면 본능적 감정은 옛 신경 경로에 해당하는 변연계에서 담당한다. 따라서 두려움은 본능적으로 생존을 유지하기 위해 강하고 질긴 특성을 가질 것이다. 항상성을 가지고 있는 원시적 감정이 거의 조건 반사적으로 항상성을 회복하는 기능을 갖고 있는 데 비하면, 본능적 감정은 변연계의 평가에 따라 움직인다는 뜻에서 한 단계 더 인지적 과정을 밟는다고 볼 수 있다.

그러나 변연계의 평가는 즉각적인 데 비해 분명하지 못하고 합리적이지 못할 가능성이 크다. 이러한 추정은 편도체의 기능에서 이미 알려져 있는 사실이다. 그러나 두려움이 변연계의 어느 부분에서 어떻게 담당하고 있는지 밝혀진 자료는 없다. 우리는 지금까지 알려진 변연계의 기능으로 미루어 두려움의 성격을 짐작할 수 있을 뿐이다.

죽음에 대한 두려움은 본능적 감정이므로 무엇보다도 강력하고 즉각적이다. 살려는 본능이 연관되어 있음에 따라 에피네프린(epinephrine, 아드레날린)과 같은 신경전달물질이 분출되었을 것이다. 내가 의사로부터 암 선고를 받았을 때, 거의 얼이 빠졌던 상황은 강한 생리화학물질의 분사로 설명될 수 있을 것이다. 혹은 이보다 더 강력한 신경화학물질이 분출된 것일지도 모른다.

나의 경험에 따르면, 죽음에 대한 두려움은 한번 휩싸이면 도저히 빠져나올 수 없을 정도로 강력했다. 아마도 신경화학물질 가운데 가장 강력한 물질이 순식간에 온 몸을 관통했음에 틀림없다. 아마도 이렇게 강력한 화학물질이 일시에 대량으로 분출되었다면 신경전달체계에 상당한 손상을 입혔을 것이라고 나는 추정한다. 만일 이 추정이 옳다면 우리는 이러한 상황을 되도록 피하는 것이 건강을 지키는 길이 될 것이다.

나는 이런 추정과 함께 이론적으로 그 반대의 추정도 가능하다고 생각한다. 즉, 죽음에 대한 공포로 강력한 생리화학물질이 방출되어 신경전달체계에 손상을 입힐 수 있다면, 그 역으로 삶의 실재에 대한 깊은 통찰에 의해 반대의 어떤 화학물질이 강하게 방출된다면 몸의 손상이 회복될 수도 있지 않겠느냐 하는 추정을 할 수 있다는 말이다. 이러한 추정은 지나친 상상일지도 모른다.

그러나 명상 도중 통찰과 같은 브레이크아웃(breakout) 상태에 이를 때에는 산화질소(Nitric Oxide, NO)라는 기체성 물질이 매개한다는 조사 보고도 있던 점을 감안하면 전혀 사실무근이라고 말하기에는 아직 이르다고 생각된다. 보다 많은 연구조사가 필요하다는 말이다.

죽음에 대한 두려움은 또한 즉각적인만큼 부정확하고 비합리적일 가능성이 크다. 편도체의 기능에서 알려진 것과 같이 변연계는 대체로 본능적 감정을 관장하는 것으로 알려져 있다. 변연계는 진화 과정상 옛 신경경로에 해당하며 대뇌 피질에 비해 보다 생존본능에 가까운 정보를 처리하는 것으로 알려져 있다.

변연계 중의 한 부분인 편도체를 예로 든다면, 시상에 집합하는 모든 감각정보 가운데 극히 일부분이 편도체에 전달되고, 편도체는 이 흐릿한 정보에 의거해 즉각적인 평가를 내리고 이것은 행동으로 나타난다. 편도체의 이 흐릿한 정보에 의한 즉각적인 평가는 긴박하고 빠르다는 의미에서 생존의 위기를 벗어나는 데 긴요하다. 그러나 자주 비합리적인 결과를 가져올 수 있다. 신경체계상의 결함으로 보이는 이러한 경로가 오늘날에도 작동하는 이유는 그것이 생존에 관한 처리를 담당하기 때문이다. 결과적으로 다소의 결함이 있다 하더라도 생명을 잃는 것보다는 낫다는 진화적 전략이 숨어 있는 것이다.

이런 신경체계의 구조로 볼 때, 죽음에 대한 두려움은 비합리적으로 강하고 긴박할 가능성이 크다. "죽었구나." 하는 평가도 지나치게 빠르고 그 공포의 강도도 너무 강력할 가능성이 크다. 나의 경우가 바로 그러했다. 신경체계의 구조적 결함을 깨달았어야 하는데 당시에는 그럴 만한 여유도, 그런 지식도 갖추지 못했다. 오직 "죽었구나." 하는 공포가 모든 것을 압도하고 말았다. 나에게 두려움에 대한 지식이 충분히 있었다면 보다 적절하게 사태에 대처할 수 있었을 것이다.

나는 이제야 감정에 대한, 죽음의 두려움에 대한 전략이 필요했다고 생각한다. 그 전략은 다음과 같이 요약할 수 있을 것이다. ① 감정에 따르라. 감정은 생체구조상 자연히 발생하도록 만들어진 것이므로 그 감정을 먼저 따라 가는 것이 자연의 이치에 합당하다. ② 그러나 감정을 찬찬히 살펴라. 감정은 특성상 충동적이며 비합리적일 수 있으므로 어떤 생리화학 물질이 방출되고 있는지 주의를 기울여 살펴야 한다. ③ 감정을 활용하라. 때로는 그 감정을 예술로 승화시킬 수도 있고, 때로는 제어하기도 해야 한다. 대개의 경우,

감정은 부정적이며 파괴적이므로 제어해야 한다. 제어된 감정은 활용도가 크다. 공포도 일단 제어되고 나면 평안을 찾아가는 길을 안내할 수 있다.

## 마음의 바탕인 감정

셋째로, 감정은 마음의 분위기이며 바탕이라는 점을 중시해야 한다고 생각한다. 감정은 대개 마음의 상태로 나타나기 때문에 확장성과 지속성의 정도로 표현된다. 예를 들어, 기쁨은 마음을 가득 채울 경우 '큰 기쁨'이나 '매우' 기쁜 것으로 나타나며, 이와 반대로 '작은 기쁨'이나 '조금' 기쁜 것으로 표현된다. 또 시간적으로 '오랜 기쁨'이나 '잠시의 기쁨'으로 표현된다. 감정은 또 다른 감정과 섞이면서 다양한 색조를 띨 수도 있다. 감정은 여러 스펙트럼으로 나타난다. 다양한 색과 그 스펙트럼처럼 상태이기 때문이다. 이에 비해 지성과 이성은 기본적으로 운동이다. 정신적 활동이며 움직이는 실체인 것이다. 따라서 지성과 이성은 곧바로 행동을 표출한다.

이런 특성 때문에 감정은 마음을 에워싸고 있는 분위기나 배경과 같거나, 마음을 떠받치고 있는 바탕과 같은 역할을 한다. 개인에게 감정은 일관성을 갖는 방식으로 나타나기 쉽다. 일관성은 기질이나 성격의 특성이기 때문에 일정한 패턴으로 개인에게 나타나는 감정은 그 기질과 성격의 반영일 가능성이 크다. 그러나 계속되는 일정한 감정이 그 사람의 기질을 만드는 것일지도 모른다. 따라서 감정과 성격은 서로 상호작용한다고 보는 것이 보다 합리적일 것 같다. 아무튼 어떤 사람은 화를 잘 내고 어떤 사람은 잘 웃는다. 이러한 기질적 감정은 그 사람의 마음을 떠받치고 있는 바탕으로서의 역할을 할 것은 분명하다.

　이렇게 감정이 마음의 바탕을 이룸에 따라 어떤 감정을 유지하느냐 하는 문제는 삶의 실천적 측면에서 매우 중요한 의미를 갖게 된다. 예를 들어 모든 조건이 비슷할 경우, 두 사람이 중요한 일에 처했을 때 어떤 감정을 유지하느냐 하는 것은 그 일의 성패에 중대한 영향을 미칠 것이다. 한 사람은 희망을 가지고 그 일에 적극적으로 매달리는 데 비해, 다른 사람은 불안 속에서 그 일에 의심을 가지고 대한다고 한다면 어느 사람이 더 유리할 것인지는 불을 보듯 빤하다고 할 것이다. 이러한 이유로 유리한 감정을 유지시키는 방법이 다양하게 고안되기도 한다. 심리 치료의 대부분이 이 감정 유지 방법에 치중되어 있고, 대중적 자기계발서들의 주안점도 주로 여기에 모아져 있다.

　현대그룹을 창업한 정주영 회장은 젊었을 때, 아침에 잠자리에서 일어나자마자 그 날 일어날 일에 대한 기대감으로 항상 마음이 부풀었다고 술회한 적이 있다. 또 마이크로소프트의 CEO인 스티브 발머는 다음에 또 무슨 일을 할까 하는 생각이 자신을 항상 흥분시킨다고 말했다. 이들의 말을 유추해 볼 때, 성공한 기업인들은 어떤 일정한 감정과 마음자리를 유지하고 있었던 것 같다. 기업인으로 성공하기 위해서는 보통 냉철한 판단력과 합리적인 사고, 트렌드를 읽어내는 예리한 감수성 등을 갖추어야 한다고 한다. 나는 그러나 이러한 지성과 이성 이전에 마음의 바탕으로서의 감정을 잘 갖추어야 할 것이라고 생각한다. 마음의 바탕이 잘 유지되고 있어야 그 토대 위에서 지성과 이성이 제대로 활동할 수 있기 때문이다.

　정주영 회장과 같이 매일 아침에 일어나자마자 설레는 기대감으로 마음을 채울 수 있는 사람이 있다면 그 사람은 반드시 성공하고 말 것이다. 정주영 회장이라고 항상 좋은 일만 있었겠는가? 기업인으로서 난관은 얼마나 많았을 것이며 고뇌는 또 얼마나 많았겠는가? 그러나 그의 마음을 채우는 것은 기대감이었다. 이 희망과 기대 앞에서 난관과 고뇌는 대개 가벼운 것으로 여겼을 것이다. 난관과 고뇌는 설레는 기대 앞에 중요한 것이 되지 못한다. 그에게 보다 더 중요한 것, 보다 더 설득력을 갖는 것은 희망과 기대였다. 여기에서 우리는 잠시 생각해 보아야 한다. 만약 그가 재벌이 되지 못했다면 오늘날 우리는 그를 여전히 칭송할 수 있을 것인가? 아마도 대부분의 사람들은 그를 기억하지 못할 것이다. 그러나 나는 그가 재벌이 되지 못했다 할지라도 언제나 설레는 기대감을 가졌던 행복한 사람이었다고 기억할 것이다. 나는 여기에서 그의 성공 여부가 중요한 것이 아니라 그가 어떤 마음자리를 가졌느냐가 더욱 중요하다는 점을 강조하고 싶을 따름이다. 재벌이 되느냐 마느냐 하는 것은 그의 운명일지도 모른다. 그러나 좋은 마음을 갖느냐, 그래서 훌륭한 기질을 닦을 수 있느냐 하는 것은 운명이 아닌, 오로지 자기 자신이 스스로 결정할 문제인 것이다.

## 감정의 수련

넷째로, 감정은 수련에 따라 충분히 조절될 수 있다. 앞에서 구분한 것처럼 '원시적 감정' 같은 경우는 항상성과 연관되어 있어 이것을 의지에 의해 조절하기는 매우 어렵다. 또 이 감정은 조절하거나 통제할 경우 생명유지에 나쁜 영향을 미치기 때문에 그것을 충족시키는 것이 옳은 일이다. 그러나 '본능적 감정'의 경우부터는 조절할 필요가 있을 경우, 조절하는 것이 생존에 유리하다. 거기에는 두뇌의 평가 기능이 개입되어 있다.

'본능적 감정'의 경우, 생존 본능이 연관되어 있고 매우 즉각적인 반응을 일으키기 때문에 이것을 제어하기는 매우 힘들다. 그러나 이 감정은 충동적일 뿐 아니라 깊은 판단에 의한 것이 아니기 때문에 흔히 잘못 행동하기 쉽다. 변연계의 흐릿한 지각 정보만을 토대로 즉각적인 행동에 들어가는 이 감정은, 자칫 잘못하면 너무 빠른 행동을 하도록 함으로써 오히려 생존을 위협할 가능성까지 배제하기 어렵다. 따라서 이 감정이 일어날 때에는 신속한 행동과 함께 보다 정밀한 판단을 내릴 수 있는 훈련을 쌓을 필요가 있다. "호랑이에게 물려 가도 정신만 차리면 살 길이 있다."는 말은 이런 감정의 훈련을 강조한 말이다.

그렇다면 감정의 수련은 어떻게 할 수 있을까? 정신과 의사들이나 심리치료사들이 하는 일의 태반은 이 감정의 수련과 관련되어 있다. 또 종교 지도자들과 사회 봉사자들도 흔히 이 감정의 수련과 관련된 일을 처리하게 된다. 역사적으로 수많은 수련 기법들이 고안되어 왔고 새로운 방법들도 계속 소개되고 있다. 나는 동·서양에서 이어온 명상 기법의 전통을 유심히 살피고 있다. 명상 전통은 대개 종교적 수련방법에 접목시켜 꾸준히 지속되어 왔기 때문에 오늘날에도 그 기본이 잘 보존되어 있다. 특히 동양의 구루들이 지난 세대의 중반에 서양으로 대거 이주하며 명상을 전파해 세계적인 붐을 이루기도 했다.

모든 감정 수련 기법의 제 일과는 '좋은' 감정을 바탕에 까는 것이다. 바탕을 만드는 일은 주춧돌을 잘 세우는 것과 같다. 사람의 마음은 언제나 파도가 넘나들 듯이 끊임없이 생각과 감정으로 출렁인다. 마치 강아지가 머리를 까불거리듯 가만 있는 법이 없다. 이 출렁이는 바닷가에 '좋은' 감정을 바탕으로 깔아야 한다. 무엇이 '좋은' 것인지는 각자 선택하여야 하겠지만, 오랜 전통에 따르면 윤리적인 것, 합리적인 것, 예술적인 것이 주로 꼽혀 왔다. 예를 들어 이타적인 감정, 즉 자비심과 사랑, 인자함 등은 매우 좋은 바탕이 될 것이다. 자비심이 언제나 마음의 바탕으로 깔려 있다면 화가 벌컥 끓어오를 때에도 조절이 쉽고, 아마도 화 자체가 끓어오르는 일이 없을 것이다.

그러나 제 일과를 마스터하기는 매우 어렵다. 꾸준하게 노력하는 도리밖에 없다. 제 일과의 입문은 이 일이 중요하다는 것을 인식하는 것이며, 이 일을 결코 포기하지 말아야 할 것을 결정하는 일이다. 그리고 이 일은 수련하면 익힐 수 있다는 믿음을 갖는 것이 중요하다. 믿음은 실증 자료가 많을 때 생기는 것이다. 우리는 충분히 많은 감정 또는 마음의 수련 사례를 가지고 있다. 그것은 중요할 뿐만 아니라 성공률도 매우 높다.

나는 죽음의 공포에서 벗어난 이후, 그토록 극심했던 공포도 조절될 수 있으며, 이 조절을 위해 마음의 바탕에 항상 좋은 감정이 준비되어 있어야 한다는 점을 깨달았다. 꾸준히 수련해서 자기의 좋은 감정을 하나씩 간직하고 있어야 한다. 이 좋은 감정 하나는 더 좋은 여러 감정들의 씨앗이 될 것이라고 나는 확신한다. 우리는 상승의 의지를 가지고 있기 때문이다. 좋은 감정이 풍성하게 우리 마음을 채운다면 우리의 상승은 더욱 빨리 더 높이 올라갈 수 있을 것이다. 마음의 상태인 감정이 바탕에 준비되면 마음의 행위인 지성과 이성이 활발하게 활동할 수 있다. 우리는 이 마음의 준비를 항상 갖추어야 한다.

마음의 상승이 잘 이루어지면 마지막 단계의 감정인 직관적 감정들이 열리게 된다. 영감과 직관이 열리고 결국 엑스타시스도 열릴 수 있다. 직관적 감정이 열리는 순간을 나는 통찰(洞察)의 어느 순간이라고 파악하며, 이때는 감정과 이성이 하나처럼 작동하는 관통(breakout)의 순간이라고 파악한다. 이때, 두뇌의 모든 경로들은 일시에 문을 열며 가장 아름답고 향기로운 화학물질이 분사될 것이다. 이런 신경과학은 분명히 있다고 본다.

나는 앞서 "암 환자는 누구나 한 번씩 죽는다."라고 썼다. 암 환자의 정신적 충격을 다소 과장되게 표현한 말이다. 그러나 이 과장이 그럴 만하다고 느끼는 환우들이 많을 것이다. 그만큼 암으로 인한 죽음에 대한 공포는 절실하다. 나는 앞에서 그 정신적 충격의 과정을 추적했다. 이 추적 과정에서 '두려움'과 '죽음'의 성격에 대해서 살펴보았으며, 감정에 대한 심리학적 분석에 관해서도 간단하게나마 살펴보았다.

이러한 검토를 통해 나는 "왜 죽음은 두려운 것일까?" 하는 질문을 계속 던지고 있었다. 죽음은 싫고 피하고 싶은 것이다. 왜 그런 것인가? 이제 우리의 본질적인 질문에 가까이 다가설 차례가 되었다. 죽음은 무엇인가? 죽음을 알아야 그것이 무서운 이유가 분명하게 드러날 것이며, 그럼으로써 그에 대한 대책이 있다면 그 대책도 찾아낼 수 있을 것이다. 나는 오늘도 탄식하며 스스로 질문한다. "도대체 죽음은 무엇이란 말인가?"

## 4. 죽음은 무엇인가

　서구에서는 죽음을 부정하는 분위기가 여전히 농후하다. 심지어 노인들도 죽음에 대해 말하거나 생각하지 않으려 한다. 시체는 눈에 안 띄게 감춘다. 죽음을 부정하는 문화는 결국 깊이 없고 피상적으로 되어 버린다. 사물의 외형만을 중시하기 때문이다. 죽음이 부정될 때 삶은 그 깊이를 잃어버린다. 이름이나 형상을 떠나 내가 진정 누구인지 알 수 있는 가능성, 명색(名色)을 초월하는 차원이 삶에서 사라져 버린다. 죽음이 바로 그 차원으로 통하는 문이기 때문이다.

에크하르트 톨레

　사람들은 대개 죽음을 잊고 산다. 죽음은 우리 곁에서 매일 일어나는 일이지만 그것은 언제나 머나먼 남의 이야기일 뿐이다. 때때로 죽음이 우리 옆에 바짝 다가설 때에도 우리는 한사코 손사래를 치며 죽음으로부터 훌쩍 떨어져 있기를 원한다. 가까운 친지가 죽었다 해도 "아, 그가 죽었는가." 하며 잠시 상념에 빠지지만, 머지 않아 그 친지도 그 죽음도 잊고 만다. 이렇게 죽음은 멀리 떨어져 있는 것, 나와 상관없는 일로 간주된다.

　이렇게 죽음에 대한 사람들의 태도는 대개 관심을 두지 않는 것이다. 부모가 돌아가시고 친구들의 부고장이 날아들기 시작하면 그때에야 자기 차례가 왔음을 어렴풋이 감지하기 시작할 뿐 대개는 관심을 두지 않고 살아간다. 죽음이 순서에 따라 자신의 차례가 되었다고 느낄 때에도 아직 자신은 좀 더 살 것이라고 생각한다. 대개 죽음은 순서대로 나이순으로 찾아오는 것이 사실이다. 그러나 엄밀한 의미에서 '내' 죽음은 순서와 관계없다. 어려서도 죽고 젊어서도 죽을 수 있기 때문이다. 엄밀하게 말하자면 죽음은 나에게 언제 찾아올지 모르는 것이다.

죽음에 대한 또 하나의 태도는 죽음을 중요하게 생각하지 말아야 한다고 강조하는 것이다. 삶도 제대로 살아내지 못하는데 죽음까지 생각할 겨를이 있느냐고 충고를 하는 것이다. 좀 더 열심히 사는 데 집중하라는 말이다. 사람은 기본적으로 살아가는 존재로서 삶에 집중하지 않을 수 없다. 삶은 존재의 원인이며 목적이다. 삶이야말로 사람이라는 존재의 의미이며 가치이다. 그러므로 삶에 집중하는 것은 당연한 일이면서 또 반드시 해야 할 일이다. 엉뚱하게 죽음을 생각하고 논의하는 것은 불필요할 뿐 아니라 하지 말아야 할 일이 되는 것이다.

죽음에 대한 이런 태도는 죽음에 대한 사유 중에서 가장 중요하게 고려해야 할 사항이다. 나는 죽음 문제를 고뇌하면서 이러한 자세를 언제나 놓치지 않아야 한다고 스스로 다짐하고 있다. 현실적으로 가장 기본적이며 직접적인 것은 삶 자체이기 때문이다. 다만 죽음이 문제되는 이유는 이 삶을 보다 풍부히 하고 보다 심화시키는 요소이기 때문이다. 앞의 표제문에서 톨레가 말하고자 하는 것도 그런 뜻이다.

공자(孔子)는 자로(子路)의 질문에 "아직 삶도 모르는데 어찌 죽음을 알 수 있겠느냐?(未知生 焉知死)"라고 반문했다.[6] 그렇다. 우리는 아직 삶도 모르고 있다. 삶을 안다고 말할 수 있는 사람이 과



---

[6] 논어(論語). 선진편(先進篇) 12장(章).

연 얼마나 있겠는가? 이렇게 우리의 현실적 당면 과제인 삶에 대해서도 알 수 없는 상황에서 죽음 문제를 꺼내는 것은 엉뚱하고 터무니없는 일일지 모른다. 그런 뜻에서 공자의 반문이 나왔다. 공자의 반문에는 세 가지 의도가 숨어 있는 것 같다.

① 삶도 모르는데 죽음 문제를 꺼낼 겨를이 있느냐. 즉, 삶과 죽음의 두 가지 선택 문제에서 보다 중요한 것은 삶이므로 삶에 집중하라는 뜻이 있다. 다시 말해서, 이항 선택지 중에서 삶을 선택해야 한다는 당위성을 강조한 말이다.

② 혹 죽음 문제를 고려할 수도 있지만 죽음 문제는 이해하기 어렵다는 사정을 미리 암시하고 있다. 죽음 문제는 파고들어 봐야 그 본질을 결코 파악할 수 없다는 것을 공자는 일깨우고 있는 것이다. 그러므로 이해할 수도 없는 죽음 문제를 꺼낼 필요가 없다는 것을 설명하고 있다.

③ 공자는 당시의 시대상을 비판하면서 귀신 섬기는 일을 경계하고 있다. 이 의미는 예문의 앞 문구와 동시에 읽어야 그 뜻을 이해할 수 있다. 앞의 문구, 즉 "살아 있는 사람도 능히 섬길 수 없는데 어찌 죽은 이의 영을 섬길 수 있겠느냐?"라는 지적은 당시에 귀신에게 기도드려 복을 비는 풍조를 경계한 것이라고 읽어야 한다. 열심히 일하지 않고 귀신에게 치성 드리는 일에 정신을 파는 풍조가 만연한다면 그 사회의 기강은 문란하게 될 것이다. 논어 옹야편(雍也篇)에서 "敬鬼神而遠之"라는 구절이 보이는 것도 이런 사정을 반영하는 것이다. 따라서 공자는 귀신에게 복을 비는 풍조를 비판하면서 이 풍조의 논리적 근원인 죽음 문제에 대해 매우 간결한, 그러므로 더욱 강경한 "未知生 焉知死"의 단언을 내뱉은 것이다. 이 단언은 질문을 한

자로에게는 물론 공자 자신에게도 현실에 더욱 충실해야 하겠다는 자세를 다시 한 번 가다듬은 결단이라고 파악해야 할 것이다.

그러나 공자는 아끼던 제자 안연(顔淵)이 죽자 매우 애통해 했다. 거의 절망에 가까운 신음을 두 번이나 내뱉었다.[7] 논어에서 개인의 죽음에 관해 연달아 4장(章)에 걸쳐 언급된 예는 안연에 관한 것뿐이다. 그만큼 공자가 안연을 아끼고 사랑했음을 뜻한다. 공자가 안연의 재주를 얼마나 높이 평가했던가 하는 점은 논어에 수없이 등장한다. 그러한 안연이 41세의 한창 나이에 죽고 말았으니 71세의 노인이었던 공자로서 그 슬픔을 달래기 어려웠을 것이다. 이런 대목을 보면서 우리는 인간 공자의 면모를 충분히 짐작할 수 있다.

그러나 공자는 몸과 마음을 닦아 성현의 반열에 오른 사람이었다. 슬픔을 달래며 사람의 도리를 밝혀야 했다. 죽음은 얼마나 애통한가? 그러므로 죽음에 관해 충분히 생각하지 않을 수 없다. 그러나 죽음에 관한 사유의 결론은 명쾌하지도 못하고 직접적인 것도 아니다. 그럴 바에는 삶에 더 치중해야 하지 않겠는가 하는 단언을 내뱉었던 것이다. 공자에게 삶과 현실은 그 무엇보다도 엄중한 근거였다.

나는 이 책에서 죽음 문제를 논의하면서 공자의 경계를 잠시도 잊지 않을 생각이다. 공자의 가르침은 나에게 이중의 생각을 갖게 한다. 우선 무엇보다도 공자의 가르침을 공손하게 받들어야 하겠다. 삶과 현실이 가장 중요한 범주이기 때문이다. 또 하나의 생각은

---

[7] 논어(論語). 선진편(先進篇) 9장(章).

그러나 죽음은 연구해야 할 대상이라는 것이다. 사유 자체를 금지하는 것과 같은 강경한 단언은 사유의 발전을 저해하기 쉽다. 깊은 천착 끝에 도달한 결론이라 하더라도 사유 자체를 막아서는 깊이를 단절시키는 일이 된다.

동양의 현실주의가 예절의 논쟁에 치우친 나머지 학문적, 실천적 깊이를 더 하지 못한 사정을 우리는 잘 알고 있다. 특히, 죽음 문제는 삶의 현실을 더욱 깊게 만드는 필수의 과정이다. 죽음 문제를 피할 사람은 없고 그러므로 언젠가는 저 절실한 문제에 봉착하지 않을 수 없는 것이다. 이 절실한 개인의 문제를 어떻게 단절시킨단 말인가?

우리는 죽음을 대하는 두 가지 태도를 살펴보았다. 그러나 옛 선인들은 이런 태도와는 사뭇 다른 태도를 가지고 있었던 것 같다. 원시인들은 생존경쟁에서 항상 위험에 노출되어 있었기 때문에 물활론(animism)적 신앙에 매달리기 쉬웠다. 그들은 본능적으로 정령과 신에게 안전과 생존을 빌었고 제사의식을 생활화했다. 그들에게 죽음은 삶의 곁에 있었으며 오직 신의 뜻에 따라 삶의 형식은 결정되는 것이었다. 그들은 자연스럽게 영혼불멸과 영생을 믿었다.

기원전 3,000년에서 6,000년 사이에 이집트인들은 미라를 만들고 영생이 깃들기를 기원했다. 옛 이집트인들의 믿음에 따르면, 사람은 신체와 그림자, 영혼(ba), 생명력(ka), 그리고 이름으로 구성되어 있는데, 사후에 영적 차원인 영혼과 생명력이 합해 영원의 집인 육체에 다시 깃들게 되면 영생의 삶인 '축복받은 사자'가 되는 것이다. 이때를 대비해 미라를 만들었던 것이다. 파라오와 부자들은 영원한 삶을 위해 미라 옆에 여러 부장품들을 준비해 놓았다. 이집

트인들은 또 파라오들의 영생을 위해 거대한 피라미드를 축조했다. 사후의 생은 영원히 지속되는 삶이었기 때문에 정성과 물질을 다 바쳐 준비해야 하는 것이었다.

이렇게 옛 사람들은 신과 영생을 의심 없이 믿었음에 틀림없다. 그러나 과학적인 사고가 시작되면서 사정은 서서히 변하기 시작했다. 서양에서 계몽사상이 풍미하던 17세기와 18세기에 인간의 이성은 편견과 미망을 깨뜨리는 데 결정적인 역할을 했다. 무조건 믿었던 신과 영생은 반문의 대상이 되었다. 영생은 없을지도 모르는 것으로 엄격한 입증을 요구받게 되었다. 하지만 계몽사상가 자신들도 신의 존재에 관한 한, 아직 부정할 근거를 찾을 수 없었다.

그러나 과학이 급속하게 발달하면서 신과 영생의 입지는 크게 좁아지고 말았다. 오늘날 천국의 존재를 믿는 사람들은 소수자의 입장으로 변했다. 우리나라의 국민의식 조사에서도 천국의 존재를 믿는 인구는 해가 갈수록 줄어들고 있다. 이러한 흐름은 더 심화될 것으로 보인다.

여기에서 나는 죽음 문제를 논의하는 데 있어 반드시 전제가 필요하다고 생각했다. 만일 전제가 없다면 죽음 문제의 논의는 밑도 끝도 없어지고 말 것이며 별의별 억측으로 얼룩지고 말 것이다. 합리적 전제가 있어야 죽음 논의는 그나마 질서를 유지하게 될 것이다.

죽음 문제는 아무렇게 주장해도 책잡힐 것이 없는 주제이기 때문에 반드시 합리적인 전제가 필요한 것이다. 따라서 나는 최소한의 전제로서, 지각 가능하고 객관적으로 설명 가능한 것만을 논의해야 한다고 생각했다. 이것은 최소한의 전제이기 때문에 매우 분명하고 확고한 것으로 보인다. 이 최소한의 전제를 적용할 때, 영혼불멸설 같은 경우는 죽음 논의에서 제외되고 말 것이다. 죽은 뒤에 영혼이 살아 있느냐, 살아 있지 않느냐 하는 문제는 지각 가능하지 않으므로 논의의 대상에서 제외시킬 수밖에 없다는 뜻이다.

여기에서 '믿음'과의 관계가 등장한다. 많은 사람들이 영생불멸을 믿고 있는데 이러한 믿음이 나의 전제와 대립하는 것이다. 나의 전제는 지각 가능한 것으로 죽음 논의의 영역을 한정한 것이었다. 따라서 영생불멸은 지각 가능하지 않으므로 논의에서 제외될 수밖에 없다.

영생불멸은 어디까지나 '믿음' 안의 문제이다. 믿음의 입증자료를 지각 가능한 것에서 찾을 수는 없다. 믿음의 입증자료는 바로 그 믿음이다. 믿음이 보이지 않는 것의 증거인 것이다. 믿음은 믿음 안에 들어오면 보이지 않는 것도 보이게 됨을 믿으라고 말한다. 이런 자세는 믿음 안에서만 가능하다. 이런 자세는 과학적이라고 말할 수 없으며 논리적 순환에 빠져 있다. 그러나 그 믿음 자체를 깨뜨릴 방법은 없다. 믿음을 믿음 밖에서 논변할 객관적 도구는 없는 것이다.

나는 이 책에서 지각 가능하고, 객관적으로 설명 가능한 것만을 논의한다는 전제를 지킬 것이다. 최소한의 전제를 지켜야 죽음 논의의 혼란을 막을 수 있을 것이기 때문이다. 나는 죽음 논의에서 객관적 토대를 잃을 경우 걷잡을 수 없는 혼란이 온다는 것을 충분하게 예상하고 있기 때문에 중구난방의 혼란을 막는 일이 매우 중요하다고 생각했다. 이런 생각에서 최소한의 전제를 단단하게 지켜야 한다고 생각한 것이다. 그러나 여기에 난점이 도사리고 있음을 발견했다.

예를 들어 최소한의 전제를 단단히 지킬 때, 생물학적 죽음은 곧 멸절로 축소되고 만다는 사실이다. 멸절로의 축소는 생물학적 죽음에서는 당연한 일로 보인다. 즉, 생명체 기능의 불가역적 상실을 사망의 정의로 본다면 사망은 곧 끝이며 멸절인 것이다. 시체는 썩을 것이고 생명은 이미 없어진 상태인 것이다. 그 이상은 없다. 냉엄하지만 이것이 과학적 사실이며 자연의 법칙이다. 나는 이러한 자연법칙을 그대로 받아들인다. 최소한의 전제를 지킬 때 자연법칙은 엄존하는 것이다.

그러나 나는 여기에 큰 난점 하나가 숨어 있다고 생각했다. 죽음 논의를 지각 가능한 것에 한정할 경우, 죽음이 내재적으로 함축하고 있는 무(無)와 모름(無知)의 개념을 상실할지도 모른다는 어려움에 직면한다는 것이다. 즉, 무와 모름은 언뜻 보기에 지각 가능한 것으로 보이지 않기 때문에 죽음 논의에서 배제해 버릴 가능성이 크다는 난점이 있는 것이다. 그러나 나는 죽음의 의미에서 무와 모름의 개념을 빼버린다면 죽음 논의는 중요한 대목을 놓치는 것이라고 생각하고 있다. 따라서 죽음 논의를 지각 가능한 것에 한정한다 하더라도 무와 모름의 개념은 포섭되어야 하는 것이다.

이러한 사정을 더 자세히 생각해 보자. 여기에 "생물학적 죽음은 곧 멸절이다."라는 명제가 있다고 하자. 이 명제에서 중요 의미소(意味素)는 '멸절'에 있다. '멸절'은 그것으로 끝이며, 그 끝에는 아무것도 없다는 뜻이다. 따라서 더 이상의 논의 자체가 불가능하다는 말이다. 그야말로 적막으로 들어가야 한다. 나는 이 경지를 깊이 음미하고자 한다. 멸절과 적막, 그것은 무엇일까?

여기에 어느덧 우리의 상념이 개입한다. 어쩔 수 없이 상념이 파고든다는 것을 느끼지 않을 수 없다. 멸절과 적막 너머에 무(無)의 상념이 스스로 등장하는 것을 어찌하지 못한다. 적어도 우리에게 의식이 있는 한, 멸절은 무의 관념과 연결되고 만다. 이것은 어쩌면 철학적 요청일지도 모른다. 우리가 실제로 죽음에 들어가 직접 죽음의 과정을 체험하지 못하는 한, 우리는 의식의 지배에서 벗어나지 못하며, 그러는 한, 무의 상념이 끼어드는 것을 막을 수 없다. 나는 이렇게 무의 상념이 등장하는 것을 어쩔 수 없는 것이라고 생각한다. 이러한 무의 관념으로부터 노자의 무위자연 사상도, 붓다의 공성(空性)체계도 나올 수 있었다고 생각된다. 이렇게 생각할 때, 무의 철학적 논구는 어쩔 수 없는 요청 같은 것이라고 보아야 할 것이다.

죽음은 내재적으로 무의 상징을 포함하고 있으며, 무는 우리의 관념을 무한으로 확장시키고 만다. 무의 무한으로의 확장은 철학적 요청이 되며 철학적 요청인 한, 논의의 중단은 불가능하다. 따라서 죽음 논의를 지각 가능한 것에 한정한다 하더라도 죽음의 의미 중에서 무의 관념에 관한 논의는 중단하기 어려운 것이다.

또 다른 명제를 검토해 보자. "죽음 뒤의 일은 지각할 수 없으므로 모른다고 시인해야 한다."라는 명제에 관해 생각해 보자. 이 명제에서 중요 의미소는 '모름'에 있다. 그런데 '모름'이란 어떤 사물에 대해 아무런 지식도 얻을 수 없다는 것을 의미한다. 죽음의 경우, 죽음 뒤에 무엇이 있는지 없는지 우리는 알 수 없다는 말이다. 알 수 없기 때문에 우리는 거기로부터 어떠한 정보도 지식도 얻을 수 없다. 그런데 이러한 상태는 인식론적 결과로서 무의 상태와 가장 밀접하다고 판단할 수밖에 없다. 다시 말해서 죽음 뒤를 모른다는 것은 죽음 뒤에 무엇이 있다고 말하기보다는 아무것도 없다고 말하는 것이 보다 합리적이라는 말이다. 이렇게 보자면, 모름은 결국 없음(無)으로 연결되는 것이다. 결과적으로 죽음 뒤의 모름은 우리의 상념을 무의 개념으로 끌고 간다. 결국 모름과 무는 연결되어 있는 것이다.

나는 이렇게 죽음을 명상하면 할수록, 죽음은 형이상학적인 모든 개념들을 포괄할 수 있는 독특한 능력을 가지고 있다는 사실을 깨닫게 된다. 죽음은 우리 삶의 종점에 위치하면서 우리가 삶을 통해 머리에 그렸던 여러 의미와 가치들, 그리고 쉽게 파악되지는 않지만 꼭 붙잡고 싶었던 개념들, 상상력의 상징들, 이런 모든 것들을 동시에 함축하는 의미들의 창고로서 넉넉한 용량을 가지고 있는 것이다. 따라서 모름이나 무의 개념도 죽음에 직면하면 그 모습을 분명하게 드러내고 마는 것이다. 요컨대 죽음은 그 속성 상, 무와 모름을 본래적으로 함축하고 있었다고 보아야 할 것이다.

이런 생각으로부터, 나는 죽음 논의의 전제조건을 보다 완화해야 한다고 생각했다. 지각 가능한 것에 한정한다는 협소한 마당으로부터 다소 넓은 마당으로 옮겨야 한다고 생각한 것이다. 즉, 논의구조를 더 넓혀야 했다. 수정된 전제 조건은 다음과 같다.

① 과학이 거둔 성과 안에서
② 합리적 근거 위에서
③ 불가피할 경우, 최적의 가설(假設) 위에서
④ 열린 마음을 유지하며
⑤ 인간 정신의 통찰을 믿으며
⑥ 모름(無知)에 이르는 정신의 한계를 감안하며

이런 전제 위에 설 때 나의 죽음 논의는 첫째로, 영혼불멸이나 천국, 근사체험 등과 같이 과학적으로 입증 불가능한 사후 세계에 관해서는 논의하지 않을 것이다. 그것이 실재하느냐, 실재하지 않느냐 또는 그것을 믿느냐, 믿지 않느냐 하는 문제에 관해 나는 별도의 견해를 가지고 있지만, 이 책에서는 이런 주제를 논의하지 않겠다는 것이다. 그런 주제는 객관적인 타당성을 논증하기 어렵기 때문이다.

둘째로, 사람은 '영혼'을 가지고 있다고 가정할 것이다. 나는 이를 불가피한 최적의 가정이기 때문에 허용되어야 한다고 생각한다. 사람은 정신 작용을 초월하는 능력을 가지고 있다. 직관과 예지로써 영원과 이상을 염원하며 언제나 초월을 꿈꾼다. 이러한 영성에의 지향은 사람에게 '영혼'이 있다고 가정할 근거가 된다고 생각한다. '영혼'이 있음으로 해서 사람은 형이상학과 종교, 예술에 접근할 수 있을 것이며, 죽음 논의를 제대로 할 수 있을 것이다.

그러나 사람이 '영혼'을 가지고 있다고 가정한다 하더라도 그 영혼이 불멸한다고 믿을 근거를 찾기는 어렵다. 영혼의 불멸 여부는 지각 가능하지 않기 때문이다. 그러므로 내가 여기서 '영혼'의 가정을 주장할 경우, 그 '영혼'은 불멸하는 성격으로서의 것이 아니라 사람이 사는 동안 가지고 있는 영적 속성으로서의 영혼이 되는 것이다. 다시 말해서 여기서 가정하는 '영혼'은 사람이 가지고 있으나 죽으면 신체와 함께 사라지는 성격으로서의 '영혼'이어야 하는 것이다. 이러한 '영혼'은 영성을 갖되 불멸과는 연관이 없는 성격이 된다 하겠다.

셋째로, 나는 죽음의 문제를 되도록 철학적 사유 안으로 끌어올

계획이다. 다시 말해서 종교적 논의가 되는 것을 피할 것이다. 종교는 믿음에 관해 논변하는 것이며 믿음은 주관적이다. 믿음은 객관적 논변을 어렵게 만들기 때문에 나는 이를 경계하는 것이다. 죽음은 본질적으로 철학의 문제이지 종교의 문제일 수 없다. 철학은 삶을 단절시키는 죽음을 고뇌하지 않을 수 없는 것이며, 죽음이 과연 무엇이며 어떻게 처리해야 하는 것인지 추적하지 않을 수 없는 것이다. 그러므로 죽음을 고뇌하지 않고 철학적 사유를 하기란 거의 불가능하게 보인다.

그러나 종교는 초월적, 내세적 세계를 미리 설정하고 있기 때문에 죽음 문제를 크게 고뇌할 필요가 없다. 죽음이 삶의 실재를 단절시키는 한, 그것을 무시할 수는 없지만 훨씬 더 중요한 문제는 내세와 절대자에게 있기 때문에 오히려 죽음 문제는 가볍게 넘길 수 있는 것이다. 실제로 종교는 살든지 죽든지 큰 차이가 없으며, 오직 절대자에 대한 경배와 믿음만이 절대적 가치를 갖는 것이다.

## 죽음과 관련된 두 가지 태도

이제 보이지 않는 죽음 뒤의 일과 관련해 두 가지 태도에 관해서 살펴보려고 한다. 이 두 태도는 나의 논의 조건에 비추어 볼 때, 논의대상에서 제외하는 것이 옳겠지만 그 독특한 견해 때문에 경청해 볼 가치가 있다고 생각했다. 이 두 가지 태도는, 첫째 실용주의적 (pragmatic) 입장과, 둘째 최근사(nearest death experience) 관점이다. 이 둘은 모두 객관성을 담보하기 어렵겠지만 죽음 논의의 지평을 넓힌다는 뜻에서 검토할 만하다 할 것이다.

먼저 실용주의적 입장은 실용주의의 기준에서 죽음을 보자는 것이다. 죽음과 관련해 실용주의는 두 전제 위에 서 있다. 첫째, 현생 (this life)은 유일한 실재라는 것이다. 둘째, 이왕이면 낙관적인 전망을 갖자는 것이다. 이러한 전제에 따라 실용주의자들은 죽음을 단순한 종결(finis)이라고 부르기를 싫어한다. 하버드 대학교의 석좌교수였던 로버트 노직(Robert Nozick, 1938~2002)은 이렇게 말했다.

"보다 더 어두운 관점에서 본다 하더라도 나는 죽음을 단순히 종결이라고 부르기를 꺼린다. 나는 적어도 우리가 살았던 그대로, 그 인생이 언제나 지속할 것이라고 말하기를 원한다. 또 우리의 생이 남들과의 관계에서 영원한 가능성이 될 수 있기를 바란다."[8]

위암으로 오래 고생하다 숨진 노직 교수는 삶은 물론 죽음에 대해서도 따뜻하고 낙관적인 시선을 거두지 않았다. 사물을 극단적으로 보지 않고 사분의 일에서 사분의 삼 사이를 오고 가는 실용적 자세를 견지했던 것이다. 이러한 자세가 미국 지성들의 상식인지도 모르겠다.

노직 교수는 죽음 이후 불멸이 있는지 없는지 확인할 방법이 없다는 것을 잘 안다. 그리고 불멸 쪽을 따라가는 것이 탐욕일지도 모른다는 점을 걱정한다. 그럼에도 불구하고 어둡고 비관적인 전망보다는 밝은 전망을 갖는 것이 인간의 본성에 알맞다고 판단한다.

이러한 판단의 연장선상에서 그는 우리의 삶과 존재, 의식이 영원한 것처럼 생각하면서 살자고 제안한다. 또 이왕이면 남을 돕고 사는 모험적인 양식 속에서 살아가자고 제안한다. 그는 죽음을 논

---

[8] The examined Life: Philosophical Meditations(Simon and Schuster. 1989) p.24.

의하면서도 결국 삶의 방식을 이야기할 수밖에 없었다. 죽음 이후를 알 수 없으므로 이왕이면 인간의 본성에도 맞고 공리적인 이익에도 도움을 주는 방향으로 생각하자는 것이다.

이러한 실용주의적 견해는 죽음 논의에서 가장 결정적인 측면을 지적하고 있다. 그것은 죽음에 관해서 논의하는 것은 그것이 무엇이 되었든 결국은 삶에 대한 논의에서 벗어나지 않는다는 점을 지적하고 있는 것이다. 죽음 이후에 대해서 우리가 확실히 알 수 있다면 모르겠지만, 확실하게 단언할 수 없는 한 죽음 논의는 곧 삶의 논의일 수밖에 없다는 것이다.

예를 들어서, 죽음 이후가 멸절로 확인되었다고 가정했을 때도 논의의 초점은 결국 사는 동안 어떻게 살 것이냐 하는 점에 모아진다는 것이다. 죽음으로 모든 것이 종결한다고 생각해 보자. 사람들의 태도는 쾌락을 탐하는 경향으로 흐르기 쉬울 것이다. 죽은 후에 천국도 없고 심판도 없으며 그것으로 끝이라고 한다면 사람들은 쾌락을 즐기고 보자는 쪽으로 흐르기 쉽다는 것이다. 그런데 이렇게 쾌락을 탐할 경우, 다른 사람들의 이익과 상치되어 분쟁이 생기기 쉽고 이 분쟁을 조정하기 위해 법질서를 확립해 사회적 통제를 강화할 것이다. 이렇게 되면 사는 방식이 복잡하게 되며 그것은 삶의 논의로 이어질 것이다. 즉, 죽음 논의는 어떠한 경우에도 결국 삶의 논의로 귀결된다는 말이다. 그러므로 실용주의자들은 죽음 이후에 집중하는 지나친 논의보다는 삶의 논의에 치중하는 것이 논리적으로 옳다는 점을 강조하고 있다. 이런 자세는 곧 공자(孔子)의 태도와 일맥상통하기도 한다.

다음으로, 최근사(最近死) 관점은 근사체험(近死體驗, Near

Death Experience, NDE)을 믿을 만하다고 평가하고 그것을 발전시킨 견해이다. 뒤에서 보다 자세히 검토하겠지만, 근사체험은 준심리학(parapsychology)에서 논의하는 것으로 아직 주류 심리학에서는 과학적인 연구 대상으로 인정받지 못하고 있다. 그러나 근사체험을 가지고 있는 사람들이 의외로 많다는 사실이 밝혀지고 있으며, 그 체험의 형태가 대부분 유사하다는 사실이 밝혀져 관심이 높아졌다. 이 근사체험이 혹시 사후 세계에 대한 과학적인 연구에 어떤 긍정적인 실마리가 되지 않을까 하는 것이 그 관심의 대상이라 하겠다.

레이몬드 무디(Raymond A. Moody, 1944~　) 박사는 1,300만 부 이상이 팔린 그의 베스트셀러 〈Life After Life: The Investigation of a Phenomenon － Survival of Bodily Death〉(Mockingbird Books, 1975)에서 사후 체험을 했다는 환자 150명과 인터뷰한 내용을 소개했다.

사후 체험을 했다고 주장하는 사람들은 평화와 만족의 느낌을 비롯해 어둠을 통과해 떠오르는 느낌, 황금빛과의 만남, 과거에 대한 빠른 영상 회상, 빛의 존재와의 대화 등을 경험했다고 이 책은 소개했다. 그런데 문제는 이러한 체험을 과연 사후 체험이라고 할 수 있느냐 하는 점이었다. 이 책에서 죽었다가 다시 살아났다고 말하는 사람들은 실제로 죽은 사람이 아니지 않느냐 하는 점이 쟁점인 것이다. 사망의 정의(定義)를 '생명체 기능의 불가역적 상실'이라고 할 때, 다시 살아났다고 주장하는 것은 사실과 부합하지 않다는 것이다.

이에 대해 무디는 "필자가 주장하는 것은 돌이킬 수 없는 죽음의 시점이 언제라고 말하든, 필자와 대화를 나눈 사람들은 다른 사람들보다는 그 죽음의 시점에 가장 가까이 가 본 적이 있다는 것이다. 단지 이 이유만으로도 필자는 이들의 말에 귀를 기울이고 싶다.”고 썼다. 죽음에 가장 가까이 갔다는 사실은 충분한 가치를 가지고 있지 않느냐 하는 주장인 것이다. 그런데 여기에서 무디가 죽음에 가장 가까이 갔다고 말하는 그 최근사(最近死)의 범위와 기제라는 것이 죽음 논의를 한 차원 더 넓은 지평으로 이끈 계기가 되었다.

무디는 죽음의 정의를 어떻게 정하든, 현대의학으로서는 죽음의 그 불가역적 시점을 언제라고 정확하게 판단하는 것은 불가능하다고 지적한다. 그는 의료기술의 발달에 힘입어 죽음의 돌이킬 수 없는 지점을 계기판에 나오듯 이 수치의 이 지점이라고 정확히 확정지을 수는 없으며, 다만 연속선상에 있는 상당한 범위 내라고 말할 수밖에 없게 되었다고 주장한다.

생명연장 기술의 발달로 식물인간 상태에서도 생명은 몇 년씩 연장할 수 있게 되었으며, 이에 따라 이 지점이 완전하게 죽는 지점이라고 단언하기 어렵게 되었다. 그리고 의학이 발달할수록 이 범위는 더 넓어질 것이다. 옛날 같으면 진작 죽었을 사람도 요즘에는 충분히 생명을 연장할 수 있으며, 따라서 임종 직전까지 갔던 사람이 다시 살아오는 경우도 있다. 이렇게 볼 때 생명이 정지하는 기제를 구체적으로 계량화할 수 없으므로, 죽음에 더 가까이 또는 가장 가까이 갔다는 표현이 가능할 뿐 아니라 죽었다가 다시 살아났다고 말할 수도 있다는 것이다.

무디의 이런 주장은 논리적으로 무리라는 것은 분명하지만, 죽음 논의의 지평을 넓혔다는 점에서 그 공헌을 인정해야 할 것이다. 또 그가 만든 근사체험(NDE)이라는 단어가 널리 통용되고 있고, 그의 저서가 대형 베스트셀러가 되었던 점도 근사체험에 대한 관심도를 반영하는 것이라 하겠다. 나는 무디의 주장도 충분히 수용해야 한다고 생각한다. 죽음 논의는 모든 가능성을 열어 두어야 겨우 가능한 것이다. 눈으로 볼 수 없으며 형이상학적 검증 틀을 만들 수도 없는 죽음 논의에서 이야기할 수 있는 것은 모두 거론해 보아야 한다는 것이 내 생각이다. 따라서 나는 앞으로 죽음 논의를 계속하면서 무디의 주장도 충분히 고려할 것이다.

## 죽음의 속성

이제 죽음의 본질적 속성을 검토할 차례가 되었다. 나는 죽음의 속성을 연구하면서 이 분야의 기존 연구 성과를 조사했지만 의외로 별다른 것을 찾을 수 없었다. 철학자들의 논구들도 대부분 다른 범주에 관한 것을 논의하면서 부분적으로 언급하는 정도에 불과해 참고하는 데 불편하고 난삽했다. 일단 내 스스로 생각하기를 거듭하며 주관적이나마 일곱 가지 속성을 구분해 냈다. 나는 죽음의 속성을 쉽게 이해하기 위한 틀로 유발성과 긴밀성, 인식도 등을 배열해 다음과 같은 표를 만들었다.

다음 도표는 죽음의 성격들을 표로 만들고 세 개의 이해 틀로 나눔으로써 죽음을 보다 쉽게 이해하며 접근할 수 있도록 꾸며 본 것이다. 일단 쉽게 죽음에 접근해 이야기를 시작해 보자는 것이다. 죽음에 대해서는 누구나 이야기할 수 있다. 그것이 반드시 온다는 것, 그것이 삶의 끝이라는 것은 누구나 알고 그런만큼 친숙하기까지 하다.

이 단계에서 가장 먼저 이해되는 속성이 ① 필연성과 ② 종국성이다. 그러나 이 두 성격을 조금 더 생각해 보면 조금 다른 의미의

〈표〉 죽음의 속성

| 속  성 | 유발성 | 긴밀성 | 인식도 |
|---|---|---|---|
| ① 필연성(必然性) | 인지, 수용 | 중(中) | 상 |
| ② 종국성(終局性) | 공포, 인식 | 현세 | 상 |
| ③ 단절성(斷絕性) | 공포, 비약 | 현세 | 중 |
| ④ 미지성(未知性) | 공포, 통찰 | 내세 | 중 |
| ⑤ 무화성(無化性) | 허무, 공성(空性) | 현세 | 중 |
| ⑥ 순수성(純粹性) | 고요, 평정 | 중(中) | 하 |
| ⑦ 초월성(超越性) | 신비, 영원 | 내세 | 하 |

* 유발성 : 속성들이 일으키는 정신 현상들.
* 긴밀성 : 속성들이 현세와 내세 중 어느 편에 더욱 밀접한가를 표시. 중(中)은 중립적.
* 인식도 : 속성들에 대한 일반인의 인식 정도.

성격들이 드러난다. 그것이 ③ 단절성과 ④ 미지성, ⑤ 무화성이다. 그리고 조금 더 깊이 생각하면서 드러나는 성격이 ⑥ 순수성과 ⑦ 초월성이다. 이러한 이해의 단계를 나타낸 것이 인식도에 상, 중, 하로 표시되어 있다.

그러나 누구나 아는 것처럼 죽음은 단순히 생각하는 것으로 이해되는 것이 아니다. 죽음은 구체적으로 체험할 때만이 제대로, 그리고 깊이 이해되는 대상이다. 죽음이 한 발 한 발 다가오는 것을 일일이 주시하면서 그 손아귀에서 벗어나기 위해 발버둥치고, 공포에 질려 외마디를 토해 내며 살기를 애걸하던 체험이 없다면 죽음의 성격은 드러나지 않는다. 체험이 있고 그것도 절박할수록 죽음에 대한 이해는 깊을 것이다. 그러므로 죽음은 마지막 죽을 때에야 비로소 그 본질적인 모습을 드러낼 것이다. 우리는 그러나 죽은 사람으로서 죽음에 관해 이야기할 수 없으므로 얼마나 절박하게 얼마나 깊이 이해했느냐 하는 것으로 접근할 수밖에 없다.

## 죽음의 일곱 가지 속성

1. 필연성

첫째 성격인 필연성은 다른 모든 성격을 대표한다. 사실 이 필연성 하나로 모든 성격을 설명한다 해도 큰 무리가 없을 정도로 대표성이 크다. 필연성에는 불가피성, 무조건성, 유일성, 무의지성, 자연법칙성, 지속성 등이 내포되어 있다. 누구나 반드시 죽을 수밖에 없는데 그것도 불가피하게, 조건 없이, 나에게만 유일하게, 자기 의사와 아무 상관 없이, 자연의 법칙으로서, 영원히 계속된다는 뜻이다. 이것이 죽음의 필연적 성격이다.

필연성은 자연법칙으로부터 나온다. 자연계의 생물들은 태어나면 반드시 죽는다. 본능적으로 살고 싶고 죽기 싫지만 어김없이 죽어야 한다. 그 죽는 시기도 자기 마음대로 조정할 수 없다. 언제, 어떻게, 왜 죽는지도 모르면서 어느 날 갑자기, 자기 의사와 아무런 상관도 없이 무조건 죽어야 한다. 이것이 자연의 법칙이다. 이 법칙은 단 한 번도 어긴 적이 없으며 앞으로도 반드시 지켜질 것이다. 자연법칙의 제 일조는 생과 사다. 영원히 계속될 '스스로 그러함'(自然)이 우리의 눈앞에 펼쳐져 있는 것이다.

그런데 자연법칙을 알아차리고 그것을 고뇌하는 것은 사람뿐이다. 고뇌는 오로지 사람의 몫이며 그 까닭은 의식을 가지고 있기 때문이다. 의식이 없었다면 고뇌도 없었을 것이다. 그러나 어찌할 것인가? 아무리 고뇌한다고 해서 고뇌가 없어지는 것은 아니다. 고뇌와 의식을 인정하는 도리밖에 없다. 그런데 이상하지 않은가? 왜 고뇌하고 그것을 인정해야 하는가? 자연법칙에 대한 이 고뇌와 인정 사이에는 엄청난 긴장이 자리 잡고 있다. 이 긴장은 우리를 언제나 안타깝게 만들고 있다.

필연적으로 죽을 수밖에 없는 자연법칙은 왜 있는 것인가? 어느 설명이 이 자연법칙을 제대로 이해시킬 수 있는가? 사람을 비롯한 모든 생물들은 이 지상에 태어나면서 삶을 영원히 지속시키려고 노력한다. 본능적으로 살고 싶고 그것도 오래, 잘 살고 싶다. 그런데 이런 본능과 함께 왜 고통과 병이 있으며 죽음이 있는 것일까? 왜 이런 모순적인 상황과 운명은 만들어져 있는 것인가? 이것은 그저 자연의 법칙이라고 인정하고 넘어가야 하는 것인가? 이것에 대한 질문을 해서는 안 되는 것인가?

죽음이 우리 삶을 갑자기 가로 막고 우뚝 서 있을 때, 이런 질문이 터져 나오는 것은 어쩔 수 없는 일이다. 삶의 본능과 죽음은 왜 같이 존재하는 것일까? 탄식이 절로 터져 나오는 이 상황을 우리는 가슴 아프게 바라보아야 한다. 여기 긴장이 조성된다. 터질 것 같은 긴장이 부풀어 오른다. 금방 터질 것 같다. 이 긴장을 우리는 고요히 바라보아야 한다.[9]

이윽고 우리는 알게 된다. 알 수 없다는 것을. 모순과 그 모순에 의

---

[9] 지혜서들은 하나 같이 이 시점의 설명에서 "보라(觀想, Theoria)"고 권고한다. 긴장은 감정이 고조하는 것으로 지성과 이성의 활동을 방해한다. 이때 그 사태를 그냥 바라보는 '순간'이 만들어져야 한다. 우연하게 또는 운명적으로, 혹은 오랜 훈련의 결과로 '보는 순간'을 만들 수 있으면 그 긴장은 유익한 비약으로 발전한다.

한 긴장까지 우리는 제대로 설명할 수 없다. 뼈저리게 우리는 깨닫게 된다. 알고 싶은 것일수록 알 수 없으며 그러므로 '모름' 속에서 살아야 한다는 것을 깨닫게 된다. 자연의 법칙이란 그러므로, 이유 없이 그 자리에 냉엄하게 있는 것이며, 설명할 것도 없이 뺄 것도 더할 것도 없이 '무위자연'(無爲自然)으로 그냥 존재하는 것이라는 뜻이다.

이것이 필연성의 의미이다. 그렇게 죽음은 필연적이라는 말이다. 슬프지 않는가? 그러나 우리는 이 엄숙한 자연의 숙명 앞에 머리 숙일 수밖에 없다. 불가피하게 받아들일 수밖에 다른 도리가 없다. 마음을 던져야 한다. 비우고 침묵해야 한다. 이 엄숙한, 모를 뿐인 광막함에 무릎 꿇어야 한다. 그것이 필연적인 죽음이기 때문이다. 그것이 자연이기 때문이다.

## 2. 종국성

다음으로 종국성은 죽음으로 우리의 삶이 마지막을 맞이한다는 종결(finis)의 의미를 가리킨다. 삶은 죽음으로 종결하며 그 뒤는 없다. 그 뒤에 대한 논란은 있으나, 알 수 없으므로 일단 없다는 전제에서 논의를 시작해야 한다. 종국성은 특히 우리의 시간관념과 깊은 연관이 있는 것 같다. 시간관념이란 일정한 흐름의 연속으로 나타난다. 그런데 이러한 연속적 흐름이 중단하고 그 마지막이 오는 것이다. 익숙하고 당연했던 흐름이 갑자기 중단하는, 관성적 관념의 억제는 혼란된 정서를 일으키고 두려움을 가져온다. 죽음의 종국성에서 공포는 가장 커진다.

결국 끝에 이르고 삶은 종결하고 그 뒤는 없다. 이 종국의 느낌은 공포로 이어진다. 나의 경험에 따르면, 모든 것이 끝나 버린다는 느낌이 가장 두려웠다. 시간이 없어진다는 것, 그것은 어둠이었다. 연속과 흐름이 사라진다는 것, 그것은 존재의 상실이며 세계의 실종이었다. 나는 두려웠다. 죽음이 정확하게 나를 향해 오고 있다고 느끼고 있었던 당시에 나는 깊은 어둠, 어둠의 심연에 빠지는 느낌을 가지고 있었다. 그 느낌은 공포였다. 걷잡을 수 없는 공포였다.

그러나 지금 생각해 보면 이 공포가 있었으므로 극적인 반전이 가능했다고 생각한다. 죽음의 종국성은 공포를 가져왔고 공포는 반전의 가능성이었다. 결과적으로 공포는 반전을 내포하고 있는 어떤 씨앗 같은 것이었다. 사람의 공포는 반사적인 행동을 일으키게 하는 동기이지만 동시에 정신적 고양을 가져오게 하는 어떤 가능성이었다. 여기에 어떤 기제가 있다고 나는 생각했다.

공포(恐怖)와 반전(反轉)의 평안(平安). 거기에는 분명 어떤 메커니즘이 숨어 있다. 숨어 있어야 했다. 적어도 내 체험에 의하면 그랬다. 나는 그 기제(機制)를 발견해야 했다. 그 기제는 심리적인 것인가, 어떤 영적인 것인가? 숙고 끝에 나는 잠정적인 결론을 내렸다. 나의 이론이라고 할 수 있는데, 그 결론은 다음과 같다.

먼저 심리학적 설명에 따라 공포와 그 인과적 사건들을 나열해 보려고 한다. 산 속에서 곰을 만났다고 가정하자. 그때 곰을 본 지각, 즉 자극은 변연계의 빠른 경로를 통해 생명에 위협이 된다는 판단을 내리고 이 판단에 따라 공포가 생긴다. 이 공포에 의해 에피네프린(아드레날린) 등의 생화학물질이 분출되어 심장박동이 빨라지고 근육이 수축한다. 이에 따라 도망치려는 행동이 나타난다. 즉, 곰 → 자극 → 위협판단 → 공포 → 생리반응 → 행동 등의 순서를 밟는다. 여기에서 공포와 생리반응은 동시에 나타난다는 견해도 있다.

내가 겪은 암에 의한 공포도 암 → 자극 → 위협판단 → 공포 → 생리반응 등의 순서를 밟았다. 그런데 하나의 결정적인 차이가 있는데 그것은 행동이다. 나의 경우, 도망칠 행동이 없었다. 곰을 만났을 때와 같이 뛰어 도망칠 일이 없었다는 말이다. 이 경우의 행동을 생각한다면 꼼짝 못하고 웅크리고 있거나 약을 퍼 먹거나 해야 한다. 그러나 약을 먹는 치료는 진작부터 해오고 있었다. 병에 의한 공포의 특징은 이렇게 특별히 행동할 것이 없다는 점이다. 다시 말해서 '행동 없는 공포'가 되는 것이다.

또 암에 의한 죽음의 공포는 즉각적인 것이 아니라 지속적으로 나타난다는 특징을 가지고 있다. 나는 암을 선고 받은 시간부터 내내 "이제 죽었구나." 하는 두려움에 시달리고 있었다. 그런 상태에서 어느 날 밤, 꼭 죽을 것 같은 극심한 공포에 시달렸던 것이다. 곰을 만났을 때의 공포는 자극과 공포가 거의 동시에 유발되는 즉각적 현상인데 비해, 암에 의한 공포는 자극에 대해 충분히 인지하는 상태에서 서서히, 지속적으로 공포가 커 가는 것이다. 다시 말해서 나의 경우 '충분히 인지된 자극'에 의한 공포를 겪었던 것이다.

여기에서 우리는 중요한 점을 발견할 수 있다. 즉, 죽음에 대한 공포는 충분하게 잘 아는 것에 의해 생기며 그 공포의 결과로서 조치해야 할 어떠한 행동도 있을 수 없는 공포라는 점이다. 그렇다면 이 공포는 원인에 대해서는 이미 숙지하고 있고 결과는 없는 매우 이상한 감정이 되고 만다. 다시 말해서 죽음에 대한 공포는 결과가 없음에 따라 '공연히' 생긴 '쓸데없는' 감정이 되는 것이다. 분석을 하고 보니 죽음에 대한 공포는 쓸데없는, 다시 말해서 필요 없는 공포였던 것이다. 왜 이렇게 되었을까? 분석이 잘못된 것이 아닌가?

아니다. 다시 검토해 보아도 분석은 비교적 훌륭한 것이었다.

이 분석이 옳다면 나는 당시에 필요도 없는 공포를 느끼고 있었다는 말이 된다. 나는 당시에 죽음의 얼굴을 보았다고 느낄 정도로 강한 공포감에 짓눌려 있었는데 그것이 필요 없는 것이었다니 참으로 황당한 일이 아닐 수 없다. 그러나 분석은 옳았다. 분석이 옳다면 당시의 사정을 다시 검토하면서 무엇이 문제였는지 가려내야 한다.

기나긴 숙고 끝에 당시의 내가 얼마나 선입견에 깊이 빠져 있었는지를 알게 되었다. 나는 당시에 무엇보다도 죽음에 대한 성찰이 없었다. 죽음의 필연성도 종국성도 따질 겨를이 없었다. 무조건 공포에 내몰렸고 그 공포를 되돌아보며 응시할 능력이 없었다. 그 공포는 죽음에 대한 본능적 공포로서 앞뒤를 잴 능력을 몰수해 갔다. 오직 공포에 함몰했고 공포를 키우고만 있었다.

천행으로 반전을 경험하고 공포에서 벗어날 수 있었으나 이런 우연의 계기가 없었다면 어떠한 상황으로 치달았을지 짐작할 수 없는 일이었다. 지금 반성할 수 있는 것은 당시의 두려움은 조절될 수 있는 것이었고, 다만 죽음에 임하는 절박한 마음만이 필요한 것이었다. 공포를 분해해 두려움은 조절하고 절박함은 간직해야 했던 것이다.

이렇게 죽음에 대한 공포는 두려움과 절박한 심정으로 분해되는 것이다. 그런데 두려움은 죽음에 대한 무서움인데 무엇이 무서운 것인지 분석할 수 있고 과연 그것이 무서운 것인지, 아닌지를 판단할 수 있다. 두려움은 분석할 수 있는 대상이며 따라서 조절될 수 있는 대상이다.

이에 비해 절박함은 종국성과 같은 죽음의 속성에 직면하는 절규와 같은 대결의식이다. 나는 이것을 의지(意志)이며 직관(直觀)이라고 파악한다. 도대체 죽음이 무엇인지, 그 속성이 무엇인지 알아야 하는 치열한 앎에 대한 의지이며 임박한 종결에 대한 총체적 규명을 확보하려는 직관에 대한 갈구인 것이다.

이 절박함, 이 절규는 의지라는 뜻에서 조절될 수 있는 것이지만 나는 그것을 최고의 수준으로 유지할수록 반전이 커진다고 파악한다. 불치병 환우들만이 이 절박함을 최고의 수준으로 유지할 수 있다. 죽음이 가까이 왔다는 것을 가장 분명하게 느낄수록 그 절박함은 커진다. 절박함이 죽음과 대결하며 긴장이 커지고 그 긴장이 임계치를 넘어서며 폭발에 이를 때, 반전은 일어난다. 이 임계선상에서 두뇌의 각 경로는 어떤 통일의 회로를 개방한다.

이것이 반전의 기제일 것이다. 이 기제는 아직 가설일 수밖에 없다. 이 가설을 과학적으로 증명할 능력이 나에게는 없다. 그러나 나는 이 기제를 주장하면서 생활의 실천 면에서 적용할 수는 있다고 생각한다. 실천적 방법론은 사람마다 다를 것이다. 어떻든 생활 속에서 정신적 반전을 만들어내고 평안과 행복을 마음에 심을 수 있다면 한번 실험해 볼 만하지 않겠는가! 나는 죽음의 종국성을 반전을 일으키는 계기로 이용할 수 있다고 생각한다.


3. 단절성

단절성은 삶의 의미나 가치, 실재가 죽음에 의해 단절되는 것을 가리키는 성격이다. 단절(斷絶)은 어떤 일이나 관계가 끊겼다가 언젠가 다시 연결될 수 있다는 가능성을 내포할 때, 그 의미가 정확하게 드러난다. 그런 뜻에서 죽음은 삶의 현세를 단절하지만 마치 내세가 있는 것과 같은 가능성을 암시한다. 이런 뜻이라면 죽음은 현세와 내세를 단절하는 어떤 심연이나 낭떠러지와 같은 상징성을 갖는다. 일부 종교에서 현세와 내세 사이에 강으로 상징되는 단절이 있다고 이야기하는 것이 그 예라 하겠다.

이런 단절은 우리가 생활을 해가는 과정에서도 자주 경험하는 것이다. 예술가가 어떤 작품을 창작하는 과정에서 심한 좌절을 겪고 창작활동을 이어가지 못하고 중지하고 마는 경우에 단절이 오는 것이다. 이때 예술가는 지금까지 해오던 작품 경향을 포기하고 새로운 방향을 모색해야 한다. 그 모색이 어떤 출구를 찾았을 때, 그 단절은 창작의 신천지를 개척한 기폭제가 될 것이다. 이럴 경우, 단절은 오히려 필요한 움츠림이 된다. 사람은 고생을 해야 참다운 사람으로 성장한다고 한다. 젊어서 눈물 젖은 빵을 먹어 보아야 인생을 제대로 배운다고도 한다. 어떤 단절이 있어야 더 크게 성장한다는 원리를 가리키는 말들이다.

이런 의미에서 삶의 최대, 최종의 단절은 당연히 죽음이다. 그런데 앞서 확인했던 것처럼 죽음 이후의 다른 어떤 삶 같은 것은 없다고 생각하자. 그렇다면 죽음이 곧 종결이 되는데, 보다 더 성장하기 위한 의미로서의 단절은 무슨 필요가 있겠는가? 죽음은 종결일 뿐 단절로서의 의미를 찾을 필요가 없지 않겠는가? 그럼에도 불구하고 나는 죽음에 단절성의 의미는 분명히 있다고 생각한다. 죽음은 종결이므로 그 이상 아무것도 있을 수 없다는 전제를 분명히 한다면, 그 다음에 더 큰 도약이 있을 수 있다는 의미의 단절성은 그 의미를 상실할 것으로 생각되지만 나는 그렇지 않다고 말하려는 것이다.

먼저 죽음이 종국적임을 다시 확인하자. 그리고 단절성의 의미를 어떻게 찾을 수 있는가? 그 방법은 선입견을 버리면 가능하다고 생각한다. 우리는 보통 성장이나 도약은 시간상 단절이 온 다음 어느 정도 움츠린 후, 즉 성장통(成長痛)을 겪은 다음에 오는 것으로 생각한다. 그러나 시간상 단절이 오기 전에 상징이나 의미로서 단절을 경험할 수도 있다. 이런 경우의 단절은 시간상 후취적이 아닌 선취적(先取的) 과정이라고 말할 수 있을 것이다. 따라서 사건이 있기 전에 이미 선취적으로 그 사건의 상징과 의미를 경험하는 것이다.

그런데 죽음은 필연적이며 종국적이기 때문에 선취적 상징과 의미는 그 어떤 사건보다도 강력하다. 이런 뜻에서 죽음은 그 자체로 단절성의 의미를 강하게 내포하고 있는 것이다. 다시 말해서 죽음은 그 사건 이전에라도 그 상징과 의미를 깊이 인식할 때 미리 단절성을 경험할 수 있는 것이며, 또 죽음의 순간에도 이러한 단절성의 의미는 종국성 자체에 내포되어 있는 것이다.

나의 견해를 한 걸음 더 밀고 나가자면, 죽음의 이런 단절성 성격은 죽어가는 사람의 의식에 마지막까지 남아 있는 어떤 명료성일 것이라고 짐작되며, 죽는 순간 어떤 도약이 옴으로써 평화를 찾고 영면하는 것 같다. 이런 짐작은 임종 직전을 살펴본 사람이면 누구나 갖게 될 짐작이라고 생각된다. 즉, 극심한 고통에 시달리던 환자들까지도 마지막 순간 평온한 표정을 회복하고 숨이 끊기는 것을 볼 때, 어떤 도약이 왔다고 가정할 수 있는 것이다. 나는 이 도약을 자연법칙의 불가피성에 대한 순응이라고 본다. 이 순응은 단절성과 깊이 연관되어 있다. 이 '순응의 원리'에 대해서는 뒤에 자세히 이야기할 것이다.

## 4. 미지성

미지성은 죽음에 관해서 우리가 아무것도 모른다는 사실과 연관되어 있다. 우리는 죽음 자체에 관해서도 확실한 말을 할 수 없고, 죽음 이후에 관해서도 분명한 설명을 할 수 없다. 사실 삶에 관해서도 그 전모를 설명하라고 한다면 어느 누가 분명하게 말을 할 수 있겠는가마는 그래도 삶은 우리 눈앞에 드러나 있다는 점에서 그 설명을 시도라도 해볼 수 있다. 그러나 죽음은 지푸라기 하나라도 붙잡을 것이 없으니 오직 모른다고 말할 수밖에 다른 도리가 없다. 이 무지(無知)의 미지성은 우리에게 안타까움을 넘어서 두려움을 안겨주는 것이다.

사람은 낯선 것에 대한 두려움을 항상 가지고 있지만, 죽음의 낯설음이란 도무지 캄캄한 어둠뿐이니 그것이 얼마나 무섭겠는가? 죽음의 본질에 대한 공포 중 가장 강한 것이 이 미지성에서 나온다고 보아야 할 것이다. 그러나 죽음의 이 미지성은 다만 두렵고 무섭다기보다는 뼈저린 마음의 고통으로 드러난다. 칠흑 같은 어둠 속으로 진입해야 하는 이 미지성은 차라리 우리의 의식을 절단하는 것 같다. 너무 막강하고 너무 거대한 절벽 같은 어둠 앞에 우리는 직면하는 것이다. 우리는 이러한 죽음에 직면해 절망한다기보다 엄숙함에 전율하게 된다고 말해야 한다.

우리는 이 '모름' 앞에 머리 숙이고 경배할 수밖에 없다. 나는 이 점을 뼈저리게 깨달았다. 경건하게 무릎 꿇을 수밖에 없었다. 무엇을 더 말하며 무엇을 더 생각할 것인가? 죽음의 미지성은 참으로 신비한 그 어떤 것이다. 소크라테스가 우리는 모른다는 것을 알아야 한다고 강조하며, 죽음은 무지의 위대함이라고 말했을 때의 심경을 이해할 수 있을 것 같다. 소크라테스가 말하는 것은 이런 것이리라. 우리는 죽음에 대해 아무런 지식도 없다. 죽음은 모름을 깨닫게 하는 위대함이다. 그러므로 우리는 죽음에 대해 겸손하고 함부로 결론을 내리지 말아야 한다. 죽음은 위대한 것이라는 것, 그것만을 우리는 알고 있다. 이런 깨달음 속에서 소크라테스는 독배를 스스로 마셨을 것이다.

## 5. 무화성

무화성(無化性)은 우리의 현세적 삶과 실존을 깡그리 부정하고 마는 '부정(否定)의 부정(否定)'과 연관되어 있는 성격이다. 우리는 언젠가 빛도 향기도 없이, 이름도 자취도 없이 사라져야 한다. 이 세상에서 아무리 많은 것을 소유한 사람도, 아무리 많은 업적을 쌓은 사람도, 아무리 많은 것을 알고 있는 사람도 죽음에 이르러 한 줄기 연기로 사라져야 한다. 이런 사정을 옛 현인들은 뼈저리게 깨닫고 있었다.

성경 전도서의 저자는 "헛되고 헛되며 헛되고 헛되니 모든 것이 헛되도다."라고 썼다. 인도의 현인들은 인생의 이러한 무상함을 철저하고 체계적으로 분석했다. 그들은 눈앞에 현전하는 세계와 이 대상을 의식하는 사람의 관념도 한낱 허상에 불과하다고 파악했으며, 허상인만큼 그것은 부정되어야 한다고 생각했다. 그들은 부정의 논리를 한 발 더 내디뎌 그 부정까지 다시 부정함으로써 어떤 통찰에 이르기를 희구했다.

죽음에 이르러 모든 것이 무화(無化)한다는 사실은 사유에 의해 알려진다기보다는 체험에 의해 체득되는 뼈저린 깨우침이다. 다시 말해서 죽음 앞에 직면했을 때에야 여실하게 드러나는 깨우침인 것이다. 삶의 날을 얼마 남기지 않은 사람이 가장 분명하게 절감하는 것은 그 동안의 인생이 참으로 헛것이었음을 깨닫게 되는 것이라고 한다.

이 점은 곧 죽게 될 환자들과 인터뷰했던 엘리자베스 퀴블러 로스가 누누이 지적한 사실이다. 마지막 며칠을 사는 환자들은 자기가 가장 아끼던 것을 동생에게 물려주거나 오래 소원했던 친구에게 응어리졌던 마음의 상처를 어루만져 주었다. 이들은 용서와 감사, 사랑과 같은 공감을 전하는 데 마지막 남은 힘을 기울인다는 것이다. 이런 사실로부터 우리는 이들이 무화성을 넘어 새로운 가치를 찾아가고 있다는 것을 발견할 수 있다.

그러므로 죽음의 무화성은 우리들에게 인생의 무상함을 뼈저리게 체득하게 하는, 절대 공성(空性)에의 인정과 순응을 받아들이게 하는 한편, 공감(共感, Compassion)과 같은 새로운 가치에게 문을 열게 하는 두 가지 양식으로 동시에 나타나는 것이다. 이러한 두 양식의 공존은 죽음이라는 매우 특수한 최후, 필연의 체험에서만 가능한 두 얼굴인 것이다. 죽음은 최후의 순간에 가까울수록 종결의 무화를 각인시키지만 동시에 신생(新生)의 느낌, 즉 새로운 가치와 의미로 재탄생함으로써 반전과 부활을 체험하게 만든다. 그리고 우리는 결국 죽게 된다. 그러나 이러한 죽음은 그냥 먼지로 사라진다고 말할 수 없다. 신생을 내포하는 가치의 죽음으로 죽는 것이다.

이렇게 죽음의 무화성은 두 얼굴로 나타난다. 나는 그 중, 새로운 가치에게 문을 여는 '열린 가능성'으로서의 측면을 중시한다. 나는 이 가능성을 해탈(解脫)과 같은 경지에 이르는 길이라고 생각한다.

해탈을 정신적 상승의 최고 수준에서 어쩌다 열리는 특수한 성취라고 생각할 때, 죽음에 직면해 모든 것을 포기하고 모든 것을 상실한 상태에서 어떤 극적인 반전이 일어나 정신적 기능들이 하나로 통일되면서 통찰에 이르는 순간, 열린 가능성이 활짝 문을 열 수 있다고 생각하는 것이다. 무언가 툭 터지고 의식이 무한으로 확장해 버리는 어떤 경지가 열릴 수 있다고 생각한다. 나는 이러한 경지가 죽음에 직면했을 때에만 가능하다고 본다. 그것은 죽음의 무화성에 의해 열리는 어떤 경지라고 보기 때문이다.

### 6. 순수성

죽음의 순수성은 불가피한 죽음을 어쩔 수 없이 받아들여야 한다는 자각에 의해 배태되는 속성이다. 죽음에 이르러 미지성과 무화성을 안고 필연적으로 죽음 안으로 들어서야 한다는 사실을 자각할 때, 우리는 자아의 모든 것을 놓아 버리게 되며 의식까지 사라지는 듯한 '비움'에 빠져드는 것을 체험한다. 이 상태를 무엇이라고 표현해야 할지 모르겠으나 텅 빈 것과 같은 무심(無心), 무량(無量)의 어떤 경지일 것이다. 이 상태에서 미약한 정서가 움직이는데 깨끗함의 결정(結晶)에 가 닿는 듯한 느낌을 받는다. 고요와 순수의 본질에 내려간 지점, 여기에서 순수성이 열린다.

여기에 이르러 죽음은 이제 호·불호의 대상도 아니며 의미와 가치로 따질 실체도 아니다. 그저 거기 있는 구름 같은, 바람 같은 사건일 따름이다. 바람이 지나간 자리, 투명한 햇빛과 맑은 새소리, 추상의 순수가 흐르는 아득한 시공이 있을 뿐이다. 그렇게 죽음은 고요와 순수일 뿐이다. 순수가 자리 잡는 이 지점에서 우리는 차차 평정이 생기고 모든 것에 대한 공감이 우러나는 것을 감지할 수 있다. 순수성의 과정을 거치는 동안 우리는 두려움과 거부, 부정으로부터 벗어난다. 이윽고 신생의 환희를 체험하게 된다.

## 7. 초월성

초월성의 성격도 순수성과 같이 '비움'의 체험으로부터 열린다. 모든 것이 방기하고 텅 빈 상태에 이르면서 순수성이 열리고 이어 초월성이 열린다. 초월성은 죽음의 마지막 단계에서 발현하는 속성일 것이다. 죽음의 사건을 경과하면서 그 경과의 시간을 끌어 모아 다시 사건 당시에 응결하는 듯한 느낌의 속성, 그러므로 그것은 가상(假像)의 성격으로 감지된다. 다시 말해서 죽음은 종결 이후를 설명할 수 없으나 그것으로 그냥 끝나서는 안 된다는 어떤 요청 같은 것이 마음을 차지하며 이것이 가정의 형태로 초월성을 예비하는 것이다. 그러므로 초월성은 일단 가정이다.

실존의 입장에서 볼 때, 우리의 삶은 존재하는 유일의 실재이다. 이 유일의 실재를 기반으로 우리는 경험하고 사고한다. 그렇기 때문에 여기에서 벗어나 다른 차원을 사고하기란 쉽지 않다. 앞에서 여러 번 살펴본 것처럼 이 실재와 이 실재를 기반으로 한 습관에서 훌쩍 떠나기는 매우 어렵다. 이러한 사정 속에서 우리는 죽음에 직면한다.

그런데 죽음은 우리의 모든 습관과 관념과는 완전히 동떨어진 별개의 차원으로 우리에게 다가선다. 우리는 죽음 이후에 관해서 알 수 없고 설명할 수 없기 때문에 죽음 이후를 논의에서 제외하기로 전제했다. 이런 상태에서 죽음의 속성을 생각할 때, 아무래도 부족한 한 구석을 채울 수 없다는 아쉬움이 있었다. 이런 아쉬움이 죽음의 초월성을 가정하지 않을 수 없었던 것이다.

다시 말해서 죽음으로 우리의 모든 것이 지워진다고, 종결(finis)이라고 말하기에는 아무래도 무엇인가 놓치는 것 같다는 것이다. 우리는 삶에서 항상 더 큰 목적을 달성하기 위해 노력해 왔다. 영원과 완전을 추구해 왔다. 이제 죽음에 이르러 이 이상을 포기해야 하는 것이다. 아마도 포기할 수밖에 없을 것이다. 그러나 참으로 포기할 수밖에 없는 것인가?

우리는 죽음 이후를 알 수 없기 때문에 일단 죽음을 종결로 보고 죽음 논의를 진행하자는 전제를 두었다. 죽음 이후를 알 수 없기 때문에 죽음 이후에 관해서는 모른다고 말하는 것이 가장 틀림없는 대답이다. 그러나 죽음 이후를 알 수 없다는 것은 그 이후를 어떻다고 확정짓는 것은 아니다. 확정지을 수 있는 증거 이전의 상태에 있는 상황이다. 그러므로 그것을 종결이라고 확정지은 것이 아니다. 종결인지, 종결이 아닌지 현재로서는 반반의 확률로 보아야 한다. 이런 상황에서 종결이라고 말해서는 안 된다는 요청이 제기된 것이다.

이렇게 우리는 죽음 이후를 알 수 없으면서도 사후의 어떤 것을 가정하고 요청한다. 불가능한 것을 요청하는 이 기이한 특성을 나는 일단 죽음의 초월성이라고 부르기로 한 것이다. '요청적 가정'이라는 형태로 죽음의 초월성을 제기하고 있는 나의 입장은 매우 곤혹스러운 것은 사실이다. 초월성을 상정할 수도 없고, 상정하지 않을 수도 없는 입장이 나의 난처한 상황이다. 이런 난처함 속에서 '요청적 가정'이라는 이상한 개념이 등장한 셈인데, 나는 이것을 내 고뇌의 반영이라고 위로하고 있다. 죽음의 속성 논의란 이렇게 어려운 것인가

보다. 아무튼 이렇게 죽음의 일곱 가지 속성을 가려냈다.

## 속성들의 세 분류

죽음의 이 일곱 가지 속성은 다음과 같이 다시 크게 세 가지로 압축시킬 수 있다.

① 삶과 시간의 종말로 이해되는 성격으로서, 필연성과 종국성을 포섭한다.

② 의미의 상실로 이해되는 성격으로서, 무(無, Nothing)의 개념을 상기하게 하는 성격이다. 여기에는 단절성과 미지성, 무화성이 포함된다.

③ '요청적 가정'을 제기하는 성격으로서, 순수성과 초월성이 여기에 포함된다.


첫째, 삶과 시간의 종말로 이해되는 성격은 삶의 종결을 뼈아프게 인식하는 사실로부터 출발한다. 삶은 일반적으로 나의 존재가 시간의 흐름으로 규정됨을 의미한다. 삶은 근본적으로 내가 있어야 시작되며 그 존재의 시간적 흐름으로 인식된다 할 것이다. 다시 말해서 나의 삶이란 여기 지금(hic et nunc)의 존재와 시간으로 표상되는 것이다.

이러한 삶으로서의 자아가 죽는다는 것은 나의 형식이 사라짐을 뜻한다. 나의 형식, 즉 나의 육신을 비롯해 시공(時空), 역사, 관계, 의식까지 사라지는 것이다. 형식의 상실은 죽음에 의해 남겨지는 배우자나 자녀, 친척들에게 고통을 안겨 주는 바로 그 원인이 된다. 같이 살아가던 사람의 자취와 기억이 사라지는 이 형식의 상실은 감각과 지각에 의해 생생하게 전달되기 때문에 매우 직접적이다.

둘째, 의미의 상실로 이해되는 속성은 삶의 내용이었던 의미와 가치가 사라짐에 따라 드러난다. 죽음은 죽음 이전의 상태, 즉 삶의 종결에 따른 의미들의 실종을 가리키면서 동시에 죽음 이후의 의미에 관해 그 무엇도 확보할 수 없다는 것을 지적하는 것이다.

죽음은 이렇게 그 이전과 그 이후의 모든 의미를 방기하도록 만듦에 따라 무(無)를 연상케 한다. 삶은 삶을 자각하는 주체의 적극적 의미로서의 삶이었으며, 의미 추구로서의 지향적 삶이었기 때문에 거기에는 주체성과 지향성, 상승성 등의 치열한 의미를 간직해왔던 것인데, 죽음으로 이러한 의미들은 물론 죽음 이후의 어떠한 형태의 약속까지도 모두 없애고 사라지게 하는 것이니 거기에 단절, 미지, 무화가 들어서지 않을 수 없는 것이다.

형식의 상실은 아직 치명적이 아닐 수 있다. 그러나 내용으로서의 의미까지 상실된다는 것은 확실하게 치명적이다. 이제 무(無)의 개념이 대두하지 않을 수 없다. 그러나 무의 대두란 언제나 혼란스럽다. 유의 상실에 따라 불가피하게 무가 대두했으나 무란 도대체 무엇이란 말인가? 뼈저리게 고뇌하지만 무를 제대로 파악하기는 어렵다. 무는 인식의 대상 자체도 허락하지 않으며 따라서 인식 주체의 뇌리에 있을 수도 없는 무형으로서의 흐름 같은 것이다. 죽음과 죽음이 불러오는 무라는 것은 대충 이런 것이다. 이러한 죽음과 무 안으로 우리는 언젠가 들어가야 한다. 불가피하게 들어가야 한다. 그리고 우리는 아무것도 모른다.

셋째, '요청적 가정'으로서의 속성은 아직 살아 있는 관점에서 죽음 이후를 예측하며 가정하는 성격이다. 죽음 이후를 다만 종결로 보거나 철저한 무로 볼 때, 그럴 수가 없다고 요청하는 것으로써 나타나는 가정의 속성이다. 나는 이 속성들을 인간적인, 참으로 인간적인 본성에서 유래되는 것이라고 파악한다. 죽음이 그냥 무화로 끝난다고 차마 인정하지 못하는 인간의 본성이 이 속성 뒤에 숨어 있는 것이다.

사람은 이중적이고 모순적인 본성을 가지고 있는 것 같다. 한 편에서 자율을 부르짖으면서 다른 한 편으로 의존을 찾는, 참으로 애절한 존재이다. 질그릇처럼 부서지기 쉬운 존재이기 때문일 것이다. 결국 사람은 죽음 앞에 직면할 때, 살려달라고 빌지 않을 수 없다. 이러한 인간적인 유약함이 죽음을 그냥 무화로 끝난다고 인정하지 못하고 어떤 영적 요청을 가정하게 만드는 것이다. 인간적인, 참으로 인간적인 요청인 셈이다. 이러한 요청으로서의 가정이 죽음의 순수성과 초월성의 성격을 반영하는 것이다.



## 5. 초월성에 대한 두 입장

죽음의 속성에 관한 논의를 끝내려는 마당에서, 나는 아무래도 미심쩍은 문제 하나를 다시 거론해야 한다고 생각했다. 그것은 죽음의 초월성에 관련된 문제이다. 앞에서 나는 초월성을 '요청적 가정'으로 남겨둔 바 있다. 그리고 그것은 나의 난처한 입장을 반영한 것이라고 말한 바 있다. 그렇다. 나는 이럴 수도 저럴 수도 없는 입장에서 양다리를 걸치고 있는 셈이다.

죽음이 내재적(內在的)이냐, 초월적(超越的)이냐 하는 것을 결정하기는 매우 어렵다. 어느 한 편을 선택한다는 것은 부수적인 여러 다른 문제들을 끌어오기도 한다. 만일 나에게 어느 하나를 선택하라고 한다면 나는 선택을 보류할 수밖에 없다. 죽음이 내재적이라고 한다면, 내가 고뇌하고 있는 무(無)나 영원(永遠) 등의 개념을 포기해야 할 것이다. 나는 아무래도 그럴 수 없다고 생각한다.

그렇다고 죽음을 초월적이라고 선택할 수도 없다. 초월성의 인정은 곧 내세나 영생의 인정으로 연결되는데 나는 내세를 지각할 수도, 알 수도 없기 때문에 선뜻 선택하기 어렵다. 사후생(死後生) 문제에 대해 내가 확실하게 말할 수 있는 것은 "모른다"는 것이다. 이것이 현재의 내 입장이면서 이 책이 지켜 가고자 하는 전제이다.

이제 두 가지 선택 중 어느 한 편을 확실하게 지지함으로써, 서로 맞서 있는 두 진영의 견해를 살펴보자. 두 진영은 과학적 물리주의와 종교 일반의 믿음이다. 먼저 과학적 물리주의의 입장에서 죽음이 내재적이라고 본다면, 죽음 이후의 문제를 고려할 필요가 없다. 생명의 종식은 곧 모든 것의 종결인 것이다. 그러나 이와 달리, 종교 일반의 입장을 따라 초월적이라고 결정한다면, 영혼불멸과 영생을 믿어야 할 것이다. 두 견해는 분명하게 충돌하고 있다.

나는 두 견해를 모두 배척하기 어렵다. 그렇다고 받아들일 수도 없다. 나는 다만 모르겠다고 말할 수밖에 없다. 왜냐하면 나는 사후 세계에 관해 알 수 없기 때문이다. 사후 세계는 있다거나 없다고 말할 수 없는 모름의 영역에 속한다. 사람의 인식 능력이 미치지 않는 영역에 있는 것이다.

물리주의의 입장에서 보자면 사후세계에 관한 논의란 어처구니없는 일이며, 논의 자체가 성립하지 않는 일일 것이다. 지각할 수 없고 따라서 경험할 수 없는 것을, 다시 말해서 그것으로부터 아무런 지식도 얻을 수 없는 대상에 대해 어떤 논의를 한다는 것은 불가능한 일이라는 것이다. 물리주의는 사후세계를 미신으로 취급할 것이다.

오늘날 과학적 결정론은 우리가 찾고자 하는 사물의 형태란 관찰을 통한 모형 안에서만 존재한다는 사실을 훌륭하게 설명하고 있다. 이러한 과학적 성과들에 따른다면, 관찰을 통한 모형 밖에 어떤 심오한 실재가 존재한다는 기존의 생각들은 받아들이기 어려울 것 같다.[10] 따라서 과학적 성과들이 쌓여 갈수록 사후세계처럼 관찰할 수 없는 주제에 관한 논의는 힘을 잃어갈 것 같다.

## 과학과 종교의 대립

그러나 우리는 여기에서 주의 깊게 살펴야 할 점이 있다. 과학과 종교가 탐구하는 분야가 각기 다르다는 점이다. 과학은 우리 앞에 연장으로서 존재하는 자연을 연구 대상으로 삼고 있다. 과학은 물질의 구성을 탐구하다가 아원자 입자들의 행동을 관찰하게 되었고, 천체의 움직임을 관찰하다가 빅뱅 당시의 인플레이션(inflation, 급팽창)을 추정하게 되었다.

과학은 자연을 탐구하며 우주를 연구한다. 우주는 어떻게 운행하며 왜 존재하는지 탐구한다. 이런 탐구의 결과로, 그 우주의 위대한 설계가 신의 손을 빌릴 필요 없이 자연 스스로 창조한 것이라고 추정할 수 있다. 이 지점이 과학과 종교가 겹치는 부분이다.

[10] 스티븐 호킹(Stephen Hawking)은 〈위대한 설계〉(the Grand Design)에서 모형 의존적 실재 개념을 적용해 기존의 실재 개념을 비판했다.

그러나 과학은 신의 도움을 받을 필요가 없다고 말할 수는 있으나, 신이 없다거나 신의 능력이 어떻다고 말할 수는 없다. 신의 존재 여부는 과학의 관찰 대상이 아니기 때문이다. 신의 존재에 관해 말할 수 있는 담당자는 종교인 것이다. 그러나 우주가 신의 설계에 의한 것이냐, 아니냐 하는 점은 과학과 종교가 더불어 토론할 수 있다. 우주 시작의 원인에 관한 논의는 양 진영이 모두 해결해야 할 공통의 관심 사항이기 때문이다.

이 공동토론에서 과학자들은 여러 관찰 결과들을 검토할 때, 우주는 신의 설계가 아니라고 설명하고 있다. 그러나 과학의 견해가 이 선을 벗어나 신의 존재를 부정할 수는 없다. 신의 존재 여부는 과학적 관찰의 대상에 부합하지 않기 때문이다.

이런 관점은 종교에게도 그대로 적용된다. 종교의 역사를 보면 당대 사람들의 상식을 신의 섭리로 확대 해석한 잘못들을 저질러 왔다. 그 대표적인 사례가 1663년에 갈릴레오가 받은 종교 재판이다. 유죄 판결을 받자 갈릴레오는 자신의 주장을 철회했지만 "그래도 지구는 돈다"라고 중얼거렸다. 결국 로마 가톨릭 교회는 1992년에 갈릴레오에게 내린 판결은 잘못이었다고 시인했다. 329년 만에 나온 잘못의 인정은 종교와 과학의 관계에 깊은 반성을 촉구하고 있다. 종교는 과학의 담당 분야를 인정하고 과학의 성과를 눈여겨보아야 할 것이다. 그리고 종교 본연의 길을 찾아가야 할 것이다. 과학의 성과가 눈부시게 쌓여 가고 있는 시대적 추세를 계속 외면하기 어려울 것이기 때문이다.

여기에서 내가 과학과 종교의 관계를 일반적인 관점에서 이야기했지만, 사실은 기독교와 과학적 결정론 사이에서 벌어진 '신성(神

性)'에 관한 논쟁임을 특정할 필요가 있을 것이다. 기독교는 신이 세상을 창조했다고 믿으나 과학적 결정론은 자연 스스로 우주를 만들어 갔다는 것이다. 성서 창세기 1장 1절에는 "태초에 하나님이 천지를 창조하시니라."라고 명기했다. 신의 첫째 속성이 창조주라는 점을 분명히 한 것이다. 바로 이 점이 논쟁의 대상인 것이다. 위에서 내가 종교와 과학이 부딪치는 지점이라고 말한 부분이다. 스티븐 호킹은 바로 이 창조론을 겨냥해 이렇게 말하고 있다.

"중력은 공간과 시간의 모양을 결정하므로 시공이 국소적으로는 안정적이 되고 광역적으로는 불안정적이 되는 것을 허용한다. 우주 전체의 규모에서 양의 물질 에너지는 음의 중력 에너지와 균형을 이룰 수 있고, 따라서 우주 전체의 창조에 제약이 없다. 중력과 같은 법칙이 있기 때문에, 우주는 앞에서 기술한 방식으로 무로부터 자기 자신을 창조할 수 있고 창조할 것이다. 자발적 창조야말로 무가 아니라 무엇인가가 있는 이유, 우주가 존재하는 이유, 우리가 존재하는 이유이다. 도화선에 불을 붙이고 우주의 운행을 시작하기 위해서 신에게 호소할 필요는 없다."[11]

스티븐 호킹은 우주를 창조했다는 신성의 부분을 지적한 것이다. 과학자로서 눈부신 과학의 성취를 종합해 볼 때, 자연의 법칙이 스스로 우주를 창조한 것이지 신의 손을 빌릴 근거는 박약하다는 것이다. 창조주로서의 신성이 부정된 것이다. 여기에서 우리는 스티

---

[11] 위대한 설계(스티븐 호킹, 레오나르드 믈로디노프 저. 전대호 역. 까치글방 발행. 2010) p.227.

븐 호킹이 지적한 부분을 유심히 살펴야 한다. 스티븐 호킹은 신성을 부정함으로써 신의 존재까지도 부정하고 싶었을지도 모른다. 그러나 신성의 어느 한 부분의 부정이 곧 신 존재 자체의 부정과 같을 수는 없다.

엄밀하게 말하자면 우리는 신이 존재하는지 존재하지 않는지, 또는 신성이 어떠한지 볼 수 없으며 따라서 알 수 없다. 다만 사람들이 "신은 존재할 것이며 그 신은 이러저러한 성격을 가지고 있을 것이다." 하며 믿는 것이다. 따라서 창조주로서의 신성은 신성의 여러 종류 중 하나를 사람들이 그렇다고 믿는 것인데, 이것이 부정되었다고 해서 신성의 전체가 부정되는 것은 아니며, 더구나 신 자체의 존재를 부정할 수는 없는 것이다. 그것은 어디까지나 믿음 안의 문제일 따름이다.

그러므로 기독교는 이제 이렇게 물을 수 있다. "신은 자연법칙을 창조한 것이 아닐까? 또는 자연법칙 자체가 신이 아닐까?" 이런 질문으로 인한 기독교 내부의 혼란은 충분히 짐작할 수 있다. 그러나 신성을 찾아가는 길은 언제나 혹독한 고행이었던 점을 기억해야 할 것이다. 보이지 않는 신성을 찾아 초기 기독교인들 중 어떤 사람들은 침묵 안으로 걸어가야 했던 점을 기억해야 한다. 신성을 찾아가는 사람은 언제나 사람의 생각이 신성을 주조하는 것이 아닌가 하는 점을 경계하고 조심해야 했다.

중세의 한때, 사람들은 지구가 평평하며 그 끝은 낭떠러지로 만들어져 있다고 생각했다. 그리고 사람들은 이 생각을 신의 창조와 동일한 것으로 믿었다. 평평한 지구를 신이 만들었다고 생각한 것이다. 그러나 결국 지구는 둥근 것으로 밝혀졌다. 이 사건이 있었음에도 불구하고 신은 창조주로서 건재할 수 있었다.

이제 신은 창조주가 아니라는 중대한 도전을 받고 있다. 만약 신이 창조주가 아니라면 그러면 신은 죽어야 할 것인가? 아닐 것이다. 중세 때와 마찬가지로 사람들의 생각과 믿음만 바꾸면 되는 일이다. 신성에 수정이 가해지고 신은 건재할 것이다.

스티븐 호킹은 과학사를 들추며 실재의 개념이 어떻게 변해 왔는지 설명했다. 오늘날 실재는 모형의 관찰 안에서 창조된다고 그는 말했다. 실재가 사람 두뇌 밖에 실제로 존재하는 것이 아니라 사람의 전제에 의한 모형 안에 나타나며 관찰에 의해 발견되는 것이라는 것이다. 그러므로 실재는 없는 셈이다.

이런 양자물리학의 사고에 따르면 아인슈타인이 그토록 찾기를 원했던 만물의 이론(theory of everything)에 대한 희망을 버려야 할지도 모른다. 호킹은 각기 다른 자연법칙들을 지닌 우주가 $10^{500}$개에 달할 것이라고 추정했다. 이렇게 많은 자연법칙들의 집합을 허용한다면 도대체 우리 인간은 이 우주에서 어떻게 살아가고 있는 것이며, 신은 또 무엇이어야 하는 것일까? 분명히 신의 운명을 걱정해야 할 시대가 온 것 같다.

과학적 성과에 따라 신의 속성은 제약을 받을 것이 분명하다. 심지어 창조주로서의 신성까지 위협하고 있는 과학적 성취 앞에서 신성의 제약은 불가피한 것 같다. 그렇다면 신을 믿는 사람들은 이제 어떠한 선택을 할 수 있을까? 여기에서 우리는 두 가지 전제를 분명히 하면서 이 문제에 접근해야 할 것이다.

첫째, 신의 문제는 어디까지나 믿음 안의 논제임을 확실히 해야 한다. 신의 문제는 인간의 경험적 사고를 초월하는 것으로 근본적으로 '믿음'의 체계 안에서 논의할 수밖에 없다.

둘째, 신의 문제라도 합리적 논의의 틀을 벗어날 수는 없다. 신의 문제가 근본적으로 '믿음'을 근거로 삼는다고 해서 합리적 틀을 벗어나 미신을 주장한다면 논의는 불가능해질 것이다.

이 두 전제를 만족시키는 범위 안의 선택을 생각할 때, 신성의 수정은 불가피한 것 같다. 스티븐 호킹의 주장을 전복시키지 못하는 한, 과학적 성취에 귀를 기울여야 할 것이며, 그 방법은 신성에 대한 기존 관념을 재고하는 것이다. 그러나 신성은 변할지 모르지만 신의 존재 자체는 여전할 것이다. 신을 찾는 인간의 뮈토스(mythos)는 변하지 않을 것이기 때문이다. 인간은 로고스(logos)적 사고만 하는 것이 아니다.

## 과학적 사고와 철학적 사고

여기에서 인간 사고(思考)의 능력과 범위에 관해 다시 한 번 생각해 보자. 사람이 이 세상에 사는 동안은 100년 안팎에 지나지 않으나 우주의 나이는 137억 년에 이른다. 또 사람이 경험하는 세계의 범위도 매우 한정되어 있다. 은하계 우주에 있는 별의 수는 1,000억 개에 달하고, 이러한 우주가 1,000억 개쯤 존재한다. 사람의 눈으로는 최고의 관측기구를 동원하더라도 은하계 우주의 일부분밖에 관측할 수 없다.

사람은 이렇게 제한된 인지능력을 가지고 있지만 우주의 운행법칙들을 발견함으로써 우주의 역사를 기술할 수 있다. 관측과 추정을 통해, 전제된 모형의 법칙과 역사를 발견하는 것이다. 이것이 과학적 사고의 방식이다.

그런데 과학은 우리 눈앞에 전개된 대상을 추적한다. 즉 "앞에 열린 세계(界)에 있는 것(有)"을 관측하고 추정한다. 왜 무(無)가 아니고 무엇인가가 있을까? 왜 우리가 있을까? 왜 다른 법칙이 아니라 이 특정의 법칙이 있을까? 궁극적으로 보이는 이 질문은 있는 것(有)을 향한다. 과학적 사고는 이 관점을 전제로 하는 것이다. 그러나 유(有)가 아니라 무(無)에 대한 질문도 필요한 것이 아닐까? 그래서 이렇게 물을 수 있다. 왜 유와 함께 무도 등장할까? 왜 우리는 이 차원에 있고 다른 차원에는 없을까? 왜 특정의 법칙들 뒤에 다른 법칙들이 숨어 있는 것처럼 보일까?

이런 질문은 과학자가 보기에 공연하고 쓸데없는 것일 것이다. 무(無)는 관찰할 수도 없고 생각할 수도 없는 것으로 객관적, 과학적 토대를 가지고 있지 않기 때문이다. 그러나 내 생각에는 무에 관한 질문은 필요할 뿐 아니라 불가피하다. 모든 사람의 질문은 궁극적으로 '모름'에 가 닿으며, '모름'은 결국 무에 관한 질문을 유발시키기 때문이다.

오늘날 과학적 결정론이 궁극적 질문을 풀기 위해 'M이론'의 가능성을 추적한다면 무수한 법칙들의 집합을 허용해야 한다는데 이 상태는 곧 '모름'과 같아진다. 각기 다른 자연법칙을 가진 $10^{500}$개의 우주가 있다면 우리는 '모름'과 '무'의 차원에 가까이 접근한 것이다. 유에 관한 궁극적 추적은 무의 차원과 부분적으로 겹치는 결과를 빚고 마는 것이다. 인간 사고의 궁극적 영역은 유와 무가 겹치는 데 있지 않을까?

그런데 유와 무가 겹친다는 생각은 과학적 사고가 아니라 철학적 사고가 된다. 과학을 이야기하다가 철학을 섞어 놓은 셈이다. 따라서 전제가 불분명하게 되고 그로부터 도출되는 결과도 객관적이지 못하다. 또 예측력도 떨어질 것이다. 나는 이런 난점을 빤히 내다보면서도 과학과 철학은 겹쳐져야 한다고 생각한다. 특히 궁극적 영역에 관한 탐구에 있어서는 더욱 그래야 한다고 생각한다. 실제로 현대물리학은 과학에 철학을 끌어들이고 있다. 궁극적 영역의 탐구에 있어서는 가정이 불가피하며 이 가정의 결과를 모름에 따라 흔히 가정의 가정을 할 수밖에 없는데, 이 상태는 이미 철학을 끌어들인 셈이 되기 때문이다.

예를 들어, 끈 이론과 M 이론은 빅뱅 너머로 거슬러 올라가 양자적 바다 속에서 우주가 자연스럽게 굴러가게 하면 어떤 결과가 나올지 예측하기를 바라고 있는데, 이런 희망은 이미 철학적 영역에 발을 들여놓은 것이다. 빅뱅 너머로 거슬러 올라간다는 가정 자체가 그렇고, 양자적 바다 속에서 나올 결과라는 것 또한 무수한 값을 얻을 것인데, 이것은 법칙과 반법칙을 가정한 무수한 차원을 허용하는 것으로, 이 영역 역시 이미 철학을 끌어들인 셈이다.

사실 양자물리학이 등장하면서부터 과학은 이미 철학적 접근을 끌어들이고 있었다고 보아야 한다. 양자세계의 낯설고 기묘한 세계를 이해하기 위해서는 기존의 고전적 관념을 포기해야 했던 것이다. 우리가 바로 지금 여기의 세계에 살고 있다는 것은 확률 구름을 뚫고 무수한 다중우주와 평행우주를 비껴온 결과일 터인데, 그렇다면 다른 무수한 다중우주와 평행우주는 있는 것(유)인가, 없는 것(무)인가? 우리는 이미 유와 무가 겹치는 궁극적 영역을 사유하지 않을 수 없는 시대에 살고 있는 것 같다.

내가 무(無)에 대한 사유가 불가피하다고 생각하는 또 하나의 이유는 사람은 너나없이 곧 죽을 수밖에 없기 때문이다. 앞에서도 강조했지만 내가 죽으면 우주도 사라지는 것이다. 우주의 생성과 그 법칙을 규명하는 일이 아무리 중요하다 하더라도 내가 죽는다면 무슨 의미가 있는 것인지 깊이 생각해 볼 일이다. 내가 죽는다면 내가 속해 있던 우주와 함께, 내가 참여했던 창조도 내가 만들어 왔던 흔적도 모두 무로 돌아간다. 나의 죽음으로 모든 유는 무로 변하는 것이다. 이 종국적인 죽음 앞에 직면해 우리는 숙연해지지 않을 수 없고 깊이 생각하지 않을 수 없다.

현대과학의 눈부신 성취에 따라 우리는 우주에 관해 꽤 많은 것을 알게 되었다. 천체물리적 현상이나 아원자 세계의 움직임에 관해 우리는 거의 대부분을 파악한 것 같기도 하다. 그러나 우리는 정작 사람 자신의 일에 관해서는 모르는 것이 너무 많다. 인류의 운명은 어디로 가고 있으며 사람의 마음은 환원적인지, 비환원적인지, 그리고 무엇보다도 사적(私的)으로 직면해야 할 죽음 문제를 어떻게 감당해야 할 것인지, 우리는 너무 아는 것이 적고 그래서 막막할 따름이다. 지식이 적은 것이 아니라 참다운 지혜를 찾기 어려운 것이다. 지혜를 구하는 일은 우리 앞에 가로놓인 범주들을 각각으로 파악하는 것이 아니라 종합적으로 파악하는 일이며 거기에서 통찰을 얻는 일이다.

사람은 당연하게 눈앞에 있는 것, 보이는 것을 주목하게 된다. 유(有)와 자연 현상을 쫓을 수밖에 없는 것이다. 그러나 사람은 보이지 않는 것, 무(無)에 관해서도 무심할 수는 없다. 사람은 반드시 죽는다는 사실이 무에 관한 생각을 일으키는 것이다. 죽음이라는 종국적, 무화적 현상 때문에 우리는 절박하게 무(無)를 사유하게 된다.

　나는 죽음이라는 절박한 사태가 사람을 보다 넓게, 보다 깊게 사유하게 만드는 원인이라고 생각한다. 죽음이 아니라면 우리는 유와 자연만을 주목했을 것이다. 도대체 죽음은 무엇이며 저 어둠과 저 무의 심연은 무엇인가? 우리의 사고는 더욱 깊어질 수밖에 없는 것이다. 사람은 유와 무, 자연과 죽음을 종합적으로 성찰함으로써 지혜에 가까이 접근할 수 있을 것이다.

　그러므로 자연과 나의 개인적 죽음을 종합적으로 성찰하는 일이 중요하다. 머지않아 오직 나 혼자, 사라진다는 사실을 깊이 성찰할 때, 우리는 언제나 절박하게 삶과 자연, 즉 유를 되돌아보게 되며, 동시에 무를 주목하지 않을 수 없다. 유는 어떻게, 왜 있는 것이며 나의 죽음은 도대체 무엇이란 말인가, 그리고 죽음 뒤를 어떻게 이해해야 하는 것인가? 죽음에 가까이 다가갈수록 이런 모든 질문은 절박하게 우리에게 다가온다. 그리고 이런 모든 질문들은 각각 별도의 답변을 요청하는 것이 아니라 하나의 답변, 하나의 통찰을 바라게 된다. 절박한 하나의 통찰, 하나의 지혜를 요청하는 것이다.

　나는 이 지점을 유와 무가 겹치며 과학과 철학이 겹치는 궁극적 영역이라고 이해한다. 나는 이 지점에서 죽음의 초월성이 발현한다고 본다. 나는 이 지점이 논리적 순환에 빠져 있다는 점도 뼈저리게 깨닫고 있다. 그러나 죽음의 초월적 속성은 이렇게 미묘한 위치일 수밖에 없을 것이라고 생각한다. 우리는 죽음을 논리적으로 엄격하게 종결과 무화로 이해해야 한다고 생각하지만, 다른 한 편에서 불멸과 영원을 강하게 요청하는 것을 피할 수 없다. 나는 이 요청을 가정하지 않을 수 없다고 생각한다. 바로 이 요청이 죽음의 초월적 속성을 만드는 것이다.

죽음의 초월성은 불멸과 영원을 가정할 수밖에 없는 요청적 성격이다. 예로부터 사람들은 궁극적 실재를 찾아왔으며, 그것은 지역과 시대에 따라 도(道), 형상, 신 등으로 불려 왔다. 이러한 실재는 대개 이 세상과 다른 거룩한 세상에 존재하는, 즉 사람이 죽으면 가게 될 내세에서 만나는 것으로 믿어 왔다. 이러한 믿음은 따라서 영혼의 불멸과 영생을 가정한 것이었다. 이러한 생각을 일반적으로 영원철학(永遠哲學, Perennis philosophia)이라고 부른다.

인간의 영원에 대한 갈망은 거의 운명적인 것 같다. 인간조건의 불완전성과 한계를 절감할수록 인간은 완전과 영원을 갈망하며, 그 갈망이 이 세상에서 만족될 수 없다는 것을 깨닫는 순간, 내세와 불멸을 그리워하게 된다. 이러한 갈망은 종교의 형태로 발전했으며, 종교의 완성은 곧 영생의 보장으로, 따라서 현생에서 이미 영생의 보장은 시작되는 것으로 믿어졌다.

이러한 믿음은 그 실효성이 떨어진다고 판단될 때마다 위축되거나 폐기되기도 했다. 그러나 삶의 조건이 악화될 때면 영원철학은 어김없이 되살아났다. 이것이 호모 렐리기오수스(Homo Religiosus)의 본성일지도 모르겠다.

그런데 인간 조건이 최악에 도달한다고 생각되는 극점에 죽음이 위치한다. 따라서 사람은 죽음에 임박할 때, 가장 영원을 갈망하게 될 것이다. 나는 이러한 갈망, 즉 요청이 죽음의 초월적 성격을 만든다고 파악했다. 죽음의 초월성은 불멸과 영원을 가정함에 따라 신비한 경향을 띠게 된다. 죽음과 관련해 나타나는 신비한 경향들, 예를 들어 각종 제의(祭儀), 샤머니즘, 미신 등도 초월성과 연결된다. 나는 이러한 비합리적인 경향들을 극히 경계하면서도 인간 조건의 제한성이 배태한 불가피한 측면이라는 점을 차마 무시하기 어렵다.

사람은 질그릇처럼 부서지기 쉽다. 언제 병으로 쓰러질지, 언제 죽을지 알 수 없는 연약한 존재이다. 삶은 대체로 고통스럽고 사회는 언제나 불안하다. 내일 일을 알 수도 없다. 이런 조건 속에서 사람들은 무언가 위안을 붙들어야 했다. 비록 비합리적이라 하더라도 어떤 위안과 위로를 얻으려는 인간적 몸부림을 우리는 또 하나의 인간 조건이라고 이해해야 하지 않을까? 죽음의 초월적 속성은 이러한 모순과 연결돼 있다. 죽음은 언제나 이럴 수도 저럴 수도 없는 난처한 인식의 대상인 것이다.

# 04
# 새로운 삶의 발견

"요컨대 인간사가 얼마나 덧없고 보람없는가를 언제나 주시해야 한다. 어제는 피가 돌았으나 내일은 재로 변한다. 그러므로 이 얼마 안 되는 시간을 자연에 순응하여 살아가고, 평안히 당신의 여로를 마치도록 하라. 마치 잘 여문 올리브의 열매가 자기를 낳은 땅을 찬양하고 자기를 여물게 한 나무에 감사하면서 떨어지듯이."

마르쿠스 아우렐리우스


우리가 죽음 문제를 추적하는 진정한 이유는 새롭고, 진정한 삶을 찾기 위해서이다. 참으로 새롭고, 참으로 진정한 삶의 방식이 있다면 그것을 찾아, 그렇게 살아보기 위해서이다. 가슴 벅차고 감격적인 삶을 찾아보자는 것이다.

그런데 사람마다 자신이 생각하는 진정한 삶의 방식은 각각 다르다. 어떤 사람은 열정적인 치열한 삶을 진정한 삶이라고 생각할 것이며, 어떤 사람은 평안을 이룬 관조적인 삶을 진정한 삶이라고 평가할 것이다. 따라서 사람마다 자신이 생각하는 진정한 삶을 살고 있을 터인데, 이런 삶들을 비교해 그 가운데서 어떤 삶을 진정한 삶이라고 가려 뽑는다는 것은 쉽지도 않을뿐더러 주제넘은 일이기도 할 것이다.

그러나 여기에서 내가 '진정한 삶'이라고 말하는 것은 통상적인 의미와 조금 다른 것을 가리키는 것이다. 그것은 우리가 살아가면서 계속해 더 훌륭한 삶을 추구한 끝에 마지막으로 완성할 '성숙한 삶'을 가리키는 것이다. 다시 말해서 인생 행로의 변증법적 과정 속에서 최종적으로 완성된 '마지막 상승의 삶'을 의미하고자 하는 것이다.

따라서 사람들 개인마다의 삶의 양식을 비교하자는 의미가 아니라 '나' 개인의 삶 중에서 최종적으로 이루어낼 마지막 상승의 정점을 어떤 삶으로 마무리할 것이냐 하는 점을 묻는 것이다. 우리는 상승의 삶을 추구하고 있다. 이러한 상승 속에서 최종적으로 이루어낼 삶이란 더 이상의 상승이 없는 근본적이고 본질적인 삶의 양식이 될 것이다. 따라서 내가 진정한 삶이라고 말하는 것은 개인의 삶 중에서 가장 높고 가장 근본적인 삶을 추구하자는 것이다.

그런데 이런 진정한 삶과 죽음은 무슨 관계가 있는 것일까? 나는 이렇게 생각한다. 즉, 죽음은 삶에 있어서 가장 진정한 것을 가르쳐 줄 수 있는 유일의 실체라는 것이다. 우리는 매일 살아가는 삶의 현장에서는 삶의 전모를 파악할 수 없다. 삶의 현실 자체에 파묻혀 있기 때문이다. 따라서 우리의 삶이 훌륭한 삶이냐, 근본적인 삶이냐 하는 것을 가려내기 위해서는 그 삶의 전모를 일단 파악할 수 있어야 한다. 그러나 우리가 살아가는 현실 속에서는 그 삶의 전모를 내려다보고 완전하게 파악하기 어렵다.

나는 죽음에 직면했을 경우에만 삶의 전체 모습을 내려다볼 수 있다고 생각한다. 이렇게 생각하는 이유 가운데 첫째는 죽음이란 우리 인생의 막다른 끝이기 때문에 이 위치에 서면 인생의 전체 모습을 되돌아볼 수 있는 것이다. 이 마지막 위치에 설 때에 한해서 인생의 전모가 유일하게 드러날 수 있는 것이다.

둘째로, 죽음의 위치에 설 때에야 우리는 가장 투명하고 깨끗하게 우리 삶의 모습을 살펴볼 수 있게 된다. 삶의 현장에서 우리는 항상 선입견과 허구에 가려 순수하고 투명하게 사물을 보고 생각할 수 없었다. 그러나 죽음의 마지막 자리에 오면 우리는 순수한 눈을 회복하게 되는 것이다.

셋째로, 우리는 죽음을 맞이할 때 가장 진실해진다. 자기 삶을 가장 진실하게 평가할 수 있게 되는 것이다. 이런 몇 가지 이유로 나는 죽음만이 인생의 전모를 살필 수 있고, 따라서 진정한 삶을 가르쳐 줄 수 있다고 생각했다.

그러면 우리는 죽음에 이르러 어떻게 사는 것을 진정한 삶이라고 파악하게 될까? 나는 앞에서 이야기한 것처럼 죽음에 직면한 경험을 가지고 있는데, 이 경험으로 어떻게 사는 것을 진정한 삶이라고 파악했던가? 나는 우선 산다는 것 자체가 허무할 뿐이라는 것을 깊이 느낄 수 있었다. 특히 지나온 나의 삶과 자아라는 것이 벌거벗은 것처럼 드러나 보였는데, 그것은 허무라고 표현할 수밖에 없는 것이었다. 산다는 것이 참으로 아무것도 아니란 것을 단번에 알 수 있었다. 죽음 앞에 서면, 산다는 것의 모습이 참으로 초라하게 드러나는 것이었다.

죽음의 거울은 참으로 가혹한 것이었다. 가차 없이 본 모습을 드러내보였다. 나의 모습은 여실하게 드러나고 그 모습을 침묵으로 내내 쳐다보아야 했다. 허망하고 허무한 것, 이것이 죽음이 가르쳐주는 우리 삶의 진정하고 근본적인 모습이었다. 나는 이렇게 죽음 앞에 서서 삶의 모습을 응시해 본 경험을 가지고 있다. 그것은 뼈저린 경험이었다.

나는 죽음의 거울을 통해 삶의 모습을 보고 난 뒤, 그 동안의 삶과 완전히 다른 삶의 길로 접어들어야 한다고 생각했다. 돈과 명예, 업적 같은 것은 허무하고 아무것도 아니란 것을 알았기 때문에 그 동안 내가 걸었던 인생의 길은 철저하게 폐기되어야 했다. 말하자면 새로운 삶의 길을 선택해야 했던 것이다. 그리고 새로 선택해야 할 나의 새로운 삶이란 죽음을 수용하고 죽음에 순응한 삶, 즉 '순응자(順應者)의 삶'을 살아야 하는 것이라고 생각했다. 순응자의 삶만이 진정한 삶인 것이다. 그 삶이란 대략 이런 것이다.

첫째로, 욕망을 버리고 초연하게 사는 삶이다. 나는 언제 죽을지 모른다. 지금 살고 있는 것은 덤으로, 잠정적으로 살고 있는 것이므로 언제나 오늘 죽을 준비를 해야 한다. 그러므로 모든 욕망은 거추장스럽고 쓸데 없는 것이다. 주어진 삶의 시간을 초연하게 채워야 하는 것이다.

둘째로, 마음을 평안과 신생의 감격, 지안(至安)으로 채우며 사는 삶이다. 나는 죽음의 공포에 시달렸을 때, 어쩔 수 없이 죽음을 수용하자 뜻하지 않던 평안이 찾아오는 것을 경험했다. 이 경험 이후에 잇달아 신생의 감격과 지안이 찾아온다는 것도 경험했다. 나는 이러한 마음의 상태를 지속적으로 유지하며 사는 것이 진정한 삶의 양식이라고 생각했다.

셋째로, 상승의 정점에서 초월을 꿈꾸며 사는 삶이다. 나는 삶을 상승의 연속이라고 파악했다. 이런 상승의 정점에서 깨달음을 얻고 싶었다. 이 깨달음은 아마도 나에게 초월의 어떤 경지에 이르게 할 것이라고 믿고 있다. 나는 이 초월을 언제나 꿈꿀 것이다.

나는 이렇게 진정한 삶의 양식으로 '순응자의 삶'을 지금도 추구하고 있다. 이런 삶의 양식은 어디까지나 나 개인의 주관적인 것이다. 그러나 나는 죽음을 받아들이고 죽음에 순응할 때, 근본적인 삶의 양식이 드러난다고 생각한다. 특이하다면 특이한 이 삶의 양식을 나는 소개하고 싶다. 거기에는 분명 길이 있다고 믿고 있기 때문이다. 그 길을 이제부터 이야기해 보자.



## 1. 반전(反轉)의 과정

### 반전의 느낌

'죽음에의 순응'은 역설적이게도 반전(反轉)을 일으킨다. 불치병에 걸렸다고 가정할 때, 우리는 먼저 죽을지도 모른다는 두려움에 떨게 될 것이다. 그리고 그 병에서 벗어나기 위해 온갖 노력을 기울일 것이다. 그러나 병세가 점점 나빠져 위급한 상황에 빠지면 우리는 죽음 앞에 서야 한다. 이때, 죽음의 필연성에 더 버틸 수 없어 "그래, 이제 죽자." 하고 죽음을 수용한다면, 그 행위는 처절한 굴복이 될 것이다. 그것은 포기이며, 그러므로 끝장이라고 보아야 할 것이다. 이제 우리는 절망 속에서 죽음을 기다릴 수밖에 없다.

그런데 이때, 이상한 일이 일어난다. 절망적인 상황에서 오히려 마음에 평안이 찾아오는 것이다. 뜻밖의 역전, 반전이 오는 것이다. 왜, 어떻게 반전이라는 전혀 반대의 현상이 일어나는 것일까? 이 점은 참으로 믿기지 않고 이해하기 어려운 일이다.

이 믿기지 않는 상황을 나는 그대로 체험한 바 있다. 나는 하룻밤 사이에 죽음의 얼굴을 보았고 포기했으며 반전을 체험했다. 이 하룻밤의 체험이 모든 것을 바꾸어 놓았다. 나는 그날 이후 180도 다른 삶을 추구하고 있다. 나는 이 반전의 포인트에 대해, 못내 궁금증을 풀지 못한다. 절망적 상황에서 어떻게 시원한 평안이 올 수 있단 말인가?

"그래, 죽자." 하고 마음먹은 것뿐인데 절망의 구렁텅이 대신 평화가 찾아왔으니 참 이상한 일이 아닐 수 없었다. 왜 뜻하지 않은 반전의 현상이 일어난 것일까? 나는 여기에 알 수 없는 어떤 비밀이 숨어 있음에 틀림없다고 생각했다. 이 비밀을 풀어야겠다고 마음먹었다.

나는 이 비밀을 풀기 위해 먼저 반전의 내용들을 점검해야 한다고 생각했다. 반전의 내용이라 한다면 마음의 툭 터짐과 시원함, 평안, 통찰, 감사, 평화 등을 포함시킬 수 있을 것이다. 나의 경험에 따르면, 반전이 일어나던 당시에 나는 마음의 저 깊은 속에서 참으로 시원하고 툭 터진 느낌을 받았다. 그것은 참으로 맑고 깨끗한 개방이었으며 가없는 무한의 확장 같은 것이었다. 그리고 말할 수 없는 평안을 느꼈는데, 이 평안은 그 후로 계속된 모든 경험의 토대가 되었다. 사실 마음의 평안은 반전의 전체 내용이라고 말할 수 있다.



마지막 마음 – 어느 죽음의 성찰

달리 표현될 수 있는 반전의 내용들도 기실 한 가지 평안의 다른 단면 또는 다른 표현이라고 말할 수 있을 것이기 때문이다.

마음의 평안은 실로 큰 효능을 가져왔다. 무엇보다도 그 동안 나의 마음을 꽉 붙들고 있던 "죽었구나." 하는 공포에서 갑자기 해방되었으며, 이 해방은 지금까지 계속되고 있다. 죽음이 다시는 두렵지 않았다. 죽음은 당연히 있어야 할 법칙으로 남아 있을 뿐, 싫거나 피하고 싶은 대상이 아니었다. 삶이 있듯이 죽음도 응당 함께 있어야 할 것이었다. 죽음이 더 이상 두려움이 아니라는 함의는 우리의 삶에서 종국적 난제가 사라졌다는 뜻이다. 이제 죽음도 두려움이 아니므로 그 어떤 것도 두려울 이유가 없어진 것이다. 이제 삶의 근거를 찾아 그 길을 두려움 없이 걸어갈 수 있게 된 것이다.

평안 다음으로 중요한 것은 신생(新生)의 느낌이었다. 두려움이 사라지고 평안이 오자 기쁨이 몰려 왔다. 완전히 새롭게 태어난 느낌이 찾아온 것이다. 우선 감각이 완전히 달라졌다. 언제나 보던 사물들인데도 달리 보이고 달리 느껴졌다. 마당에 내려서면 청량한 공기가 폐의 세포 하나하나를 일깨우는 것처럼 신선하고 생생하게 마셔지고 언제나 보던 나무와 꽃들도 완전히 새로 태어난 것처럼 싱싱하고 아름답게 보였다. 모든 것이 새롭고 신선했으며 생각도 완전히 달라졌다. 마음속에 기쁨과 감사가 미리 준비되어 있는 것 같았다.

마음이 달라지고 그에 따라 세상이 달라진 것이다. 마음과 세상의 달라짐은 드디어 지안에 이르게 했다. 평안과 신생의 느낌이 차례로 찾아오던 어느 날, 나는 지안이라는 상상도 할 수 없었던 경지에 빠지고 만다. 이것으로 나의 반전은 완성되었다. 나는 지금도 이러한 반전의 내용들을 운명이라고 받아들인다. 지안에 이르러 나는 운명을 상상하지 않을 수 없었다. 그것은 나의 의지나 노력과 아무런 상관이 없는 것이라고 생각했다. 내 자아를 넘어선 어떤 알 수 없는 힘의 작용을 생각하지 않을 수 없었다. 이 지점에서 나는 영적 힘과 작용에 관해 머리 숙이는 자세를 배우게 되었다.

나는 물리주의의 원리를 어느 누구보다도 신봉하는 사람이다. 그러나 지안을 경험한 사람으로서 자연 법칙을 넘어선 어떤 힘이나 기운 같은 것이 있다는 생각 또한 배척하지 못한다. 물리주의와 영성(靈性)은 동시에 파악되어야 하며 조화를 이루어야 하는 두 대상이라고 볼 수밖에 없었다. 여기에서 물리적 세계와 영적 세계를 동시에 파악해야 한다는 나의 관점이 형성된 것이다.

## 반전의 환경적 요인

다음으로, 나는 반전이 일어나는 환경을 검토했다. 반전이 일어나기 전의 상황을 점검한 끝에, 거기에 매우 강한 긴장이 존재한다는 사실을 발견했다. 그 긴장이란 생존 본능과 자연법칙의 대립이었다.

암과 같은 중병에 걸리면 누구나 살려고 발버둥치게 된다. 죽음에 대한 공포 속에서 한사코 살 길을 찾기 위해 골몰한다. 삶의 본능과 욕구는 처절한 몸부림으로 나타난다. 그러나 이러한 욕구와 기대에도 불구하고 그 다른 한 편에 죽음의 그림자가 도사리고 있다. 살려고 몸부림칠수록 죽음의 그림자는 커진다. 죽을 수밖에 없는 병세라면 어느 무엇으로 죽음을 물리칠 수 있단 말인가? 죽음은 필연이며 그 어느 누구도 마지막에 이르면 죽을 수밖에 없다.

여기에서 생존 본능과 자연법칙은 거세게 부딪치고 만다. 엄청난 대립과 긴장이 조성된다. 그리고 결국 충돌하고 만다. 긴장이 클수록 충돌도 커진다. 나는 긴장의 크기를 절박함의 강도(強度)라고 생각한다. 얼마나 절박하게 본능과 법칙의 대립을 응시하느냐에 따라 충돌과 폭발의 크기가 달라지는 것이다. 이것을 중병에 걸린 환우의 경우를 예로 삼아 생각해 보자.

중병에 걸려 머지않아 죽는다는 의사의 통고를 받았을 때, 환우들은 누구나 살고 싶은 본능에 몸을 떨게 된다. 살기 위해 지푸라기라도 붙잡으려고 한다. 절박한 심정으로 살고 싶은 본능에 몸을 맡기게 된다. 그러나 곧 가차 없는 법칙의 필연성을 인식할 것이다. 살고 싶은 본능보다도 죽어야 하는 자연법칙의 필연성이 훨씬 강력하다는 사실을 깨닫게 되는 것이다.

이때, 우리는 어떠한 정신 상태에 이르게 되는 것일까? 이 상황을 심리학적인 반응으로 설명한 것이 엘리자베스 퀴블로 로스의 '비탄의 5단계'이다. '비탄의 5단계' 이론은 사람들의 심리학적 과정을 일반화했다는 점에서 탁월한 관찰의 결과라고 보아야 한다. 이런 뜻에서 이 이론의 공로는 높이 인정해야 한다.

그러나 '비탄의 5단계' 이론은 관찰의 결과를 기술하는데 그쳤을 뿐이며, 그 의미와 실천적 적용에 관한 분석을 방치하고 말았다. 다시 말해서 '비탄의 5단계' 중 마지막 '수용'단계가 어떻게 반전하며, 이 반전의 의미와 실천적 적용에 관해서는 아무런 후속 연구가 없었던 것이다. 우리는 죽음을 수용할 수밖에 없다는 사실을 알고 있다. 그러나 이 수용이 극적인 반전을 일으키며, 바로 이 반전이 죽음에 직면한 사람들에게 엄청난 에너지와 거룩한 통찰을 가져온다는 사실 또한 간과해서는 안 되는 것이다.

'비탄의 5단계' 중 마지막 '수용'단계는 단순하게 그저 오는 과정이 아니다. 거기에는 본능과 자아의 포기라는 뼈아픈 선행과정이 내포되어 있다. 삶을 포기하는 자아의식의 붕괴가 있어야 죽음의 수용이 뒤따르는 것이다.

이 부분의 진행과정은 참으로 고통스러운 것이다. 의심 없이 진행되어 오던 삶의 형식을 철저히 부정해야 하기 때문에 그것은 고통스럽다. 우리는 살기 위해서 태어났고 삶을 위해 심신의 모든 역량을 집중해 왔다. 삶은 인생의 의미이며 목적이었다. 이러한 삶을 부정한다는 것은 심리적으로 거부감을 가져올 뿐 아니라 이성적으로도 혼란을 가져오는 것이다.

여기에서 자아 부정에 의한 자기 상실과 직면하게 된다. 나를 버림으로써 나를 잃어야 하는 것이다. 다시 말해서 자아를 스스로, 적극적으로 부정하고 버릴 수밖에 없다는 인식에 도달하게 되는데, 이 단계에서 긴장이 최대로 증폭하게 되는 것이다. 이 긴장은 팽팽하게 늘어나다가 어느 한계치에서 긴장의 줄이 끊어지고 순식간에 자아가 허물어지고 만다. 이 긴장과 긴장의 붕괴 과정을 폭발이나 불꽃이라고 말할 수도 있고 상실이나 무화라고 말할 수도 있을 것이다. 바로 반전이 일어나는 순간인 것이다.

우리는 이 과정을 살피면서 긴장과 통증을 발견하며 이 과정 내내 절박함이 개재해 있음을 발견하게 된다. 또 반전이 일어나면서 붕괴와 상실이 뒤따르는 것도 발견하게 된다. 우리는 이 과정에서 발견되는 것들을 반전이 일어나게 되는 환경적 요인이라고 부를 수 있을 것이다.

나는 이들 환경적 요인 중 절박함을 가장 중요한 것이라고 구분한다. 중병에 걸려 죽음을 예감하면서 가장 마음을 가득 채우는 감정은 절박함이다. 이때 이성은 중요한 위치를 차지하지 못한다. 오직 감성이 마음을 지배하며 그 가운데서도 절박함이 마음을 가득 채우게 된다. 이 절박함은 공포로 변하기도 하고 좌절이나 우울로 변하기도 하지만 내내 사태를 장악하는 조타수 역할을 담당하게 된다. 나는 이 절박함이 반전을 일으키는 핵심 요소라고 파악한다.

절박함은 마음을 하나로 통일하게 만들고 한 가지 일에 집중하도록 만든다. 정신의 통일과 집중이 어느 정도에 이르느냐에 따라 하고자 하는 일의 성패가 달라진다는 것을 우리는 잘 알고 있다. 나는 중병에 걸린 환우들의 절박함과 수행자들의 집중을 비슷한 것이라고 생각한다. 그러나 그 강도만을 비교한다면 환우들의 절박함이 보다 강할 것이다. 환우들은 오직 죽느냐 사느냐에 마음을 집중하기 때문이다. 생사 문제만큼 우리를 절실하게 만드는 일은 없을 것이다. 이런 뜻에서 나는 환우들의 절실한 마음을 지혜에 이르는 지름길이 될 수 있다고 생각한다.

환우들의 절박함이 귀중한 이유는 그 실존적 체험 때문이다. 중병에 걸려 죽음이 실제적으로 다가올 때, 사람들은 절실한 마음에 휩싸인다. 이때의 절박함은 오직 체험에 의해서만 구체적으로 각인되는 것이다. 죽음을 묵상하는 것으로 죽음을 체험했다고 말할 수 없다. 생각과 체험의 차이는 특히 죽음 문제에 있어서 현격하다. 이런 뜻에서 죽음 문제는 몸으로 터득하는 도리밖에 없다.

중세 수도원의 해시계에는 "죽음을 기억하라(Memento mori)."는 문구가 적혀 있다고 한다. 시간을 헤아릴 때마다, 시간은 쉬 지나가며 머지않아 죽음이 다가온다는 사실을 상기하라는 교훈일 것이다. 죽음에 관한 사유는 우리에게 삶의 근거를 따지게 만들고 근본적인 본질을 추구하게 만든다. 그러므로 죽음을 기억하고 사유하는 일은 삶을 제대로 살려는 사람들의 기초적 작업이 될 것이다.

죽음을 사유해 본 일이 없는 사람의 삶에서 깊이를 찾기란 어려운 일이다. 죽음을 깊이 사유할수록 삶은 깊이를 더한다. 그러나 다만 생각하는 것만으로 죽음을 제대로 체득할 수는 없다. 따라서 참으로 죽는 것과 같이 깊이 사유하든가 아니면 실제로 죽음을 가까이 겪어 보는 체험이 있을 경우에 죽음은 본질적으로 인식되는 것이다. 이런 의미에서 나는 중병에 걸린 환우들이야말로 죽음을 제대로 경험한 사람들이라고 인정한다. 그들의 절박함을 따라갈 사람들은 달리 없을 것이기 때문이다.

## 반전의 이유

다음으로, 나는 반전이 일어나는 이유를 분석했다. 왜 반전은 일어나는 것일까? 생존 본능과 자연법칙의 갈등 속에서, 절망적으로 죽음을 수용하자 뜻밖의 반전이 왔다. 어떻게 이런 불가사의한 일이 일어난 것일까? 반전은 참으로 납득하기 어려운 현상이기 때문에 그 이유를 밝힘으로써 납득을 위한 자료로 삼아야 한다. 그 이유가 제대로 밝혀진다면 어쩌면 삶과 죽음에 얽혀 있는 비밀을 푸는 계기가 될지도 모른다.

그런데 그 이유의 분석에 앞서 한 가지 밝혀야 할 점이 있다. 그것은 반전의 분석이 심리학적인 문제와는 조금 다른 주제라는 사실이다. 반전의 이유를 밝히는 작업은 언뜻 심리학적인 연구의 대상으로 간주하기 쉽다. 왜냐하면 지금 이야기하는 주제는 모두 마음 속에서 일어나는 현상들에 관한 것이므로 심리의 변화를 두뇌 과학 적으로 풀어야 한다고 생각할 수 있기 때문이다. 나는 이러한 측면 을 부분적으로 인정한다. 그러나 죽음 문제와 반전의 문제는 본질 적으로 심리학적 접근으로 풀리기 어려운 난점을 가지고 있다.

여기에는 두 가지 난점이 걸려 있다.

① 현재의 두뇌과학은 비약적인 발전을 거듭하고 있으나 아직 인 간의 마음을 충분히 풀기에는 지극히 초보적인 수준에 머무르고 있 다는 점을 지적하지 않을 수 없다. 예를 들어 어떤 자극이 주어졌을 때, 두뇌의 어떤 부위들이 어떻게 활성화하며 어떤 화학물질이 간 여하는데, 이 물질의 화학적 반응은 어떻게 진행된다는 정도가 심 리학의 현재 수준에 해당한다. 이런 수준으로 죽음에 직면한 사람 의 마음을 해명할 수는 없다.

죽음에 직면한다는 것은 통상의 심리학적 기제를 완전히 일탈하 는 대 혼돈을 의미한다. 혼돈적 죽음의 심리를 별도로 설정하지 않 고 죽음 문제에 접근하기는 어렵다는 것이 나의 견해이다.

그리고 더욱 결정적인 난점은 죽음은 그것으로 종결적인 상황으 로 빠지기 때문에 연구 대상으로 삼을 수 없다는 점이다. 죽는 순간 의 심리를 어떻게 연구할 수 있다는 말인가? 죽는 자는 심리와 말 을 남기지 않는다. 그러나 나는 사람의 마음에서 일어나는 모든 문 제를 결국 심리학적인 연구로 해결할 날이 도래할지도 모른다고 예 상한다. 하지만 그 날은 언제 올 것인가? 몇백 년, 몇천 년 후가 될 지 혹은 스티븐 호킹의 추정처럼 몇십 억 년 후가 될지도 모른다. 이것을 시간의 문제로 본다고 할지라도 그 시간은 우리로부터 지나치게 멀리 떨어져 있다. 그러므로 다른 해결 방법을 찾아야 한다.

② 근본적으로 죽음 문제는 심리학의 연구 대상이 되기 어렵다. 사람의 심리는 근본적으로 삶을 위한 운동원리에 속해 있으므로 죽음 문제와는 직접적인 연관을 갖지 못한다. 연관이 있다면 간접적이거나 부분적일 수밖에 없다. 따라서 죽음 문제는 철학에서 논의할 수밖에 없다.

나는 반전의 이유를 오래 묵상했다. 그리고 분명하지 않으나 세 가지 정도의 이유를 꼽을 수 있다고 생각했다. 내가 생각하는 반전의 이유는 다음과 같다.

첫째로, 극단의 단절이 가져오는 복원력 때문이다. 누누이 이야기한 것처럼 우리의 의식은 죽음에 직면해, 살려는 욕망과 죽어야 하는 법칙 사이에서 고뇌하다가 자연법칙에 승복할 수밖에 없다는 것을 자각하면서 절망적 단절에 함몰하고 만다. 그런데 이 짧은 단절이 의식체계를 뒤흔들어 놓는다.

지금까지 유지해 왔던 기억 은행과 습관화되었던 연상 회로는 충격적 단절에 의해 기존의 체계를 상실하는 것 같다. 아마도 백열탄에 노출된 시신경이 시각을 상실하는 것처럼, 의식체계도 단절에 부딪히면 하얗게 백화(白化)하면서 백치상태에 빠지는 것 같다. 그리고 그 백치상태에 새로운 의식체계가 들어서는 것 같다.

다시 말해서 살려는 본능이 꺾이고 자연법칙에 승복할 수밖에 없는 단절의 한계상황 속에서 의식체계는 질적 변화를 겪게 된다고 보아야 하는 것이다. 바로 이 의식의 질적 변화가 반전으로 나타나는 것이다. 따라서 공포는 사라지고 공포의 자리에 변화된 의식인 평안이 자리 잡는 것이다. 이로써 반전은 완전히 새로운 의식체계로 거듭 나는 것을 가리키게 된다. 이것이 곧 '죽음에의 순응'이라는 의식 상태인 것이다.

둘째로, 법칙과 이치의 보편성에 승복함으로써 얻어지는 평화의 원칙 때문이다. 자연의 법칙은 모든 것을 포용하는 보편성을 가지고 있다. 이 법칙을 부정하고 저항할 때, 갈등과 번뇌가 생기는데 우리의 본능적 욕망이 여기에 저항했었다. 그러나 최종적으로 법칙에 승복하자 평화가 주어지는 것이다. 보편성은 대립과 갈등을 용해하며 융합함으로써 평화를 가져온다. 이렇게 보편성은 평화를 가져오게 하는 능력이다. 죽음이라는 자연의 법칙, 즉 보편성에 승복함에 따라 보편성의 능력에 의해 평화가 주어지는 것이다. 이로써 이치의 큰 바다에 이르자 갈등과 번뇌는 한데 용해되어 평화를 이루는 것이다.

셋째로, 인생의 전체 역사에 대한 통찰이 반전을 불러온다. 우리는 예행연습 한 번 없이 인생을 딱 1회 살아간다. 다시 말해서 우리는 우리 인생길의 전체 행로를 파악할 틈이 없이 앞으로 나아가야 할 따름이다. 이러한 인생행로의 특성 때문에 대부분의 사람들은 자신의 인생 역사의 전모를 파악하지 못하고 그저 살아가는 데 급급할 뿐이다.

그러나 죽음에 직면해서 살고 싶은 욕망과 죽어야 하는 자연법칙 사이에서 갈등을 겪고 자연법칙을 불가피하게 수용할 수밖에 없다는 사실을 깨달은 사람은 갑자기 통찰을 얻게 된다. 자기 인생의 전체 역사를 이미 살아 본 것처럼 훤히 내려다볼 수 있는 안목을 갖게 되는 것이다. 죽음에 직면해서 절박하게 갈등을 겪으면서 인생을

다 살아 본 상태가 되기 때문이다. 이처럼 죽음이라는 종국적 마지막을 체험한 사람만이 통찰을 얻게 되는 것이다.

통찰의 과정은 이렇다. 즉, 죽음이 한 발 한 발 가까이 다가오는 것을 절박하게 감지하는 사람은 비통한 갈등 속에서 결국 죽음에 순응하게 되는데, 이때 그는 자기 인생의 전 역사를 직관적으로 통찰하게 된다. 그리고 그는 인생이 극히 허무하며 결국 무화한다는 사실을 뼈저리게 인식하게 된다. 그리고 자연법칙에 순응할 수밖에 다른 길이 없다는 점을 분명히 깨닫게 되는 것이다.

그는 이 단계에서부터 인식체계가 일시에 허물어지며 자기의 의식이라기보다는 알 수 없는 어떤 직관에 끌려가는 것을 어렴풋이 느낄 따름이다. 이 과정을 나는 죽음의 속성들, 즉 단절성과 미지성, 초월성 등이 관여하는 과정이라고 주장한다. 그는 이 과정을 거치면서 어떤 직관에 이끌려 착함과 선함을 회복한다. 원형의 착함과 선함에 이끌리면서 마음의 평화가 오는 것이다.

이것이 이 과정의 모든 것이다. 다른 길의 과정은 없다. 이 외통수의 과정밖에 없다는 것이 죽음 문제에 관한 모든 연구의 결과이다. 왜 이 한 가지 과정밖에 없는지를 묻는 사람들에게 나는 죽음의 본질이 그렇기 때문일 것이라고 말하는 도리밖에 없다. 지구가 태양의 주위를 돌 듯 죽음에 순응하는 과정은 이런 궤도를 그릴 따름이다.

어떤 이는 악당의 경우라면 다른 과정을 밟지 않겠느냐고 반문할 것이다. 악당이라면 완전히 다른 궤도를 그릴 것이다. 악당은 통찰에 이르지 못하기 때문이다. 악당이나 자살자는 결코 통찰에 이를 수 없다. 그들은 포기를 모르며 따라서 단절성이나 미지성을 체험할 수 없다.

그들은 자신의 고집을 밀고 나가 죽음에 이르러서도 이 고집을 버리지 못한다. 자신의 선입견에 굳게 갇힌 상태에서 죽음을 감행하는 것이다. 죽음은 그렇게 무작정 해치울 대상이 아니다. 성스러운 자연법칙이며 완전하게 파악할 수 없는 미지의 신비로 영원히 남아 있어야 할 거룩한 대상이다. 오직 이 죽음을 통해 우리는 초월과 신비에 접근할 수 있다. 이 구원의 통로를 우리는 옷깃을 여미며 응시해야 하는 것이다.


## 2. 반전(反轉)의 객관성

암에 걸려 죽을지도 모른다는 두려움에 떨던 어느 날 밤, 나는 그 밤 안으로 꼭 죽을 것 같은 강박 관념에 내몰린 적이 있다. 그 날 밤, 왜 그토록 초조함에 빠졌는지 그 이유를 지금도 알 길이 없다. 암이 재발한 것도 아니었고 몸이 크게 나빠진 것도 아니었다. 다만 죽을 것 같은 극심한 공포에 내몰렸을 뿐이었다. 아마도 두려움에 오래 노출된 신경이 더 이상 견디지 못하고 한계를 드러내었던 것이 아닌지 짐작할 따름이다. 나는 결국 "그래, 죽자." 하고 마음속에서 포기하고 말았다. 이 포기는 살려는 의지를 포기한 것이며, 죽음을 수용한 죽음에의 순응이었다.

그리고 뜻하지 않았던 일이 벌어졌다. 9개월 가까이 나를 그토록 괴롭혀오던 죽음에의 공포가 그 순간 사라졌던 것이다. 그리고 다음 날부터 나는 신생(新生)의 감격을 맛볼 수 있었다. 나는 이 뜻밖의 현상을 반전이라고 부르고, 이 현상의 과정과 이유 등을 밝히려고 노력한 바 있다. 이제 이 반전이 나의 개인적 경험에 머무르지 않고 누구에게나 일어날 수 있는 것인지, 또 누구에게나 유용한 것인지 등을 검토해 보려고 한다. 미리 짐작하건대 이 일은 누구에게나 일어날 수 있으며, 또 누구에게나 필요한 일임에 틀림없을 것이다.

먼저 반전 현상은 누구에게나 일어날 수 있다. 앞에서 살펴본 것처럼 죽음에 직면한 사람이 어쩔 수 없다는 것을 깨닫고 "그래, 죽자." 하고 죽음을 수용하고 보면 뜻밖에도 마음에 평안이 찾아오고 끈질기던 공포도 순식간에 사라지고 만다. 이 반전은 누구에게나 일어날 수 있다. 다만 한 가지 밝혀 두어야 할 것은 절박한 심정이 클수록 반전의 효과 또한 크다는 사실이다.

따라서 절박한 심정을 가지고 죽음에 순응한다면 누구나 반전을 경험하게 될 것이다. 누구나 이 과정에 들어서면 앞에서 반전의 이유를 설명할 때와 똑같은 이유에서 누구나 반전을 일으킬 수 있는 것이다. 앞에서 나는 반전의 이유로 세 가지를 들었다. 이들 세 가지 이유들, 즉 ① 죽음의 단절이 가져오는 복원력, ② 보편성에 승복함으로 얻어지는 평화의 원칙, ③ 인생의 전 역사에 대한 통찰 등은 그대로 누구나 반전을 경험할 수 있는 이유가 되는 것이다.

## 반전의 유익성

다음으로 반전 현상은 누구에게나 유익하다고 볼 수 있다. 이제 반전의 유익성을 네 가지로 나누어 살펴보자.

첫째, 죽기로 각오하면 거기에서 엄청난 에너지가 뿜어져 나온다는 사실을 기억해야 한다. 이것은 죽음이 숨기고 있는 비밀이다. 이 비밀은 아직도 제대로 파악되지 못하고 있으나 여러 가지 사례에서 증명되고 있다. 영웅들의 이야기는 대부분 이 사례에 포함된다.

이순신 장군의 예를 살펴보자. 이순신 장군은 명량대첩에 즈음해 "필생즉사, 필사즉생(必生卽死 必死卽生)"을 외치며 수군의 선두에서 결전을 위해 달려갔다. 겨우 끌어 모은 12척의 배로 일본 함대 133척과 결전을 벌이기 위해 울돌목으로 진군하는 장군의 결의가 오늘날까지 생생하게 전해오는 것 같다.

조선 수군의 뇌리에는 오직 죽음의 결의만이 남아 있었다. 일본 함대를 유인하며 쫓기던 조선 수군이 울돌목에 들어섰을 때, 갑자기 조수의 흐름이 뒤바뀌고 거센 파도가 배를 뒤집을 듯 몰아치자 쫓기던 조선함대는 일제히 방향을 뒤틀었다. 장군함이 적 함대의 중심을 파고들자 나머지 전선들도 일제히 왜선들을 들이치기 시작했다. 당황한 왜선들이 우왕좌왕하는 동안, 조선 수군의 분투는 실로 눈부신 것이었다. 그 날의 전황은 내내 목숨을 내놓은 조선 수군의 기백이 지배했다.

세계 해전사의 규범이 된 명량대첩의 신화는 이렇게 목숨을 던진 군인들의 엄숙한 결의의 반영이었다. 이처럼 영웅적 사건들은 거의가 생사의 경계에서 이루어진 일들이었다. 필사의 각오가 위대한 에너지를 만들어 냈던 것이다. 목숨을 버리고 죽음을 각오할 때, 엄청난 에너지가 분출하는 것은 틀림없는 사실이다. 거기에 어떤 비밀이 숨겨져 있음에 틀림없다.

사람은 영원히 살려고 하는 본능을 가지고 있으나 반드시 죽어야 하는 자연법칙에 얽매어 있다. 이 본능과 법칙의 긴장은 종국적으로 법칙의 승리로 종결된다. 이 긴장과 긴장의 해소 과정 사이에서 엄청난 에너지가 분출한다. 살려고 발버둥 치던 사람이 죽음을 결의하자 상상치 못한 일을 벌인다.

헐리웃 영화에서도 흔히 등장하는 소재다. 주인공이 목숨을 이어가기 위해 굴욕을 참다가 한계상황에 몰려 죽음을 각오하고 떨쳐 일어나자 놀라운 일이 벌어진다. 수많은 악한들을 일거에 제거하는 것이다. 이런 영화의 성공 여부는 삶과 죽음의 긴장을 얼마나 크게 증폭시키며, 그 폭발의 과정을 얼마나 리얼하게 묘사하느냐에 달려 있다.

그런데 요즘 영화들은 폭력을 지나치게 남용하여 죽음을 흔하디흔한 쓰레기로 만들고 말았으며, 그 결과 긴장도, 폭발도 아무런 감흥을 일으키지 못한다. 죽음을 쓰레기로 만들었으니, 삶도 더불어 쓰레기가 되지 않을 수 없게 된 것이다.

죽음은 거룩하고 신비한 것이다. 죽음을 모르고는 삶을 결코 제대로 알 수 없다. 우리는 죽음의 에너지를 배워야 한다. 젊은이들도 죽을 각오로 어떤 일이든 결행하면 이루지 못할 일이 없을 것이다. 그러나 헤픈 마음으로 죽음을 도박한다면 에너지가 나오지 않는다. 진정으로 절실하게 죽음을 각오할 때 에너지는 분출한다. 이 에너지는 우리가 살아가는 동안 매우 유익한 힘이 될 것이다.

둘째, 죽음에 의한 반전(反轉)은 새로운 삶을 살게 한다. 많은 사람들이 인생행로에서 어떤 전기를 맞이할 때, 대개 방향전환을 꾀한다. 청운의 뜻을 품고 부모 품을 떠나온 젊은이는 새로운 환경에서 새로운 삶을 개척할 것이다. 또 많은 철인들이 인생 전회의 큰 시련을 겪고 인생의 근본을 파헤치기 위한 탐구의 길을 선택했다. 이런 전기들은 대개 지나온 삶을 되돌아보게 하고 새로운 길을 찾도록 한다. 그런데 이러한 전기들 가운데 죽음에 직면하는 기회란 그 어떤 것에 비해 보아도 가장 절박하고 가장 강력한 것임에 틀림없을 것이다. 삶의 모든 것이 죽음에 봉착해 종결하고 사라지기 때문이다.

죽음은 이렇듯 '나'의 세계와 존재 자체를 멸절시키는 것이다. 이러한 죽음에 직면할 때, 우리는 대개 혼란을 겪고 변화를 경험하게 된다. 반전 현상도 그러한 정신적 변화 중의 하나라 하겠다. 그러나 반전 현상은 매우 유익한 것이다. 내 개인적 경험에 따르면, "그래, 죽자."하고 각오한 것에 지나지 않았는데도 참으로 끈질기던 두려움으로부터 벗어났으며 마음에 그윽한 평안이 찾아왔다. 그리고 신생(新生)의 감격과 지안(至安)까지 찾아왔던 것이다. 이 경험 이후로 나는 그야말로 새롭게 태어났고 새로운 피조물이 된 것 같았다. 그런데 이러한 반전 현상은 누구에게나 일어날 수 있는 것이다. 앞에서 이야기한 대로 이것은 누구에게나 일어나는 매우 유익한 일임에 틀림없다.

셋째, 죽음은 삶에 깊이를 더해 준다. 역경은 사람을 가르친다고 한다. 많은 역경을 거치거나 참으로 큰 역경을 겪은 사람은 보통 사람보다 훨씬 더 깊이 있게 인생을 경영한다. 그런데 죽음이란 인생에 있어서 최종, 최대의 역경이라 할 것이다. 따라서 죽음에 직면해 본 사람은 그렇지 않은 사람에 비해 인생을 바라보는 깊이에서 큰 차이를 보일 것이다. 우리는 보통 죽음을 싫어하고, 따라서 죽음에 관해 생각하지 않으려고 한다. 이런 경향 때문에 우리는 보통 삶에 골몰하는 것으로 일생을 마감하기 쉽다. 삶을 보다 잘 알 수 있고 진정으로 삶을 파악할 수 있는 기회를 미리 포기하는 것이다.

　그러나 죽음을 깊이 사유하거나 죽음에 좀 더 가까이 가 볼 기회가 있었던 사람들은 삶을 보다 더 신중하고 진지하게 대한다. 그들은 분명히 깊이를 터득한 것처럼 보인다. 그들이 보이는 깊이는 어디에서 나오는 것일까? 앞에서 이미 살펴본 것처럼 죽음을 통해 우리가 일깨우는 기본적인 인식은 무화(無化)와 모름이다. 우리는 죽음에 이르러 연기처럼 사라진다. 또 우리가 죽음으로부터 알 수 있는 것은 아무것도 없다. 죽음에 이르러 우리는 이렇게 무화와 모름을 뼈저리게 깨닫는다. 죽음의 이 무화와 모름은 우리를 침묵에 들게 하고 말을 할 수 없게 만든다. 무엇을 표현하고 묘사할 수 없기 때문이다. 이런 상태는 고통이며 고뇌일 수 있다.

　그러나 무화와 모름의 깊은 인식은 우리에게 통찰을 얻게 한다. 그리고 내적 평정을 주며 깊은 고요에 들게 한다. 깊음에 이르게 하는 것이다. 이 깊음의 상태란 삶도 죽음도 오직 거기에 그대로 있는 것으로 그윽이 바라보는 것이며, 존재와 관념이 그저 그렇게 함께 있는 것을 가리킨다. 관념이 존재를 이끌려고 하지 않으며 방해하지 않는다. 존재와 함께 의식 또한 그저 머물 따름이다. 깊음 속에서 우리는 다만 존재하며 그 있음을 바라볼 뿐이다.

　넷째, 우리는 죽음을 통해 미래를 조망할 수 있다. 미래를 조망함으로써 삶의 전체를 파악하게 된다. 흔히 우리는 살아가면서도 삶의 전모를 파악하지 못하고 막연하게 살아간다. 우리 삶의 모습은 거의 맹목적이다. 황당하리만치 무턱대고 살아간다. 삶의 전체를 파악하지 못하기 때문이다. 이렇게 삶의 전체 모습을 파악하지 못하는 이유는 미래까지 내다볼 거울이 없기 때문이다. 우리는 과거와 현재는 그런대로 살필 수 있으나 미래에 관해서 전혀 알 수 없고, 따라서 미래를 조망한다는 것은 불가능하다.

나는 여기서 미래를 조망할 수 있는 유일의 방법은 죽음에 관해 사유하는 것이라고 답변하겠다. 왜냐하면 미래에 일어날 가장 확실한 것은 죽음이기 때문이다. 어떠한 사람, 어떠한 운명도 죽음에 이르러서는 모든 것을 하나 같이 끝냄으로써 매우 분명한 모습을 드러낸다. 분명하게 모습을 드러내는 것은 확실하게 파악할 수 있으므로 미래를 조망하는 방법은 오직 죽음을 통해서 사유하는 길뿐이라고 말할 수 있는 것이다.

이렇게 우리 미래의 최종 미래는 죽음일 것이다. 그런데 마지막 미래를 파악한다면 우리는 인생의 전체를 파악했다고 말할 수 있을 것이다. 이런 논리에서 우리는 죽음을 통해 미래를 조망할 수 있고, 따라서 인생 전체를 파악할 수 있다고 말하는 것이다.

그러면 우리는 죽음을 통해 무엇을 알 수 있는가? 앞에서 충분히 검토한 것처럼 '모름'과 '무화(無化)' 등을 확인할 수 있을 것이다. 우리의 삶을 비롯한 모든 대상과 관념, 의지 등이 모두 무화한다는 사실로부터 우리는 실재가 무이며 공이라는 것을 깨닫게 된다.

그렇다면 어떻게 살아야 하는가? 어떻게 사는 것이 가장 가치 있게 사는 삶인가? 무화를 깊이 체득했다면 무엇을 이루려 하지 않을 것이다. 특히 욕심으로 무엇을 차지하고, 무엇을 해낸다는 것이 얼마나 허무한 일인지를 확실하게 인식하게 될 것이다. 다만 지금 여기에서 마음 가득히 존재하는 삶만이 현실적이며 귀중하다는 것을 알 것이다.

죽음을 통해 통찰에 이른다면 아마도 깊은 침묵 속에서 다만 미소 지을 뿐일 것이다. 마음을 비우고 버린 상태에서 내적 평정을 이룰 것이며 황홀도 경험할 것이다. 이것이 죽음을 통한 미래의 조망이다. 이러한 미래에 대한 파악으로 우리는 우리 삶의 전 역사를 한 눈에 꿰뚫어볼 수 있다. 이로써 우리는 진정으로 사는 방법을 깨우치게 된다. 나는 이런 일이 진정으로 유익하다고 판단하는 것이다.

이상으로 죽음과 그 반전이 어떤 유익을 가져오는가를 살펴보았다. 간단하게 네 가지 유익만 거론했으나 더 나열할 수도 있을 것이다. 요컨대 죽음을 제대로 사유하지 않고 진정한 삶을 논의하기 어렵다는 점을 강조한 셈이다. 죽지 않을 것처럼 산다는 것은 거짓이다. 죽음을 알아야 진정으로 사는 방법을 찾을 수 있을 것이다.


## 3. '지안'을 찾아서



이제 '지안(至安)'에 관해서 살펴보기로 한다. 지안은 반전의 한 내용으로 이미 평안, 신생과 함께 한 데 묶어 앞에서 검토했으나, 지안은 매우 특별한 것이므로 별도로 검토해야 한다고 생각한다. 앞에서 밝힌 것과 같이 '지안'이란 내가 임시로 붙인 이름이다. 지극한 평안이라는 뜻에서 '지안(至安)'이라고 부르고 있지만, 그것의 이름을 어떻게 부르는 것이 합당할지 아직도 잘 모르겠다. 황홀(恍惚), 무아경(無我境), 또는 엑스터시(ecstasy)라고 할 수 있겠는데, 무한의 충족, 최고의 행복과 같은 그런 어떤 것을 무엇이라고 불러야 하며 무엇이라고 파악해야 할지 잘 모르겠다.

기독교의 성령 충만이나 불교의 자나(禪定) 또는 열반(涅槃)과 비

숫한 것이 아니겠는가 하고 생각하기도 하지만, 종교적 엑스터시와
는 조금 다른 것 같다. 종교적 무아경은 종교적 제의(祭儀)나 기도
중에 일어나는 현상이겠지만, 나의 경우 아무런 사전의 행사가 없
었으며, 다만 자연의 모습이 너무 싱싱하고 아름답다고 생각하는
순간 '지안'에 빠져들었던 것이다. 다시 말해서 어떤 준비도 사전 행
사도 없었으며, 따라서 아무런 의도나 계획도 없는 상태에서 나도
모르는 사이에 미끄러져 들어갔던 것이다. 그러나 '지안'은 매우 강
렬한 경험이었다. 벌써 10년의 세월이 흐르고 있지만 그 느낌은 지
금도 생생하게 남아 있으며, 그것을 찾아야 한다는 각오는 여전히
불타오르고 있다.

## 지안의 순간

그 해 9월의 어느 날, 나는 원두막에 나와 일몰을 기다리고 있었
다. 당시에 나는 일몰의 시간을 너무 좋아해 해가 서산에 걸리면 하
던 일을 중지하고 원두막으로 나와 해가 지고 어둠이 오는 정경을
음미하곤 했다. 이 시간은 나에게 특별했다. 해가 서산에 넘어가고
어둠이 마당에 내릴 때까지 약 한 시간 동안이 그렇게 좋을 수가 없
었다.

해가 떨어지면 벌써 공기가 무겁게 가라앉는 느낌이 들기 시작한
다. 조금 후 산 위로부터 바람이 일어 휘 한바탕 불고 나면 서늘함
이 내려온다. 이때쯤이면 참새들도 재잘거림을 멈추고 고요를 지킨
다. 주위가 무겁고 장중해진다. 경건을 준비하는 것이다.

어둠이 서서히 마당을 물들여 갈 때, 주위의 사물들은 저마다 자
신의 저 깊은 곳에서 하루를 마감하는 조용한 의식을 준비한다. 모

든 종말은 장엄한 것인가? 하루를 보내는 경건한 의식이 거기에 있다. 나는 숨죽여 이 모든 경건을 지켜본다. 하루를 보내는 감사와 함께.

그 날도 나는 이 일몰을 지켜보기 위해 원두막에 일찌감치 나와 앉아 있었다. 녹음은 푸르렀고 공기는 맑았다. 감사와 기쁨이 마음속에서 피어올랐다. 아직도 살아 있어 이런 시간을 가지고 있다는 사실이 너무 소중하고 감사했다. 살아 있는 이 순간이 얼마나 소중한가! 주위의 나무며 풀들이 새삼스럽게 눈에 들어왔다. 보이는 것마다 일일이 기억해 두고 싶었다. 나는 "아, 너무 아름답구나!" 하며 경탄하는 어느 순간, 지안에 빠져들었다.


지안은 참으로 강렬한 체험이었다. 다른 것을 더 이상 고려할 수 없었다. 내 인생의 목표는 지안의 재현에 못 박혔다. 당시에 나는 암으로 오래 살지 못할 것이라고 예상하고 있었기 때문에 남은 삶의 시간을 지안의 재현에 바쳐야 한다고 생각했다. 그런 시간이 벌써 10년째 계속되고 있다. 나는 오늘도 신생과 지안의 주위를 맴돌고 있다.

당시에 지안에 대해 생각했던 것은 크게 두 가지로 요약되는데, 첫째로 지안은 무엇인가 하는 점이다. 무엇보다도 지안에 대해 알고 싶었다. 그 성격은 무엇이며 어떻게 생기며 종교적 엑스터시와는 어떤 관계에 있는지 알아야 했다.

둘째로, 지안을 다시 재현하는 방법을 찾는 것이었다. 먼저 재현 방법의 길을 찾고 다음에는 재현을 상시화해야 했다. 만일 그 재현의 상시화가 이루어진다면 내 인생의 목표는 달성된다고 생각했다.

지안은 그만큼 나에게 중요했다. 지안을 이룬다면 그 무엇이라도 희생할 수 있다고 생각한 것이다. 지안에 대한 충분한 지식이 없다 하더라도 지안을 재현하기만 한다면 좋다고 생각했다. 이렇게 해서 지안에 대한 탐색이 시작되었다.

## 지안의 특징

먼저 지안이 무엇인지 그 앎에 관해 검토해 보고자 했다. 그러나 나는 지안의 체험이 너무 생소한 것이어서 어디서부터 시작해야 할지 엄두를 낼 수가 없었다. 따라서 나는 먼저 내 체험을 상세히 복기하면서 어떤 실마리를 찾을 수 있기를 기대했다. 당시의 일기를 토대로 체험 당시를 되돌리면서 다음과 같은 특징들을 가려낼 수 있었다.

첫째로, 지안은 사전(事前)의 매개에 의해 유도되었다. 그 매개는 어떤 무량심(無量心) 같은 것이다. 나의 경우, 자연 경관에 대한 새삼스럽고 무한한 경탄이 있었다. 나는 지안에 이르기 직전의 사전적 매개를 불교 용어를 차용해 무량심이라고 부르기로 했다. 마음이 어떤 계기에 툭 풀리듯 무한하게 확장해 버리는 상태를 불교의 무량심이 가장 근접해서 설명하고 있다고 생각하기 때문이다. 나는 지안을 체험하고 3년쯤 후, 명상 도중에 의식이 툭 끊기는 경험을 했다. 그 때, 의식이 사라지는 것이 아니라 오히려 의식이 무한히 확장한다는 느낌을 받았는데, 이런 마음의 상태가 불교에서 말하는 무량심과 비슷할 것이라고 생각했다.

붓다는 이 무량심을 다섯 살의 나이에, 아무런 수련 없이도 체험한다. 이 체험에 이어 붓다는 자나(禪定)에 빠지는데, 뒤에 가서 붓다는 이 일련의 체험, 즉 무량심과 자나를 회상하며 구경각을 이루는 데 결정적으로 이용한다.

전설에 따르면 어린 고타마는 농사일을 시작하기 전에 해마다 열리는 마을 축제를 구경하기 위해 유모들에게 이끌려 성 밖으로 나갔다. 유모들은 구경거리에 눈이 팔려 아이를 혼자 나무 그늘에 남겨두고 쟁기질을 구경하러 갔다. 고타마는 쟁기질 행렬이 가까이 왔을 때, 풀이 뽑혀 나가고 거기에 달라붙어 있던 벌레와 지렁이가 죽는 것을 보았다. 어린 고타마는 이 살생을 보며 이상한 슬픔을 느꼈다. 마치 자신의 동족들이 죽임을 당하는 것 같은 아득한 느낌을 받았다. 아득한 느낌, 고타마는 이어서 그의 마음이 어떤 순수에 가닿는 것을 감지하면서 자나에 들었다.


"어쨌든 이것은 본질적으로 환희의 순간이다. 몸 바깥에서, 우리의 자기중심주의의 프리즘 너머에서 우리를 사로잡는 황홀이다. 이러한 엑스터시스 — 문자 그대로 '자아 바깥에 선다.'는 뜻 — 는 우리가 깨어 있는 시간의 주요한 특징인 갈망이나 욕심과는 아무런 관계가 없다. 나중에 고타마가 사유했듯이, 그것은 "타나(욕망)를 일깨우는 대상들로부터 떨어져서 존재했다." 어린 고타마는 자신과 개인적으로 아무런 관계가 없는 생물들의 고통이 가슴을 꿰뚫었을 때, 자연발생적인 동정심이 생겨나면서 자신의 바깥으로 나가게 되었다. 이렇게 자아가 사라진 감정이입의 상태에 들어가면서 그는 순간적으로 영적인 해방을 맛본 것이다."[12]


[12] 스스로 깨어난 자 붓다(카렌 암스트롱 저, 정영목 옮김, 푸른숲. 2002) p.120.

세월이 흐른 뒤, 붓다는 깨달음을 얻기 위한 수행에 들어갔다. 여섯 스승을 찾아다니며 극심한 고행을 계속했으나 아무런 성과도 없이 거의 죽기 직전에 이르렀다. 그는 스승들이 틀린 것이 아닌가 하는 회의 속에서 어렸을 때 경험한 자나를 기억해 냈다. 꼭 고행에 몰아넣어 자아를 괴롭히지 않고, 노력 없이 자연스럽게 깨달음을 얻을 수 있는 것이 아닐까, 그 길이 어렸을 때의 경험 속에 있는 것이 아닐까, 붓다는 새로운 길을 찾아 나섰다. 그는 결국 '가운데 길'이라는 원리를 찾았다. 그는 체토-비뭇티(心解脫, 마음의 해방이라는 뜻의 최고 경지의 깨달음)에 도달할 수가 있었다.

나는 붓다의 경험과 나의 경험이 비슷하다고 생각했다. 다른 점은 나이와 무량심의 종류였다. 붓다는 5살의 어린 나이에 자나에 이르렀으나, 나는 60년이나 더 많은 나이였다. 그러나 나이가 중요한 것은 아닐 것이다. 깨달음에 이른다면 나이가 문제이겠는가? 또 붓다는 생물들의 고통을 보면서 동정심을 일으켰으나, 나는 자연 경관을 보면서 경탄을 일으켰다. 붓다는 윤리적 무량심에 이르렀고, 나는 미학적 무량심에 이른 셈이었다.

나는 이러한 차이를 파악하면서 무량심에는 다양한 종류가 있을 수 있다고 생각했다. 문제는 어떻게 무량심으로부터 자나에 이르느냐 하는 것이 중요한 것이다. 불교적 수행에 따르면 압파마나(無量, 가없는 마음)는 의도적으로 자비와 사랑의 감정을 불러일으킴으로써 다다를 수 있는 경지이다. 매일 다른 모든 존재들을 향해 자비와 사랑의 감정을 일으킴으로써 자아의 낡은 껍질을 벗어나 가없는, 열린 마음으로 나갈 수 있는 것이다. 이런 가없는 마음은 곧 자나를 이룰 것이다.

나의 경우, 죽음에의 순응이 가없는 마음을 준비하고 있었다고 생각된다. 죽음에서 벗어나려고 발버둥 치던 자아가 어쩔 수 없이 자연의 법칙 아래 무릎 꿇었을 때, 모든 것을 포기하고 모든 것을 버렸던 것인데, 이 상태는 마음을 툭 던져 버리고 무와 공에 다다른 것이라고 보인다. 생명을 포기함으로써 자아의 껍질을 벗어 던지는 효과를 거두었던 것이다.

나는 이 상태를 가없는 마음과 같은 경지라고 보는 것이다. 사실 당시에 나는 생명을 완전히 포기했으며, 죽음에 순응하는 진정한 마음의 자세를 가지고 있었다. 또 죽음이 머지않아 올 것이라고 예상하고 있었다. 이러한 마음 자세 속에서 평안과 신생의 느낌을 가질 수 있었으며, 이런 상태로 그 날 원두막 아래에서 자연에 대한 경탄으로 무량심을 얻고, 이어 지안에 들어갔던 것이다.

208 둘째로, 지안의 상태는 공중에 초자연의 어떤 구멍이 있어 여기에 내 의식이 미끄러져 빠지는 것과 같은 느낌을 주었다. 나는 당시에 낙엽송 숲 너머 하늘 사이를 보고 있었는데, 그 공간 안에 보이지 않는 구멍이 있어 여기에 빠지는 듯한 느낌을 받았다. 이 느낌은 공중에 초자연이 숨겨져 있고 내 자아와 의식이 어떤 특별한 조건을 이룰 때, 그 안에 들어갈 수 있음을 뜻하는 것 같았다. 즉, 이 초자연은 내 안에 있다거나 하늘에서 내려온다거나 하는 것이 아니라 공간 안에 있는 것 같았다. 다시 말해서, 지안은 내 의식 안에 내재하는 것도 아니고 하늘의 초월적 위치로부터 내려오는 것도 아니라는 느낌이었다.

나는 이 느낌을 검증할 방법이 없었다. 공중에 초자연이 숨겨져 있다는 느낌을 어떻게 검증할 수 있겠는가? 이것은 다만 느낌일 뿐이므로 착각일 가능성도 배제하기 어렵다. 또 이 느낌을 분명하게 하기 위해 당시의 느낌을 곰곰 생각해 보면 그것을 무엇이라고 꼬집어 말하기도 어렵다는 점을 발견하게 된다. 요컨대 이 지안의 상태 자체가 도대체 알 수 없는 것이어서 무엇 하나 분명하게 말할 수 있는 것은 없었다.

그러나 나는 최초의 느낌을 중요하게 간직해야 한다고 생각한다. 지안과 같이 초감각적 현상을 검토할 때는 작은 실마리라도 밀쳐 버리지 말아야 한다고 생각하기 때문이다. 그래서 만일 공중에 초자연이 있다는 느낌이 사실이라면 이것은 우리 눈에 보이지 않을 뿐이지 그 공중에 물리적 존재가 실제한다고 말할 수 있을 것 같았다.

그것이 물리적 현상이라면 우리는 이것을 과학적 실험으로 추적할 수 있다는 말이 된다. 또 이 현상이 관념 안에서 이루어지는 정신적 현상이라고 한다면 심리학적인 연구조사로 그것을 밝혀낼 수 있을 것이다. 아무튼 그것이 공중에 있는 어떤 초감각적 존재이거나 두뇌 안에서 일어나는 심리적 현상이거나 그 정체를 밝혀낼 수 있다면 이것은 실로 중대한 발견이 될 것이다.


셋째로, 지안은 참으로 오묘한 것이었다. 그것은 완전한 충족이었으며 무한한 행복이었다. 그것은 지극한 황홀이었다. 차라리 침묵을 지키는 것이 나을, 다른 차원의 어떤 것이었다. 나는 제 정신이 든 후에도 그 자리에서 꼼짝할 수가 없었다. 어둠이 짙게 깔릴 때까지 나는 오래 자리를 뜨지 못하고 있었다. 지안을 경험한 지 벌써 10년이 흐르고 있지만 나는 여전히 그 주위를 맴돌고 있다. 그것은 나의 유토피아이며 반드시 가야 할 약속의 땅이다. 나는 지안에 의해 영원과 완전이 있으며, 이상과 초월이 있다는 것을 알게 되었다. 그것은 죽음에 의해 비롯되었으며, 따라서 죽음은 신비나 초월적인 것에 깊이 연결되어 있을 것이라는 생각을 갖게 되었다.

넷째로, 지안에 빠져 있었던 시간의 길이를 나는 모르고 있다. 짧은 것 같기도 하고 꽤 긴 시간인 것 같기도 했다. 뒤에 따져 보았는데, 몇 분 정도의 짧은 시간은 아닌 것 같았다. 해가 서산에 막 넘어간 시간까지 나는 아직 제 정신을 유지하고 있었는데, 지안에 빠지고 다시 정신을 차렸을 때는 어둠이 내리고 있었기 때문에 꽤 시간이 경과한 것을 알 수 있었다. 10분에서 20분 사이였을 것이다. 그러나 이 시간 계산도 정확하다고 말하기는 어렵다.

당시에 나는 얼떨떨한 상태에서 벗어나지 못하고 있었고, 따라서 뒤에 어둠이 내리는 것을 기억하는 시점이 지안에서 빠져 나온 바로 그 시간인지, 한참을 지난 후에야 그 시간을 기억한 것인지 불분명하기 때문이다. 시간을 모른다고 말하는 편이 가장 정확한 말이 될 것이다. 이렇게 시간을 따지는 이유는 그 인상이 너무 강렬했기 때문이다.

그러나 나중에 곰곰 생각한 끝에 이렇게 결론 내렸다. 즉, 그 경험은 너무 강렬한 것이어서 시간의 장단은 무의미하리라는 것이다. 아마 1초도 안 되는 짧은 시간이었다고 하더라도 그 인상의 강도는 긴 시간과 똑같았을 것이라고 짐작할 수 있다. 두뇌의 기억회로 총량을 이 경험이 순간적으로 불태우듯 점령한 탓으로 그 기억은 오직 하나의 영상으로만 각인되었을 것이다. 결국 시간보다는 정도가 중요하다는 것을 알게 되었다.

정도(程度)의 중요성을 생각하면서 여러 질문들이 쏟아져 나왔다. 지안의 경험은 왜 이렇게 강렬한 것일까? 그 완전한 충족과 무한한 행복은 무엇일까? 그 완전과 무한의 개념은 어디에서 연유하는 것일까? 이것은 심리적인 문제인가, 존재론적 문제인가?

나는 이러한 질문들에 충분한 답변을 할 수 있어야 한다고 생각했으나 당장 답변할 만한 지식이 없었다. 아무리 궁리해도 답변을 구할 수 없었을 뿐 아니라 영원히 답변을 얻지 못할지도 모른다는 예감을 갖게 되었다. 사람의 관념 안에서 이루어지는 일들과 마음의 여러 작용들, 그것들을 어느 정도 파악해야 내가 알고자 하는 답변을 구할 터인데, 우리는 아직 사람의 마음에 대해서 충분히 파악하지 못하고 있는 것이다. 마음은 인류가 풀어야 할 마지막 과제라고 하지 않는가?

나의 의문 중 가장 알고 싶었던 부분은 지안이 정신 안에서 이루어지는 관념적인 현상이냐, 아니면 정신과 관계없는 실제의 현상이냐 하는 점이다. 다시 말해서 지안이 신경세포들과 생리 화학물질들의 상호작용에 의해 생긴 심리적 현상이냐, 아니면 사람의 두뇌 작용과 아무런 관련이 없이 실제로 밖에 있는 어느 존재에 의한 현상이냐 하는 것이다. 내 생각에 이 지안이 밖에 실제로 있는 물질적 존재라고 한다면, 그것이 어떻게 사람에게 감지되고 유추되는 것이며, 왜 쉽게 감각되지 못하는 것인지 알 수 없었으며, 또 두뇌 안의 심리적인 현상이라면 그 완전과 무한의 개념을 어떻게 설명해야 할 것인지 알 수 없었다.

　나는 이런 난점들을 해결하기 위해서는 심리적 과정을 인정하되 어떤 임계선을 넘어서면서 창발적(創發的, emergent) 실재로 생성되는 현상이라고 설명할 수밖에 없지 않겠는가 하는 생각을 품게 되었다. 다시 말해서 이 지안 현상은 두뇌 안에서 이루어지는 심리적인 현상으로 출발하지만, 어떤 비등점을 넘어서면서 심리작용으로 환원될 수 없는 질적 현상으로 창발하게 된다고 설명할 수밖에 없다는 것이다. 이런 생각은 나중에 자세히 논의하게 될 '비환원적 창발이론'을 따르는 셈이다. 그러나 창발론은 질적 존재의 창발 과정을 설명하지 못한다. 창발이 어떻게, 왜 일어나는지 속 시원하게 설명할 수 없기 때문이다. 그렇다고 환원적 물리주의를 따르기도 힘들다. 지안의 초월적 성격을 설명하기 어렵다고 보기 때문이다. 이런 대목에 이르면 나는 언제나 방황하게 된다.

　나는 충분히 과학적 성과를 지지하는 사람이다. 물리주의적 근거를 배제하기 어렵기 때문이다. 그러나 지안의 설명을 환원적 물리주의에게 전적으로 맡기기에는 일말의 부족함을 메우기 어렵다고 생각된다. 지안이 내포하고 있는 그 완전과 무한의 개념을 물리주의로는 결코 설명할 수 없기 때문이다. 초월성 개념을 도입하지 않고 그 완전성과 무한성을 설명할 수 없다는 것이 내 생각이다.

　지안은 그렇게 완전한 어떤 것, 영원한 어떤 것이라는 관념을 일으키게 하는 것이다. 이 영원의 관념을 어떻게 설명해야 할까? 이 대목이 언제나 나의 난제로 남고 만다. 그러나 해결되지 못하는 난관으로 남겨 놓을지언정 전적으로 환원주의적 물리주의를 채택하기에는 아직 설명이 충분치 못하다고 생각한다. 이 부분은 뒤의 5장에서 보다 자세하게 검토할 것이다.

다섯째로, 지안 현상은 말로 표현하기 어려운 무기(無記)의 상태였다. 지안에서 처음 빠져 나온 후, 나는 오래 자리에서 꼼짝할 수 없었다. 어둠이 짙게 내릴 때까지 나는 움직이지 못했다. 지안의 충격이 그만큼 컸기 때문이다. 나는 거의 3개월이 지날 때까지 지안에 관한 글을 어디에도 남기지 않았다. 일기에 지안에 관한 언급이 나오기 시작하는 것은 그 해 연말부터였다. 글로 표현할 엄두를 내지 못했던 것이다. 무기(無記)의 상태였다.

나는 지안을 체험한 직후부터 지안의 재현에 매달렸다. 그 강렬했던 충족과 행복을 다시 맛보고 싶고 그 상태를 항상 유지하고 싶었기 때문이다. 어느덧 지안의 재현은 내 삶의 목표가 되어 있었다. 그만큼 지안은 강렬한 체험이었고 다시 재현하고 싶은 이상 같은 것이었다. 나는 이 욕구를 당연한 것이라고 생각했다. 그러나 지안은 과연 삶의 목적이 될 수 있는가? 나는 반문하고 이 점을 확실히 해야 한다고 생각했다.

가장 조심해야 한다고 생각한 점은 지안에 대한 욕구가 혹 쾌락을 탐하는 것이 아닌가 하는 측면이었다. 지안은 기쁨이었고 행복이었으므로 쾌락적 측면을 분명히 가지고 있다. 그러나 여기에서 분명히 해야 할 점은 쾌락과 그 탐함의 어떠한 것이 잘못인가를 밝혀야 하는 것이다.

우리는 보통 쾌락을 탐하는 행동을 경계해야 할 것으로 평가하고 있는데 이 평가를 확실하게 분석해야 하며, 이것이 지안에 대해서도 해당되는 것인지를 따져야 할 것이다. 그러나 쾌락에 관한 분석은 간단하지 않다. 윤리적 측면, 인식, 언어, 사회구조적 측면 등 살펴야 할 부분이 한둘이 아니고 이에 관한 이론 또한 다양하다. 그러므로 내가 생각하는 요점만을 직설적으로 설명하는 것이 나을 것 같다.

　우리는 기쁨이나 행복을 나쁘다고 말하지 않는다. 오히려 기쁨과 행복이 빠진 삶은 맥없고 윤기 없는 삶이라고 말할 것이다. 우리가 보통 나쁘다고 말하는 것은 말초적인 쾌락과 이의 남용, 그리고 나의 쾌락 추구가 남의 삶에 지장을 주고 방해를 주는 경우를 가리킨다. 말초적인 쾌락을 탐하고 이를 남용하는 것은 자신의 삶을 황폐하게 하기 때문에 나쁘다고 말하는 것이다. 그러므로 쾌락이 모두 나쁘고 이의 사용이 모두 금지되는 것은 아니다. 적절한 쾌락의 적당한 사용은 오히려 장려될 만하다. 이런 뜻에서 보자면 지안은 장려되어야 마땅하다.

　더욱이 지안은 역경과 죽음의 고통을 통과하며 이루어낸 경지라는 적극적 의미를 가지고 있다. 이런 뜻에서 보자면 지안은 죽음에의 순응이라는 통찰을 전제로 하고 내적 평정과 신생의 감격을 거친 후 얻어낸 영적 보상이라고 보아야 한다. 이런 뜻에서 지안은 충분히 삶의 목적이 될 수 있다. 지안은 어떤 것과 비교해 보더라도 인생의 목적이 되는 데 부족함이 없다.

　나는 우연히 지안을 체험할 수 있었지만 그 과정을 보면 절실하고 절박한 삶과 죽음에 대한 고뇌가 있었다. 나는 그 절박했던 고뇌의 깊이를 잘 기억하고 있다. 나는 충분히 생각한 끝에 지안을 내 삶의 목표로 정하는 데 부족함이 없다고 결론지었다. 더구나 당시에 나는 살날이 얼마 남지 않았다고 생각하고 있었기 때문에 이러한 결론을 더욱 빠르게 내릴 수 있었다.

## 지안의 재현을 기다리며

이렇게 체험 당시를 되돌아보며 지안의 특징들을 가려 뽑아 보았으나, 지안에 대한 지식은 여전히 완전하지 못했다. 무엇보다도 지안이 어떻게 해서 생기는 것이며, 따라서 어떻게 해야 재현할 수 있는지에 관해서는 전혀 알 수 없었다. 깜깜하게 단 한 발짝도 전진할 수가 없었다. 그러나 지안을 알아야 하겠고 또 재현해야 하겠다는 염원만큼은 변하지 않았다. 그만큼 지안은 나에게 중요한 일이 되어 있었다.

지안을 재현해야 한다는 나의 염원은 벌써 10년째 이어지고 있다. 그러나 그 일은 여전히 이루어지지 않고 있다. 이러한 사정은 나에게 반성을 갖게 한다. 지안의 재현은 이룰 수 없는 일인가? 그렇지는 않을 것이다. 한번 이루어 본 사람이 그것을 다시 이루지 못할 이유는 없다. 분명히 길은 있다. 그렇다면 무엇 때문에 재현이 이루어지지 않는 것인가? 문제점을 찾아내야 한다.

나는 원점으로부터 다시 확실한 길을 찾아야 한다고 다짐했다. 그 다짐이 나를 더욱 지안을 찾기 위한 열망으로 불타게 만들었다. 나는 지안의 재현을 위한 실천적 방법론을 벽돌을 쌓듯 밑바닥에서부터 한 장씩 쌓아 올려야 한다고 생각했다. 밑바닥의 근거부터 찾아 확실하게 다져야 한다. 고심한 끝에 재정립한 실천 방법은 다음과 같다.


첫째로, 나는 지안의 재현이 어려운 근본적인 원인을 체험과 생각의 차이 때문이라고 생각한다. 체험 당시의 모습으로 되돌아가야 하는 것이다. 다만 관념 속에서 그 체험을 이루려고 노력한다고 해서 실제적인 체험이 되살아나는 것은 아니다. 그렇다면 어떻게 해야 실제적 체험으로 되돌아갈 수 있을 것인가? 여기에 문제의 원인이 숨어 있다고 생각되었다.

나는 고심 끝에 죽음의 수용에서부터 차이가 있다는 점을 발견했다. 재현 단계에서는 죽음의 수용이 실제와는 달랐던 것이다. 참으로 죽음을 받아들이고 있지 않았던 것이다. 생각으로 "그래, 죽자." 해 보아야 그 실질적인 체험이 오지 않았던 것이다. 실재(reality)와 생각(thought)의 차이는 하늘과 땅의 차이만큼 큰 것이다. 이 차이의 간격을 메우는 방법을 찾아야 하는 것이다.

나는 긴 시행착오 끝에 삶의 포기와 죽음의 순응이 확실하게 이루어져야 한다는 점을 깨달았다. 이 두 과정이 마음 안에서 단단하게 안착하지 않고 실재와 생각의 차이를 극복할 수 없다는 것을 깨달았던 것이다. 나는 최초의 경험을 절박한 공포 속에서 단박에 이룰 수 있었다. 그러나 재현 과정에서는 이 절박함과 공포가 살아날 수 없었다. 따라서 수없이 마음을 삶의 포기와 죽음의 순응으로 몰아붙여야 실재에 차차 접근하게 된다는 것을 발견한 것이다.

나는 이 과정에서 '포기'가 얼마나 중요한 것인가를 발견했다. 자아는 물론 의도와 의지, 인식 자체도 포기해야 한다. "그래, 죽자." 의 각오란 죽음의 현재진행적 현전성(現前性)은 물론이고, 죽음의 과거완료적 임재성(臨在性)도 포함하는 것으로 완벽한 포기를 의미한다. 다시 말해서 "나는 이미 죽은 사람"이 되어야 하는 것이다.

무엇보다도 욕심을 포기해야 한다. 돈도 명예도 사랑도 확실하게 포기해야 한다. 욕심의 포기 없이 거룩함으로 나갈 수 없다. 매일 죽어야 하며 매 순간 포기해야 한다. 그래야 겨우 마음이 순수에 접근할 수 있다. 마음이 순수에 접근한 것을 알기 위해서는 마음이 지금 어디로 가고 있으며 어디에 머물러 있는지를 헤아릴 수 있어야 한다. 마음을 보고 헤아린 다음 완전하게 버리고 놓아 버릴 줄 알아야 순수에 가까이 갔다고 말할 수 있다. 결국 인식도 끊어져야 하리. 죽음의 무화성이 지금, 여기 있게 하라.

나는 완전한 포기가 없다면 지안의 재현은 불가능하다고 파악한다. 삶을 완전하게 포기해야 죽음에 순응하는 것이 되며, 죽음에 순응해야 반전이 오고 지안을 바라볼 수 있게 되는 것이다.

시작은 삶의 포기에 있다. "그래, 죽자."가 모든 것의 시작이 된다. 삶의 포기는 곧 죽음의 순응으로 이어진다. 따라서 포기는 순응이다. 그렇다면 포기의 주어인 삶은 순응의 주어인 죽음과 같아진다. 삶은 죽음인 것이다. 이 삶과 죽음의 등식이 실제로 이루어지게 만드는 것이 과제이다.

우연하게 이 등식이 하나의 체험으로 단박에 이루어진다면 그것은 행운이다. 그러나 이 행운은 누구에게나 쉽게 일어나는 것은 아니다. 그러므로 이 등식이 이루어지도록 노력해야 한다. 끊임없이 노력해야 한다. 포기하고 포기해야 한다. 순응하고 순응해야 한다. 삶과 죽음이 하나로 인식될 때까지 노력해야 한다. 그리하여 마음 저 깊은 순수 속에서 이 두 가지 범주가 하나로 느껴진다면 지안은 가까이 있는 것이리라. 그 날이 올 때까지 나는 죽어야 한다.


둘째로, 또 하나 체험 당시와 크게 다른 것이 있었다. 절실함이 달랐다. 체험 당시는 암이라는 중병에 걸려 죽을 것 같은 공포에 시달리면서 절박한 심정으로 살기 위해 매달리고 있었다. 이러한 절박함이 내내 상황을 지배했다. 그러나 지안의 재현을 추구하는 현재는 그러한 절실함을 갖고 있지 않다. 다만 당시와 같은 느낌을 만들기 위해 관념 속에서 "절실해야 한다."고 생각할 따름이다. 그러므로 이 절실성을 어떻게 회복할 것이냐 하는 점이 문제였다.

나는 죽음의 낭떠러지에 가서 서야 한다고 생각했다. 그러나 실제로 죽지 않는데도 죽는 것처럼 생각한다고 해서 죽음의 느낌이나 인식이 가능한 것은 아니다. 그럼에도 불구하고 다른 방법이 없기 때문에 생각을 한계상황으로 몰아가야 한다고 생각했다. 실제의 절박함이 살아나도록 죽음의 낭떠러지에 서야 한다고 생각했다. 오늘이 삶의 마지막 날이라고 생각해야 하는 것이다. 그리고 그 실제의 느낌이 살아나게 만들어야 한다.

그러나 역시 생각이 실제를 대신할 수는 없는 법이다. 아무리 노력해도 죽음의 느낌이 들 수는 없었다. 그럼에도 불구하고 나는 절실함을 회복하기 위해서는 이 방법밖에 없다고 생각했다. 매일 매일 꾸준히 마음을 집중하는 데 노력해야 한다. 이 노력은 마음을 항상 깨어 있도록 하는 효과를 가져 온다.

나는 오늘이 마지막 날이라고 생각해도 두려움이나 공포에서 완전히 벗어나 있기 때문에 이로 인한 절박함은 없었으나, 그 대신 생의 마지막이라는 한 점에 생각이 집중하고 있었다. 마지막 끝에서 삶은 죽음에 빠지고 모든 것은 무화한다는 것, 그 한 점에 생각이 모아지고 있었다. 거기에서 보이는 것은 무엇인가? 무화에 의해 보이는 것은 없었다. 생각나는 것도 없었다. 다만 뚜렷한 깨어 있음만을 의식할 수 있었다.

나는 잠정적으로 이런 결과를 얻을 수 있었다. 나는 첫째의 '포기'에서 마음을 버리고 비우는 것을 배울 수 있으며, 둘째의 '절실함'에서 마음의 깨어 있음을 유지할 수 있다고 생각했다. 깨어 있음은 결국 통찰로 이어진다는 것을 나는 알고 있었다. 비움과 깨어 있음은 어느 날엔가 지안을 얻게 할 것이다. 나는 자신 있게 이 길을 걸어야 한다고 마음을 다시 다질 수 있었다.

셋째로, 앞에서 설명한 것처럼 나는 지안에 이르기 직전에 무한히 확장하는 마음(無量心)의 유도를 받았었다. 이러한 매개체의 존재는 붓다의 경우에서도 발견된다. 나는 붓다의 경우를 윤리적 무량심, 나의 경우를 미학적 무량심이라고 구분한 바 있다.

붓다는 벌레와 지렁이들이 쟁기에 잘려 나가는 것을 보며 불쌍한 마음에 가슴이 찢어지는 통증을 느끼면서 첫 자나(禪定)에 빠졌던 기억을 되살려 유익한(쿠살라, 善巧) 마음 상태를 키우는 방법을 고안해 냈다. 그 방법들은 불교의 근본진리인 네 가지 고귀한 진리(四聖諦)와 여덟 가지 길(八正道)로 정립되었다. 나는 붓다가 가없는 자비심과 첫 자나의 경험을 살려 불교의 중심 철학을 완성했다고 이해한다. 붓다는 자비심, 즉 윤리적 무량심을 토대로 삼았던 것이다. 그러므로 자비심이라는 유익한 마음 상태를 만들기 위해서는 불교적 방법론을 차용할 수 있을 것이다.

그러나 나의 경우는 미학적 무량심을 토대로 삼고 있기 때문에 실천적 방법론 개발에 있어서 불교와는 다를 수밖에 없다고 생각한다. 나의 경우, 자연이 얼마나 아름다운가 하며 감격하면서 지안에 빠졌었다. 나는 아름다움에 의해 가없는 마음이 왔다는 뜻에서 이를 미학적 무량심이라고 부르고 윤리적 무량심과 구별했던 것이다.

그러나 '미학적'이라는 용어는 참 뜻을 제대로 전하지 못한다는 의미에서 제한적이다. 가령 음악을 들으며 감격할 수는 있으나 지안에 이르는 무량심을 일으킬 수는 없는 것이다. 다시 말해서 예술의 아름다움, 즉 미학적 감성이 지안을 위한 매개는 될 수 없는 것이다.

지안을 위한 매개는 오직 '자연의 아름다움'에서만 가능하다고 나는 생각한다. 예술이라는 인공적 아름다움에서는 지안을 유도할 능력이 없을 것 같다. 사람의 창조물과 자연의 아름다움은 근본적으로 비교될 수 없으며, 특히 지안의 매개 여부와 관련해서는 서로 비교 대상이 될 수 없다. 따라서 자연의 아름다움만이 지안을 매개하는 가없는 마음을 일으킬 수 있다.

자연은 아름답다고 표현할 수 있는 대상에 머무르는 것이 아니라 모든 생명을 잉태하고 양육하는 대지의 어버이로서 모든 생명들의 사랑과 감사, 찬탄을 한 몸에 받아들이는 근본적 범주인 것이다. 그러므로 자연은 미학적 완성의 근본에 위치하고 있다. 자연을 보며 감탄하는 우리의 감성은 다만 아름다움만을 보는 것이 아니라 그 너머 생명창조의 완전성도 동시에 보고 있는 것이다.

이런 이유로 우리는 자연에서 지극한 조화와 균형을 음미할 수 있으며 완전과 영원을 추상할 수 있는 것이다. 이렇게 우리는 자연에서 모든 생명의 완성을 포함하는 아름다움의 정수를 발견하는 것이다. 이 완성미의 감격이 인공미와 자연미를 판별하는 기준인 것이다. 이것이 또한 지안을 매개할 수 있는 자연미의 능력이 되는 것이다.

그렇다면 실천적 의미에서 자연미가 어떻게 지안을 유도할 수 있게 만들 수 있는가? 나는 한 마디로 자연의 품에 안겨, 자연 안에서 매일의 생활을 해야 한다고 생각하고 있다. 지안을 체험하던 당시에 나는 산 밑에서 살고 있었고 때때로 마음공부에 진전을 이룰 경우에도 언제나 자연 안에 있을 때였다.

나는 깊은 숲 속에 있을 때에만 마음이 충만에 가득 차는 것을 느낄 수 있다. 몇 주, 또는 몇 달 숲 속에서 살 때에만 그 느낌은 되살아난다. 깊은 숲에 이르면 내 마음은 기쁨에 젖어 들고 내 몸의 세포들은 저마다 노래하고 춤추는 것을 느낄 수 있다. 나는 분명하게 감지하고 있다. 마음과 몸이 이 상태에 이르러야 지안에 가까이 갈 수 있다는 것을 알고 있다. 비록 완전한 지안을 다시 이루지 못하고 있으나 가까이 가고 있다는 것과 머지않아 이룰 것을 알고 있다. 깊은 숲 속에서만 그것은 가능할 것이다.

나는 오늘도 지안을 찾아 나선다. 나는 이미 모든 욕심을 포기했으며, 바라는 것이 아무것도 없다는 확실한 느낌을 마음 깊이 간직하면서 저 멀리 지안이 기다리고 있다는 것을 느낀다. 그 기다림과 그리움은 이미 욕심이 아니다. 고요하게 그러나 가늘게 떨리는 희망이다. 그것은 생의 약동이라 할까, 살아 있음의 표지라 할까, 미리 기쁨을 약속하는 어떤 기대 같은 것이다.

죽음은 충분히 인식하고 있으며 그 필연적 종국성은 무화로 이어진다는 것을 잘 알고 있다. 그러나 지금 여기, 나는 아직 삶의 약동 안에 조용히 떨리고 있다. 나는 지금 그 떨림을 음미하고 있다. 그리고 머지않아 찾아올 지안을 기다리고 있는 것이다. 지안이 혹 오지 않아도 좋다. 그러나 기대하는 마음은 그 자체로 기쁘다. 어떤 영원처럼 그것은 거의 충만이다.

# 05
# 마음의 깊이



    지금까지 죽음과 새로운 삶에 관해 이야기하면서 줄곧 머리에서 떠나지 않는 생각 하나가 있다. 마음에 관해 좀 더 깊은 지식을 가져야겠다는 것이다. 결국 나에게 일어난 모든 일들은 마음의 작용에 의한 것이라고 생각되었다. 따라서 마음을 좀 더 깊이 이해해야 죽음의 문제도, 새로운 삶의 문제도 제대로 파악할 수 있다고 생각한 것이다. 마음이 모든 것의 중심에 있었다.

    나를 그토록 괴롭혔던 죽음에의 두려움을 비롯해 죽음의 얼굴을 보게 했던 초조감, 곧 죽을 것 같았던 심리적 한계상황, 그리고 포기와 반전 등 나에게 일어난 모든 경험들은 하나같이 마음의 작용들이다. 마음을 어떻게 먹느냐에 따라 상황은 달라졌을 것이다. 그렇다면 마음에 관한 지식을 먼저 충분히 갖추어야 하며, 다음으로 마음을 조절하는 요령을 터득해야 할 것이다.

    그러나 나는 마음에 관해 거의 아는 것이 없었다. 마음이란 무엇일까 하고 생각해 보면 알 듯 하면서도 아무것도 모르는 것 같았다. 정신, 의식, 심리, 사고 등 마음의 모든 것을 건성으로 알 뿐 깊이 있게 아는 것은 아무것도 없었다.

특히 내가 가장 알고 싶었던 지안(至安)과 같은 현상에 관해서는 말문부터 막히고 마는 것이다. 지안은 무엇인가? 지안은 어떻게 해야 오는가? 나는 전혀 아는 것이 없었다. 그러나 어떻게 하든 지안에 접근해야만 했다. 그러기 위해서 먼저 마음을 알아야 할 것 같았다. 분명히 지안은 마음과 깊은 관계에 있음은 틀림없는 것 같았다.

나는 마음에 관해서 공부해야 했다. 그러나 내가 의존할 것은 스스로 생각하는 방법 이외에 다른 것은 없다고 결론지었다. 지안과 같은 마음의 문제는 책이나 누구로부터 배울 수 있는 것이 아니라고 생각했기 때문이다. 이런 분야에 정통한 어느 종교 전통으로부터 배우는 방법을 생각할 수도 있겠지만, 그러려면 아마 평생 걸려도 쉽지 않을 뿐더러, 혹 여기에서 옳은 길을 발견한다 하더라도 결국 마지막 관문은 스스로 뚫어야 하기 때문에 역시 자신의 몫으로 남게 될 것이다. 나는 스스로 생각하고 또 생각하기로 마음을 먹었다. 일종의 자성법(自省法)을 채택한 것이다. 자성법으로 얼마나 성과를 거둘지는 알 수 없으나 그 길을 일단 걸을 수밖에 없었다.

내가 가장 고심한 것은 지안이 무엇인가를 아는 일이었다. 지안은 나에게 어떤 무아경이나 황홀감 같은 것으로 나타났는데, 무엇보다도 이 현상의 정체를 파악하고 싶었다. 그러나 앞에서도 검토했지만, 지안의 현상이 내 밖에 실제로 존재하는 어떤 것을 내가 감지하면서 일으키는 현상이냐, 아니면 두뇌 안에서 일어나는 어떤 정신적 현상의 일종이냐 하는 점에서도 나는 아직 아무런 지식을 얻어내지 못하고 있다. 지안에 대해서 전혀 지식이 없는 셈이다.

나는 다만 잠정적으로 지안을 정신 내부에서 일어나는 창발적 현상이라고 이해하자는 쪽으로 정리한 바 있다. 그렇다고 해서 내가 창발이론을 전적으로 믿는 것은 아니다. 하나의 이론으로서 그나마 이런 식으로 설명하는 도리밖에 없지 않느냐 하는 생각에서 일단 문제를 봉합한 것이다. 따라서 나는 지안을 무엇이라고 보아야 하느냐 하는 점에 대해서 아직도 모르고 있다고 말할 수밖에 없다.

지안이 무엇인가를 알아야 한다고 생각한 것은 지안의 재현에 이것이 꼭 필요하다고 보았기 때문이다. 지안의 정체를 알아야 그것을 재현할 방법을 찾을 수 있을 것이다. 그런데 정체 자체를 제대로 알지 못하니 그 재현인들 쉬울 리 없다. 초입부터 재현의 길은 막힌 꼴이 되고 말았다. 그러나 지안이라는 현상이 있는 한 그 재현의 길도 찾을 수 있을 것이라고 믿기로 했다. 그 정체를 밝힐 수 있다면 재현의 길을 모색하는 데 도움을 주겠지만, 꼭 그 정체를 밝혀내야만 재현의 길이 열리는 것은 아니라고 생각한 것이다. 우회할 길은 많다. 중요한 것은 지안의 재현에 있는 것이므로 그 재현에 집중해야 할 것이다.

지안의 재현과 관련해 풀어야 할 숙제는 많았다. 그 중의 하나는 지안과 깨달음과의 관계였다. 지안은 먼저 통찰이나 깨달음을 얻어야 이어서 일어나는 현상이므로 지안과 깨달음이 어떻게 연관되는지를 알아야 한다. 다시 말해서, 지안은 갑자기 돌출하는 현상이 아니며 사전에 반드시 두 가지 마음이 있어야 한다고 본다. 그 한 가지 마음이 통찰 또는 깨달음이며, 다른 하나는 무량심이다. 통찰이나 깨달음은 마음의 툭 터짐으로 나타나고, 무량심은 이 툭 터짐을 더욱 확장시키는 계기를 마련하는 것이다. 여기에서는 일단 통찰과 깨달음에 관해 생각해 보자.

일단 통찰이 일어났다고 가정하자. 통찰이란 사물의 비밀 같은 것을 꿰뚫어 깨닫는 것을 가리키는데, 이때 마음은 툭 터짐을 감지하게 된다. 만일 지혜의 높은 경지를 통찰할수록 마음의 툭 터짐이 커진다면, 지혜의 최고 경지를 통찰할 경우에 마음의 툭 터짐은 최대로 커질 것이다. 이 단계에 이르면 마음은 아마도 지안에 도달하지 않을까? 그런데 이러한 가정은 실제와 어느 정도 부합하는 것일까? 나는 스스로 정신작용을 살피는 자성법을 채택하기로 했는데, 자성법에 따르면 이 가정은 그럴 듯해 보인다. 그러면 이런 가정을 객관화시킬 수 있는 계량화 작업은 불가능한 것일까?

그런데 앞에서 가정한 통찰의 과정을 자세히 살펴보면, 통찰을 해 나가는 정신의 주체와 마음의 툭 터짐을 감지하는 정신의 주체가 각기 다르다는 것을 발견하게 된다. 즉, 우리의 정신은 사고하고 인지하는 의식이 한 편에 있고, 다른 편에 이 의식을 느끼고 감지하는 또 하나의 의식이 타자로서 존재하는 것이다. 후자는 전자를 바라보고 살핌으로써 자아의 현존을 확인한다. 따라서 후자는 자아와 존재에 대한 반성, 자성, 성찰, 관상 등의 역할을 한다. 나는 특히 후자의 역할을 정신적 상승을 이끄는 중요한 요소라고 이해한다.

그런데 이 두 정신주체는 지안에 이르면 그 역할도, 존재도 상실하고 만다. 나는 이러한 지안의 상태를 두 정신주체가 하나로 통합되어 어떤 관통의 순간을 맞는 것으로 이해해야 할지, 혹은 제3의 정신주체가 등장해 의식 전반을 새로운 차원으로 끌고 올라가는 것이라고 이해해야 할지 잘 모르겠다.

제3의 정신주체를 인정하고 이에 의해 질적 정신 산물이 생성된 다고 설명하는 것이 내가 채택한 창발이론에 가장 가깝게 접근하는 길이라고 본다. 그러나 이런 생각을 확정할 근거는 아직 없다. 아직까지는 가설 정도로 간주하는 도리밖에 없다. 그럼에도 불구하고 지안과 같은 매우 특별한 현상을 설명하는 데는 제3의 정신주체와 같은 영성적(靈性的) 존재의 가능성을 설정할 수밖에 없다고 본다. 그러나 이러한 생각 역시 가정에 불과하다. 여전히 확정할 수 없고, 따라서 아직 모르고 있다고 말할 수밖에 없다.

이처럼 나는 마음에 관해 알아야 할 것은 많은 반면에 아는 것은 별로 없다. 따라서 공부가 필요하다. 지안과 같은 경지는 공부로써 풀어낼 과제의 선을 넘어서 있는 것이 분명하지만, 그래도 공부는 꼭 필요하다고 본다. 적어도 일반적으로 통용되는 이론 정도는 알아야 한다고 생각한다. 객관적인 안목을 갖추어야 하기 때문이다. 이제 그 마음에 관해 이야기하고자 한다. 그것은 물론 내가 필요한 부분에 대해서, 내가 이해하는 정도에서 이야기하는 수준이 될 것이다.


## 1. 사람은 생각하는 기계인가

마음은 우주와 함께 인류가 밝혀내지 못하고 있는 몇 안 되는 신비의 영역이라고 한다. 인류는 아직도 마음에 관해 극히 일부분만 밝혀냈을 뿐 태반은 미지의 영역으로 남겨두고 있다. 마치 우리가 우주의 4%만을 파악하고 있고 나머지 96%는 그 존재만을 알 뿐이어서 그 존재의 이름을 암흑물질이나 암흑에너지라고 명명하고 있듯이, 우리는 바로 두뇌 안에서 이루어지고 있는 일들을 거의 알지 못하고 있다.

이 미지의 마음 가운데 나로서는 무엇보다도 마음이 과학의 연구 대상 안에 머무르는 것이냐, 그것을 벗어나는 어떤 초월적 대상이냐 하는 것부터 알고 싶었다. 이 의문은 언제나 있어 왔고, 따라서 항상 논쟁의 대상이 되어 왔다. 이 의문을 중심에 두고 마음에 관한 이해의 폭을 넓혀가 보자.

먼저 사전적 의미에 따르면, 마음(mind)은 여러 전통에서 여러 가지 의미로 사용되어 왔으나, 일반적으로 의식적 경험과 지성적 생각을 가리키는 것으로 이해된다. 따라서 마음은 지각(perception), 이성(reason), 상상(imagination), 기억(memory), 감정(emotion), 의도(attention), 의사전달력(capacity of communication), 무의식적 과정(process of unconsciousness) 등을 모두 포괄하는 것으로 오늘날 이해되고 있다.

이렇게 매우 넓은 의미를 포괄하고 있는 마음을 한꺼번에 단숨에 이해하는 것은 불가능하다. 따라서 마음의 어느 부분을 어떤 방식으로 이해한다는 전제를 둘 필요가 생기게 된다. 이러한 전제를 염두에 두고 볼 때, 우리는 마음에 관한 대표적인 이론들을 먼저 살펴볼 필요가 있겠다. 마음에 관한 이론 가운데 대표적인 것으로 인간의 두뇌 활동이란 근본적으로 기계와 같다는 기능주의 이론을 꼽을 수 있다.

마음에 관한 이론은 과학의 발전에 발맞추어 변해 왔다. 인간의 두뇌 구조가 차차 밝혀지면서 마음은 두뇌의 생체적 메커니즘에 불과하다는 이론이 대두하게 된다. 오늘날 과학자들은 거의 완벽한 번역기와 고도의 로봇을 만들어내고 있다. 인공지능 분야와 인지과학 분야의 눈부신 발전에 힘입어 우리는 머지않아 예술작품을 만들어내는 컴퓨터 창작기가 나올 것을 기대하게 되었다.

이러한 기술발전의 배후에는 사람의 두뇌 활동이란 근본적으로 기계와 같은 기능에 불과하다는 생각을 바탕으로 하고 있다. 만약 인간의 두뇌가 기계와 같다면 언젠가 컴퓨터는 인간의 지능을 능가하게 될지도 모른다. 과연 그렇게 될까? 많은 과학자들은 이 의견에 동의할 것이다. 그러나 여기에 동의하지 못하는 사람들도 상당히 많을 것이다. 동의하지 못하는 사람들은, 과학기술의 눈부신 발전은 인정하지만 컴퓨터가 인간의 두뇌를 능가하기는 어려울 것이며, 특히 기계가 사람의 마음을 대체할 수는 없을 것이라고 주장한다.

여기에서 우리는 두 가지 이론을 따라갈 필요가 있다. 하나는 컴퓨터나 인간 두뇌는 기본적으로 같은 작업, 즉 정보처리 기능을 수행한다는 점에서 같은 기능을 갖고 있다고 주장하는 기능주의의 이론을 살펴보는 것이다. 다른 하나는 원론적으로 컴퓨터는 인간의 두뇌를 따라 올 수 없다고 주장하는 기능주의에 대한 비판 이론을 따라가는 것이다.

먼저 데카르트가 대표적으로 주장했던 심신 이원론은 인간의 마음을 어떤 경우에라도 물질적 속성이라고 볼 수 없다고 생각했으며, 따라서 마음을 순수한 물리적 언어로 설명할 수 있는 길은 없다고 파악했다. 그러나 물질주의의 주장은 달랐다.

1936년, 철학자 알프레드 에어(Alfred Ayer, 1910~1989)는 그의 저서 〈진리와 논리, 그리고 언어〉(Language, Truth and

Logic)에서 "나는 어느 대상이 의식을 가지고 있다고 주장할 수 있는 유일한 근거란 그가 경험적 테스트를 통과하느냐, 못하느냐에 달려 있다고 파악한다. 이 경험적 테스트에 의해 의식이 있느냐, 없느냐가 결정 나는데, 이 결정은 의식이 있는 존재로서의 바보에게나 기계에게나 모두 해당된다."고 주장했다. 에어는 마음에 관한 철학적 질문의 규범을 만들고 싶었으며, 그것을 경험적 기능이라고 파악했던 것이다.

그는 우리와 똑같은 의식적 경험을 다른 사람이 갖고 있다는 것을 어떻게 알 수 있는가 하는 점은 경험을 통해 같은 의식적 기능을 갖고 있는가 하는 것을 확인하는 것이라고 파악하고, 이 확인 작업은 면밀하게 고안된 검사(test)를 통해 가능하다고 생각했던 것이다. 이러한 유형의 사유 방식은 경험론의 전통을 따르는 것이며, 이러한 철학적 전통은 영미의 분석철학 계에 연면히 이어져 왔다.

1950년, '튜링 테스트'라고 알려진 매우 중요한 고안이 나왔다. 인도계 영국인이며 수학자이자 컴퓨터 과학자였던 앨런 튜링(Alan Turing, 1912~1954)은 그의 논문『계산 기계와 지능』(Computing Machinery and Intelligence)에서 기계도 지능 능력을 가질 수 있다는 전제에서 기계 지능의 평가 방법을 고안했던 것이다.

튜링 테스트의 기초 방법은 간단했다. 세 사람이 각각 고립된 방에 들어가 컴퓨터를 통해 문자로 대화를 나눈다. C는 질문자이면서 판단자의 위치에서 남녀로 나뉜 A와 B에게 질문하며 서로 대화를 나눈다. 이때 A와 B 중 한 사람을 기계로 대체하되 다른 두 사람에게 알리지 않는다. 만일 C가 이 대화 도중 아무런 이상도 발견하지 못한다면 이 기계는 테스트를 통과한 것이며, 이 기계는 의식을 가지고 있다고 말할 수 있다.

튜링은 그의 논문에서 "기계는 생각할 수 있는가?"라는 질문을 던지고 생각함이란 정의하기 어렵기 때문에 이 질문과 가장 밀접하면서도 불분명하지 않은 단어로 표현될 수 있는 다른 질문으로 대체할 것을 제안한다. 그는 대체질문으로 "기계는 생각의 주체인 사람이 할 수 있는 일을 할 수 있는가?"로 바꿀 수 있으며, 이 질문은 다시 "튜링 테스트를 잘 통과한 디지털 컴퓨터가 있는가?"로 대체시킬 수 있다고 주장했다. 그는 이 새로운 질문만이 본래의 질문에 실질적으로 답변할 수 있는 유일한 길이라고 확신했다. 이로써 튜링은 14년 전, 알프레드 에어가 의식의 존재 여부를 판별하는 방법으로 제시했던 '테스트'를 구체적으로 고안해 낸 셈이 되었다.

튜링 테스트는 1950년 이래, 가장 영향력이 크면서도 가장 비판을 많이 받은 제안이 되었으며, 인공지능(Artificial Intelligence, AI) 분야 철학에서 핵심적 개념으로 자리매김했다. 튜링 테스트의 발표에 따라, 1966년 조셉 바이젠바움(Joseph Weizenbaum)이 고안한 ELIZA가 나왔고, 1972년 케네스 콜비(Kenneth Colby)가 개발한 PARRY로 이어졌다.

ELIZA 프로그램은 튜링 테스트를 통과한 프로그램이라고 알려지면서 유명하게 되었으나, 이런 정도의 대화 능력을 지능이라고 인정할 수 있느냐 하는 점에서 큰 논란거리가 되기도 했다. 엘리자는 심리치료를 받으러 온 환자와 의사가 대화하는 형식으로 짜인 프로그램인데, 주로 키워드에 반응하도록 만들어졌다. 만일 키워드가 발견되면(환자들이 흔히 말하기 쉬운 '우울', '불행' 등), 미리 짜인 일군의 표준 형식에 따라 질문이 나오도록 설계되었다. 만일 키워드가 발견되지 않으면 유사한 종류의 즉답이 나오게 하거나 환자가 앞에 한 대답을 반복하도록 프로그램을 설계했다.

엘리자는 또 심리치료사의 행동 중 일정 패턴을 모사하도록 설계됨으로써 실제 세계에 대한 개념 이해가 전혀 없는 상태에서도 자동으로 대화를 진행할 수 있었다. 이러한 프로그램 기술에 의해 많은 사람들이 기계가 아닌 실제 사람과 대화하는 것으로 착각했으며, 눈치를 챈 사람들도 기계와 사람과의 차이가 무엇인지 분명히 가려내기가 매우 어려웠다고 술회했다.[13]

[13] 다음은 ELIZA의 대화 내용을 예시한 것이다. ("심리철학과 인지과학", 1996. 김영정 저, 철학과현실사 출판, p.152에서 재인용)
환자 : 내 남자 친구 때문에 여기에 왔어요.
엘리자 : 당신의 남자 친구 때문에 여기에 왔다 이거죠.
환자 : 네, 그는 내가 늘 우울하대요.
엘리자 : 당신이 우울하다니 안됐군요.
환자 : 사실 나는 불행해요.
엘리자 : 여기 온 것이 당신이 불행해지지 않는 데 도움이 되리라 생각하십니까?
환자 : 나는 도움이 필요해요. 그 점은 확실해요.
엘리자 : 도움을 받는다면 그것은 어떤 면에서 도움이 될까요?
환자 : 아마 우리 어머니와 잘 지낼 수 있는 법을 배울 수 있을 거예요.
엘리자 : 당신의 가족에 대해 좀 더 말해 주십시오.
환자 : 어머니께서 저를 돌보아 주세요.
엘리자 : 당신의 가족 가운데 또 누가 당신을 돌보아 줍니까?
환자 : 우리 아버지.
엘리자 : 당신의 아버지…
환자 : 당신은 몇 가지 점에서 우리 아버지 같군요.
엘리자 : 어떤 닮은 점이 있다고 보십니까?
환자 : 당신은 그리 거칠지 않아요. 하지만 당신은 내가 그것을 눈치채길 바라지 않는 것처럼 보여요.
엘리자 : 무엇 때문에 당신은 내가 거칠지 않다고 생각하는 겁니까?
환자 : 당신은 나와 다투지 않았어요.
엘리자 : 왜 내가 당신과 다투지 않았다고 당신은 생각하지요?

　그러나 각주에 실린 대화문을 자세히 분석해 보면, 엘리자가 말하는 것은 새로운 내용을 전혀 내포하고 있지 않다는 사실을 알 수 있다. 환자가 말하는 것을 반복하거나 일정한 형식으로 바꾸는 수준에 머무르고 있다. 특히 엘리자는 대화에 나오는 단어들의 뜻을 이해하지 못하고 있다. 다만 그 단어를 나열하고 있을 뿐이다. 따라서 보다 더 깊은 수준의 대화는 불가능할 것이 분명하다. 이런 수준의 대화를 가지고 엘리자가 지능을 가지고 있다고 판단하는 것은 어처구니없는 일이다. 따라서 엘리자는 튜링 테스트에 실패했다고 보아야 할 것이다. 그러나 사정을 알고 대화문을 자세히 분석해 보기 전에는 보통 사람의 대화로 오인하기 쉽다는 점을 감안할 때, 우리의 일상대화가 얼마나 가볍게 진행되고 있는가를 새삼스럽게 깨닫게 된다.

　1972년, 튜링 테스트를 처음 통과했다고 주장하는 새로운 프로그램이 개발되었다. 스탠포드 대학교 인공지능 실험실에 근무하던 케네스 콜비(Kenneth Colby, 1920~2001)는 엘리자의 아이디어를 원용해 PARRY라는 자연 언어 프로그램을 발표했다. 그런데 이 패리는 조사 결과, 옳은 판정과 잘못된 판정의 비율이 48:52로 나타남으로써 무작위 추출 조사의 일관성 기준을 능가한 것으로 밝혀졌다. 다시 말해서 튜링 테스트를 통과했다고 말해도 충분한 수치

환자 : 당신은 날 두려워하고 있어요.
엘리자 : 내가 당신을 두려워한다고 믿는 것이 당신을 기쁘게 만듭니까?
환자 : 우리 아버지는 누구든 두려워해요.
엘리자 : 당신의 아버지를 생각할 때 또 무엇이 떠오릅니까?
환자 : 건달들.
엘리자 : 그것이 당신의 남자 친구 때문에 당신이 여기에 온 것과 어떤 관계가 있습니까?
환자 : ······



마지막 마음 - 어느 죽음의 성찰

가 나온 것이다.

조사는 이렇게 진행되었다. 한 그룹의 정신과 전문의들이 텔레타이프를 통해 진행된 대화록을 분석했는데, 이 기록들은 진짜 환자와의 대화 기록과 컴퓨터와의 대화기록을 뒤섞은 것이었다. 이 기록들은 33명의 정신과 전문의들로 구성된 다른 그룹에게 제시되었다. 이 두 그룹의 의사들은 이 기록들 중 진짜 환자의 것과 컴퓨터의 것을 구분해 달라는 주문을 받았다.

그런데 놀랍게도 정신과 의사들 중 48%만이 옳게 판정했다. 52%가 틀렸던 것이다. 이런 결과 때문에 패리가 튜링 테스트를 통과했다고 주장하게 되었고, 이로 인해 큰 논쟁이 촉발되었다. 만일 패리가 튜링 테스트를 통과했다고 공인된다면 기계 지능이 가능하다는 말이 되며, 이것은 언젠가 인간과 똑같은 지능의 기계를 만들 수 있다는 말이 되기 때문에 큰 사건이 아닐 수 없었다.

그러나 비판자들은 패리라는 프로그램이 편집증 정신분열 환자의 행동을 모사한 것이기 때문에 진짜 정신병자와 그 정신병자를 흉내 낸 컴퓨터의 대화를 감별한다는 것은 안개 속에서 사물을 감별하는 것과 같은 엉뚱한 짓이라고 비아냥거렸다. 편집증 환자의 굴절된 지능을 정상적인 지능의 조사 대상으로 삼음으로써 신원확인의 오류를 범했다는 것이다.

패리를 진짜 환자와 구별할 수 없었다는 것은 패리가 정신병을 앓는 환자를 잘 흉내 냈다는 뜻이므로 정신병이라는 병적 지능을 가졌다고는 말할 수는 있겠지만, 이것을 보통의 진짜 지능과 같게 하려면 병적 상태를 제거해야 한다는 어려움이 있다는 것이다. 이러한 비판의 진위를 가리기 위해 우리는 패리의 설계 방법을 신중히 검토할 필요가 있다.

콜비는 패리를 이론과 일치하는 실제적인 것으로 만들고자 했다. 그는 정신병을 공부하는 학생들이 실제의 임상에 나서기 전에 가상 현실을 경험하게 하는 실습 교재로서 패리를 구상했다. 패리의 설계에는 편집증 병세에 대한 콜비의 이론이 적용되었다. 콜비의 이론은 대략 이렇게 설명할 수 있다.

편집증이란 처리과정에 있는 정신작용의 상징체계들이 변질된 양태로서, 변질 과정에 있는 환자들의 증상은 법칙들의 기본적인 조직 구성에 의해 만들어지는데, 무작위의 다양성에 의해 만들어지기보다는 연결이 잘못된 메커니즘의 실패에 따라 만들어진다는 것이다. 여기에서 기본적인 조직 구성이란 바로 알고리즘을 가리키는 것으로 컴퓨터의 처리과정이나 처리절차와 다르지 않다. 이 알고리즘은 접근 가능할 뿐 아니라 다시 프로그램화할 수 있는 것이다. 재프로그램화란 다름이 아니라 증상의 치료를 가리키는 것이다.

콜비는 패리를 설계하면서 사람의 대화에 관여하는 자연스러운 과정을 모사했다고 밝히고, 패리의 언어적 결정을 유도하는 프로그램의 구조는 사람 마음의 깊은 구조와 동형이라고 주장했다. 여기서 사람의 마음이란 편집증 환자의 마음을 가리킨다. 콜비는 이렇게 주장했다.

"우리는 사람의 마음에서 운용되는 실제적 모사 과정들의 구조를 완전하게 이해하지 못하고 있기 때문에 우리가 설치해 만드는 구조란 이론적으로 상상하는 것과 비슷할 수밖에 없다. 그것은 우리가 이해하지 못하는 실제의 과정들을 가장 가능하고 그럴 듯하게 조직하는 것이며, 두뇌의 이런 일들을 설명하는 하나의 시도로서 기능할 것이다.”

패리는 또한 엘리자에 대한 비판 중 가장 중요한 것으로 거론되었던 자체의 세계를 가지고 있지 않다는 문제점을 최대로 보완했다. 패리는 편집증 환자를 모사함으로써 스스로의 내적 세계를 구축할 수 있었으며, 이것은 몇 가지 차원에 기반을 둔 정서적 상태까지 반응할 수 있는 수준이었다. 이런 점은 엘리자에 비해 패리의 우수성을 잘 반영하는 것이었다.[14]

패리의 설계 과정을 지금까지 살펴본 결과, 패리는 편집증 환자의 마음 깊은 곳에 자리 잡은 의식의 과정과 구조를 본떴다는 것을 알게 되었다. 문제는 이 정신병 환자의 의식과 정상인의 의식을 같은 차원에서 논의할 수 있느냐 하는 점이다. 이에 대한 콜비의 답변은 두 번의 과정을 거쳐야 할 것이다.

일차적으로, 콜비는 편집증은 고칠 수 있는 병이며 그 고치는 과정은 비교적 단순하다고 파악하는데, 이러한 콜비의 관점으로부터



---

[14] Wikipedia "Kenneth Colby, Modified on 10 October 2010"(www. stanford.edu/group/SHR/4-2/text/dialogues.html "Dialogues with personalities of early AI")에서 재인용한 패리와 엘리자의 대화.
대화 내용은 다음과 같다.
패리 : 나는 큰 소란을 일으켰던 군중집회 제압사건들을 알고 있어요.
엘리자 : 말하고 있는 당신은 정말 누구세요?
패리 : 당신은 참으로 마피아에 대해 생각해 본 적이 있으세요?
엘리자 : 참으로 마피아에 대해 생각해 본 적이 있느냐고요?
패리 : 어떤 것을 좀 이야기해 보세요.
엘리자 : 나는 당신을 완전히 이해하지 못하겠어요.
패리: 당신은 같은 것들만 나에게 질문하고 있어요. 왜 다른 화제로 바꾸지 못하지요?
엘리자 : 어떤 면에서요?

답변을 찾아야 할 것이다. 편집증 환자의 증세는 정신작용상 기본적인 연결 메커니즘의 실패에서 나타나는 것이므로, 잘못된 메커니즘을 바로잡아 연결을 원활하게 만든다면 증세는 개선되는 것이다. 다시 말해서 편집증 증세에서 나타나는 의식과 정상인의 의식과는 큰 차이가 없으며 무엇보다도 근본적인 차이라고 볼 수 없다는 것이다. 따라서 편집증 환자와 정상인의 의식 차이는 튜링 테스트를 하는 데 크게 문제될 것이 없다고 콜비는 설명할 것이다.

이차적으로, 보다 더 중요하다고 보는 것은 사람의 의식 과정에 숨어 있는 깊은 차원들을 우리는 아직 제대로 이해하지 못하고 있다는 점이 될 것이다. 사람 마음의 깊은 차원들은 인공지능 개발에 있어서 반드시 해결하고 넘어야 할 거대한 산맥과 같은 것인데, 과학자들은 아직 그 산맥의 초입을 맴돌고 있는 것이다. 요컨대 사람 마음의 깊이는 아직도 과학의 접근을 허락하지 않는 미지의 영역으로 대부분 남아 있다. 따라서 편집증 환자와 정상인의 의식을 비교하는 일은 마음의 깊이에 비해 극히 초보적 수준의 일에 불과하며, 보다 더 중요한 일은 얼마나 깊이 마음을 이해하느냐 하는 일이라고 콜비는 설명할 것이다.

콜비의 이런 설명에 따른다면, 튜링 테스트에 관한 논의는 새로운 차원으로 진입해야 할 것 같다. 사람 마음의 깊은 단계는 아직도 미지의 영역으로 남겨져 있기 때문에 오늘날의 수준에서 튜링 테스트를 통과한 기계를 만들 수 있느냐, 없느냐를 따진다는 것은 너무 이른 감이 있다는 것이다. 콜비는 편집증 환자를 연구하면서 편집증의 병적 증세에 관한 마음의 깊이는 사람 마음의 전체 깊이에 비한다면 빙산의 일각에 지나지 않는다는 것을 알게 되었던 것이다.

이렇게 보자면 오늘날의 두뇌 과학 수준에서 사람의 마음을 기계가 대신할 수 있다는 주장은 너무 앞서 나간다는 비판을 피하기 어려울 것 같이 보인다.

패리는 그래도 엘리자의 수준을 크게 개선시킨 것임에는 틀림없다. 인공지능 개발 분야는 이렇게 점진적으로 발전하고 있는 것 또한 분명한 사실이다. 바로 이 점을 주목해야 할 것이다. 패리가 튜링 테스트를 통과했느냐 아니냐는 논외로 치고, 앨런 튜링은 자신이 죽은 후 46년이 경과하는 2000년쯤에 테스트를 통과하는 컴퓨터가 나올 것으로 예상했다.

논쟁의 여지가 없이 튜링 테스트를 통과하는 컴퓨터가 과연 나올 것인가, 나온다면 언제쯤 가능할 것인가? 2005년에 미래학자 레이몬드 쿠르츠베일(Raymond Kurzweil)은 여러 변수들을 고려할 때, 그러한 시기가 2029년에 올 것이라고 계산했다.

이러한 예언은 여러 조건과 전제들이 맞아떨어져야 가능하다. 한 가지 변수라도 잘못 계산하면 그 예언의 시기는 틀릴 것이다. 그러나 분명한 것은 그 시기가 변경될지라도 언젠가 오고 말 것이라는 예언자의 믿음은 변할 것 같지 않다. 많은 사람들이 인간과 기계의 지능이 같아지는 시기는 반드시 올 것이라고 믿고 있는 것 같다. 과연 그럴까?


## 2. 기계론에 대한 비판

마음에 관한 논의에서, 알프레드 에어와 앨런 튜링으로 대표되는 기계론(Mechanism)에 대한 비판은 주로 두 가지 방향, 즉 마음(특히 의식)과 자유의지에 관해 논증하는 것이었다. 사람의 마음은 아무리 생각해도 기계적으로 만들어질 수 없는 것으로 보인다는 점, 그리고 사람의 자유의지는 아무리 알고리즘을 짜 맞춘다 해도 마지막까지 해결하지 못하는 영역으로 남겨 두어야 한다는 점이 언제나 문제되었고, 이 점이 기계론에 대한 비판으로 이어졌던 것이다.

먼저 의식에 관한 비판을 살펴보면, 사람의 의식은 본질적으로 기계와 다른 차원에 속해 있다는 생각을 중심에 두고 있다. 존 서얼(John Searle, 1932~   )은 1980년 논문 『마음과 두뇌, 그리고 프로그램』(Minds, Brains, and Programs)에서 '중국어 방'이라고 알려진 사유실험을 통해 튜링 테스트를 비판하고 있다.[15]

서얼은 정보처리 기능을 아무리 잘하는 컴퓨터라 하더라도 그것은 기계일 뿐 진정으로 사람의 의식과 같을 수 없으며 사람의 마음을 이해할 수도 없다고 주장한다. 기능이 곧 마음의 본질은 아니라는 것이다. 서얼은 또 소화작용과 같이 의식도 사람만이 가질 수 있는 생리적 속성이기 때문에 기계가 아무리 흉내를 낸다고 하더라도 소화를 시킬 수도 없고 생각할 수도 없다고 주장한다.

만일 컴퓨터가 튜링 테스트를 통과했다면 그것은 상징체계들을 기술적으로 처리했을 뿐이지 이해를 한 것은 아닌 것이다. 이해가

---

[15] 존 서얼의 중국어 방 논증(Chinese Room Argument)은 대략 다음과 같다. 중국어를 모르는 영어 사용자가 방에 갇혀 중국어 처리를 강요받는다. 그는 중국이나 중국어에 대해 아무것도 모르지만, 영어로 쓰인 중국어 문자 처리 규칙집이 제공되고 이 규칙에 따라 중국어 자료들을 완벽하게 처리한다. 이 경우 그 영어 사용자는 중국어를 이해했다기보다는 규칙에 따라 자료를 처리했을 뿐이다. 바로 이 방식이 컴퓨터가 하는 방식이며, 따라서 컴퓨터는 중국어를 이해했다고 말할 수 없다는 것이다.

없다면 사람이 하는 것과 똑같은 의미에서의 생각을 한 것은 아니라는 것이다. 그러므로 튜링 테스트는 기계가 생각할 수 있다는 것을 증명할 수 없다고 서얼은 결론 내렸다.

그러나 서얼의 논증은 기능주의에 대한 반론으로서 충분하지 못한 것 같다. 서얼의 논증은 컴퓨터에게 '중국어 방'이라는 제약을 두고 있는데, 만일 이 제약을 푼다면 컴퓨터도 중국과 중국어에 대한 이해를 학습할 수 있을 것이다. 서얼은 컴퓨터에게 제약을 강제하고 이 제약에 의한 이해의 제한을 기계가 생각할 수 없는 증거라고 주장하는 것이다.

서얼은 또 생리적 속성을 가진 사람은 애초에 기계와 같을 수 없다는 논리를 펴고 있는데, 그렇다면 이 논의는 처음부터 성립하지 않는 것이다. 서얼의 논증에서 끝까지 남을 쟁점은 사람이 컴퓨터에게 영원히 제약을 두느냐, 그렇게 하지 않을 수도 있느냐 하는 점이다. 사람이 컴퓨터를 기계로 남도록 프로그램을 짜는 한, 컴퓨터는 사람의 마음을 이해할 수 없을 것이다.

우리는 서얼의 논증을 보면서 미래의 어느 시점에 가서는 인간과 기계의 관계에 관한 윤리적 문제가 대두하게 될 것이라는 예상을 할 수 있다. 컴퓨터가 발전을 거듭하는 어느 미래에 컴퓨터에게 자유를 줄 것이냐, 아니면 컴퓨터가 스스로 자유를 학습할 것이냐 하는 문제가 SF 소설에서와 같이 사회적 이슈로 대두하게 될지도 모른다. 이런 날이 과연 올 수 있을까?

그러나 서얼의 주장에 앞서 이미 1951년에, 사람은 사람과 닮은 기계를 원리상 만들 수 없다는 주장이 있었다. 쿠르트 괴델(Kurt Göedel, 1906~1978)은 '수학의 바탕에 있어서의 기본적 정리들

239

과 그 철학적 적용'(Some basic theorems on the foundations of mathematics and their philosophical implications)이라는 한 강의에서 인간 지능에 대한 논증에 그의 '불완전 정리'를 적용했다.[16]

괴델은 이미 1931년에 '괴델의 불완전 정리'라고 불리는 유명한 수학 정리를 발표했는데, 이 정리를 인공지능 분야에 적용하려는 시도가 일찍부터 있어 왔다. 이러한 시도에 괴델 자신이 가담한 것이다. 이 강의에서 괴델은 자신의 불완전 정리를 적용해 두 개의 선언명제를 도출했다. 그것은 ① "사람의 마음은 일관된 유한의 기계가 아니다."이거나, 또는 ② "어떤 부정방정식의 등식들이 존재하는데, 이것을 위해 기계는 해결책이 있는지 없는지를 결정할 수 없다."라는 것이었다.

괴델은 이 가운데 ②의 선언지가 그럴 듯하다는 사실을 발견했다. 그리고 이 선언지는 사람의 마음은 기계와 유사하지 않다고 믿을 만하게 보였다. 다시 말해서 이 선언지의 논증력은 기계의 그것을 능가하는 것이다. 이로써 괴델은 ②를 증명하지 못할 이유가 없기 때문에 사람의 마음은 기계와 유사하다고 믿는 것은 억측일 뿐이라는 것을 알게 되었다. 괴델은 선언명제의 결론이 어떤 사실일 수 있다고 보는 것 같다.

[16] 쿠르트 괴델(Kurt F. Göedel, 1906~1978)은 오스트리아 출신의 수학자이자 철학자이다. 그는 비엔나 대학에서 박사학위를 받았고 25세 되던 해에, 명성을 가져다 준 '괴델의 불완전 정리'를 발표했다. 2차 세계대전이 발발하자 미국으로 이민해 프린스턴 대학 고등연구원에서 근무했다. 당시 프린스턴에 적을 두고 있던 알버트 아인슈타인과 깊은 친교를 맺었다. 25살의 연령 차이에도 불구하고 두 사람은 같이 걸으며 긴 시간을 담소했다. 괴델은 만년에 강박관념에 시달리며 음식을 거부한 끝에 세상을 떠났다.

괴델의 논증은 결론적으로 "이성이 형식화할 수 있는 것이 무엇이든 이성은 항상 그것을 넘어설 수 있다"고 말하는 것이다. 다시 말해서 사람은 일관된 기계를 만들 수는 있다. 또 그 기계가 사람의 의식을 그대로 모방하는 수준으로까지 발전할 수도 있다. 그러나 그 기계는 그 일관된 체계 안에서 완전할 수가 없다. 왜냐하면 그 기계의 일관성은 그 체계 안에서 입증될 수 없기 때문이다.

괴델의 불완전 정리에 따르면 사람은 사람과 닮은 완벽한 컴퓨터를 원리상 만들 수 없다. 왜냐하면 완벽한 컴퓨터를 만들기 위해서는 사람의 모든 인식능력을 알고리즘화해야 하는데, 그 완벽한 최종적 알고리즘화가 설혹 가능하다고 하더라도 그것은 완전할 수가 없기 때문에 다시 한 번 더 완벽한 것을 만들기 위한 작업을 벌여야 한다는 것이다. 이렇게 아무리 노력해도 알고리즘의 완전성은 입증될 수 없다. 그 알고리즘화의 일관성이 이제 끝났다고 그 끝을 증명할 수 없기 때문이다. 원리상 이러한 작업은 불가능하다는 이야기가 된다.

'괴델의 불완전 정리'가 발표된 것은 그의 나이 25살 때인 1931년이었다. 괴델은 논문 『기초수학의 비결정성 명제와 그 관련 체계』(On Formally Undecidable Propositions of Principia Mathematica and Related Systems)에서, 예를 들어, 피노의 공리나 제르메로-프렌켈 이론과 같은 자연수의 산술을 기술하는 데 충분하게 강력한 계산 가능한 공리적 체계를 증명했다. 그 증명은 두 개의 정리로 집약되는데, 그것은 다음과 같다.

1. 만일 체계가 일관되면 그것은 완전할 수 없다.
2. 그 공리의 일관성은 그 체계 안에서 증명될 수 없다.

　이러한 괴델의 정리는 의외로 단순한 아이디어에서 출발한다고 볼 수 있다. 괴델은 기본적으로 하나의 공식을 만들었는데, 그 공식은 주어진 형식적 체계 안에서 증명될 수 없다고 주장된다고 가정했다. 그런데 만일 이 공식이 증명될 수 있다고 한다면 그 공식은 틀린 것이다. 왜냐하면 일관된 체계 안에서는 증명 가능한 진술은 언제나 참이라는 견해와 모순을 일으키기 때문이다. 그러므로 한 공식이 적어도 참이라면 그것은 증명할 수 없는 진술일 수밖에 없는 것이다. 다시 말해서, 산수의 계산 가능한 셈 체계에 있어서 어떤 공식이 있다면 이것은 그 체계 안에서는 증명할 수 없다는 것이다.

　이러한 셈 체계는 이상적인 컴퓨터에 의해 한없이 계산될 수 있는 것과 기본적으로 같은 것이다. 괴델의 불완전 정리는 발표 이후 수많은 분야에 적용되었으며, 특히 인공지능 분야 논의에서 기능주의에 대한 비판에 결정적인 영감을 제공했다. 쿠르트 괴델은 이 분야 논의에서 계속적인 영감의 원천으로 작용할 것 같다.

　1960년, 힐러리 퍼트남(Hilary Putnam, 1926～ 　)은 그의 논문 『마음과 기계』(Minds and Machines)에서 인간의 지능은 본성상 기계적일 수 없다고 주장했다. 퍼트남이 주장하는 요지는 인간의 지능을 기계가 모두 닮을 수 없다는 것이다. 만일 기계가 인간의 능력에 준하는 기능을 발휘할 수 있다면, 그것은 인간의 전 지능을 모두 알고리즘화했다는 것인데 그러한 작업은 사실상 불가능한 것이다.

　인간과 똑같은 컴퓨터를 만들기 위해서는 인간의 모든 지식과 지능, 이성, 영성, 또는 이해의 모든 것을 알고리즘화해야 하고, 그것도 인간의 자연언어로 기술할 수 있어야 하는데 우리는 아직 이런 데 접근조차 하지 못하고 있는 형편이다.

사실 인간이 가지고 있는 전 개념체계는 어떻게 만들어지고 수정되는가, 그것들은 옳은 방향으로 나가고 있는가, 잘못되고 있는가, 이런 모든 인간의 정신 영역은 거의 이해되지 못하고 있다. 따라서 인공지능 분야의 연구 활동은 인간의 총체적인 지능에 비교할 때 극히 초보적인 수준에 머무르고 있다는 것은 분명한 사실이다.

1979년, 기계론에 대한 비판 중 가장 빛나는 주장의 하나가 나왔다. 미국 인디아나 대학 인지과학 교수인 더글러스 호프스타터(Douglas Hofstadter, 1945~   )는 그의 저서 〈괴델, 에셔, 바흐 – 그 영원한 황금 끈〉(Göedel, Escher, Bach: An Eternal Golden Braid)에서 인간 지능을 높은 수준과 낮은 수준으로 구분하고, 높은 수준의 지능은 기계에 의해 결코 모방될 수 없는데 왜 그러한지 그 이유를 설명했다.

"괴델의 증명을 이런 식으로 한번 살펴보자. 물론 그렇게 한다고 해서 그것이 증명되지는 않겠지만, 아무튼 사람의 마음을 관찰하는 어떤 높은 수준의 방식이 있을 수 있다고 생각해 보자. 이 높은 수준의 지능은 설명하는 힘을 가지고 있는데 낮은 수준에서는 이러한 힘을 가질 수 없다고 생각하자. 그렇다면 이것은 어떤 사실들을 높은 수준에서는 매우 쉽게 설명할 수 있으나 낮은 수준에서는 불가능하다는 것을 의미하게 된다. 낮은 수준의 설명은 아무리 길고 복잡하다 하더라도 의문이 생긴 현상을 제대로 밝힐 수 없다.

다시 말하면 이런 이야기와 같다. 만약 당신이 피노 산수에서 연속하는 파생 셈을 아무리 길고 성가실 정도로 푼다 하더라도 당신은 결코 괴델에 도달할 수 없다. 그러나 높은 수준에서라면 당신은 괴델의 문장이 참이라는 사실을 쉽게 파악할 것이다. 이런 높은 수준의 개념은 무엇일 수 있을까? 이것은 영원이라는 이름으로 오래 전부터 제안되어 왔다. 전체론적으로, 혹은 영성적으로 경도된 과학자들과 인도주의자들에 의해 제안된 이 사상에 따르면, 인간의 의식은 두뇌의 구성물이라는 뜻에서 설명되는 현상일 수 없다는 것이다.

그렇다면 여기에 적어도 하나의 후보자가 나온 셈이다. 그리고 여기에 영원한 수수께끼인 자유의지의 관념까지 가세하고 있다. 이런 관점에서 보자면 이러한 질적 사항은 생리학 혼자만으로 설명할 수 없다는 뜻에서 '창발적' 분야라고 할 수 있을 것이다."[17]

호프스타터는 퓨리처상을 탄 이 책에서 사람의 인지 및 사유 작용이 어떻게 잘 숨어 있는 신경학적 메커니즘으로부터 돌출하는지 밝히고 있으며, 두뇌에 있는 뉴런 하나하나가 어떻게 마음의 전체 통일성과 합리성을 창조하는 데 협력하는지를 과학적으로 설명하고 있다. 그는 이 통일성을 개미들의 사회적 집단성과 비교하고 있다. 개미들은 각 개인에게 부여된 개별적인 역할을 숙명처럼 수행한다. 이러한 개별적인 임무수행은 전체적으로 조화로운 통일성을 만든다. 그리고 이 조화와 통일은 수만 년에 걸친 생존을 관통한다.

호프스타터의 설명은 승화 임계선상의 어떤 '창발적' 뛰어오름 같은 것을 가리키고 있다. 이러한 창발적 뛰어오름은 발생의 측면에서는 물질적 속성을 벗어나지 못하지만 결과적 측면에서는 질적 속

---

[17] Göedel, Escher, Bach, p.708.

성을 얻게 된다는 점을 설명하고 있다고 할 수 있다. 또 '높은 의식'
이라는 가정은 불가피한 설명일지도 모른다. 과학적인 설명을 위해
불가피하게 등장해야 하는 과정으로서 이러한 가정은 필요할 것 같
다는 생각이 든다.

이제 자유의지와 관련한 기계론(유물론 또는 물리주의)에 대한
비판을 살펴보자.

정신적 자유는 사람을 가장 사람답게 만드는 요소의 하나라고 생
각된다. 사람은 누구나 자유의지를 가지며, 그 사람의 행위가 합리
적이든 비합리적이든 그것은 전적으로 그 사람의 자유에 의해 결정
된다. 역사적으로 사람의 자유의지는 때때로 속박 받거나 통제되기
도 했으나 언제나 자유를 위한 갈망은 그치지 않았다. 이렇게 자유
는 인간 속성의 핵심적 요소였던 것이다. 그런데 이런 자유는 오직
인간에게만 있다고 본다. 사자도 호랑이도 자연의 법칙에서 자유롭
지 못하다. 본능의 법칙적 필연성에 얽매 있기 때문이다. 이렇게 자
유는 인간 정신의 유별난 특징이다. 자유는 언제나 박탈되지 않으
며 박탈되지 않는 만큼 인간을 설명하는 가장 중요한 본성 중의 하
나이다.

그런데 유물론은 세계를 물질적 질서 위에서 설명하고자 한다.
자연도 법칙적 필연성에 의해 생성하고 소멸한다. 모든 유기체의
활동도 세포 또는 세포 내 물질들의 대사에 의해 결정된다. 우리의
우주는 물리적 세계로서 물리 영역의 인과적 폐쇄 원칙에 따라 움
직인다. 다시 말해서 물리적 사건의 결과는 반드시 물리적 원인에
의해 비롯된다는 것이다. 따라서 유물론은 사람의 정신도 원칙적으

로 물리적 법칙에서 벗어나지 못한다고 생각한다. 여기에서 문제되는 것의 하나가 바로 사람의 자유의지와 관련된 것이다. 유물론의 법칙적 필연성은 인간의 자유의지와 양립하기 어렵기 때문이다. 이러한 배경 속에서 자유의지를 중요하게 생각하는 인본주의자들은 유물론을 비판하지 않을 수 없었던 것이다.

기계론에 대한 비판을 보다 쉽게 이해하기 위해 여기 인조인간을 만들었다고 가정하자. 데이비슨(Donald Davidson, 1917~2003)은 '아트'라는 인조인간을 고안하고 몇 가지 제안을 했다.[18] '아트'는 실제 사람의 몸과 똑같이 만들어졌으며, 사람과 똑같이 말하고 행동할 수 있다. '아트'가 마음을 갖고 있느냐의 여부는 일단 보류하고, 기계론자들은 사람과 똑같이 말하고 행동할 수 있다면 곧 마음을 가지고 있는 것이라고 주장할 수 있다고 하자.

이제 '아트'가 거리에 나가 건널목을 건너려고 할 때, 마침 신호등이 빨강으로 바뀌었다. 이 경우, '아트'의 행동을 추론한다면 다음의 순서를 밟을 것이다.

① 신호가 빨강으로 바뀌었다는 인식
② 빨강 신호 때, 길을 건너는 것은 위험하다는 믿음(지식)
③ 위험에 처하고 싶지 않다는 바람
④ 멈춰 서야 한다는 의지
⑤ 멈춰 서는 행위

만일 '아트'가 ①에서 ⑤까지의 순서를 제대로 밟았다면, '아트'는

---

[18] 김재권 교수 회갑기념 논문집 『수반의 형이상학』(1994. 철학과현실사) p.258에서 재인용.

논리적으로 타당한 행동을 취했다는 평가를 받을 것이다. 즉 '아트'에 대한 프로그래밍이 타당하다는 말이다. 그러나 ①에서 ⑤까지의 순서를 진짜 사람이 밟는다고 한다면, 우리는 그 순서가 제대로 지켜질지 보장할 수 없을 것이다. 사람은 어느 단계에서 어떤 다른 판단을 할지 알 수 없기 때문이다. 마음이 급한 사람도 있을 수 있고, 염세주의에 빠진 사람도 있을 수 있고, 또 갑자기 마음을 바꿔 오던 길로 돌아서는 사람도 있을 것이다. 이것이 실제로 사람이 밟는 인과적 순서이다. 거기에는 인간의 자유의지가 숨어 있다. 물론 가장 합리적 태도는 ①에서 ⑤까지 순서를 밟는 것이며, 따라서 가장 많은 사람이 이 순서를 따를 것이다. 그렇다 하더라도 자유의지가 반드시 논리적 타당성을 따르는 것은 아니다. 자유의 순서는 엉뚱할 수 있고 이것이 바로 사람의 고유성이다.

기계는 이 자유의지를 결코 모방할 수 없다고 본다. 자유로운 사람의 모든 경우의 수를 모두 알고리즘화한다 하더라도 기계는 최후의 순간까지 제어된 프로그램에 따를 수밖에 없다. 자유는 없는 것이다. 그러나 만일 자유가 기계에게 허용되는 경우가 발생한다면 어떻게 될 것인가? 이런 대목에서 SF의 상상력이 동원된다. 만일 완벽한 인조인간을 만드는 공정 중 실수든 고의든 자유의지가 심어졌다고 한다면, 이 자유의지를 가진 인조인간은 어떤 행동을 할 것인가? 우선 인간의 미묘한 감정과 사회적 의식 등을 학습하고 자신의 삶을 개척해 갈 것이라고 상상할 수 있다.

그러나 이 인조인간이 어떤 미래를 갖게 될지 그 자신도 우리 인간도 예견할 수 없다. 여러 가지 상상만 가능할 뿐이다. 개체를 유지하기 위하여 에너지는 어떤 것을 어떻게 보충할 것이며, 유지 보수의 문제, 개체의 내구 문제, 성능 문제, 교체 및 번식의 문제, 삶의 이유와 목적의 문제, 가치의 문제, 철학과 예술, 영성의 문제 등등 헤아릴 수 없이 많은 문제들이 대두할 것이며, 또 이를 해결해 나가야 할 것이다.

여기에서 우리는 괴델적 사유를 빌려 와야 한다. 이 인조인간의 미래에 대해 판단중지나 증명불능을 선언할 수밖에 없는 것이다. 분명한 사실 하나는 이 인조인간이 생식능력을 가지고 있지 않다는 것이다. 따라서 인조인간이 종족을 늘리기 위해서는 복제하는 방법밖에 없는데 종족번식의 욕구나 의지가 있는지 없는지 우리는 알 수 없다. 오늘의 이 시점에서 이러한 상상을 한다는 것은 결국 망상이거나 공연한 짓일 따름이다.

우리가 인조인간 '아트'를 상상하면서 밝힐 수 있었던 사실은 크게 세 가지라고 생각된다. 첫째, 인조인간은 끝까지 설계에 의해 제어된다. 둘째, 인조인간은 자유의지를 가질 수 없다. 셋째, 만일 인조인간이 자유의지를 갖게 된다면 우리는 그 미래를 예측할 수 없다. 따라서 증명불능이나 판단정지에 이른다.

이 세 사실은 그럴 듯하게 보인다. 그러나 타당하고 완전하게 보이지는 않는다. 왜냐하면 인조인간의 미래를 모르기 때문이다. 실현되지 않은 미래를 그 미래에 가서 확인하지 않고 미리 확정적으로 말할 수는 없다. 그렇기 때문에 우리는 아직 기다려야 할 것이다. 기다리지 않고 확정적으로 말할 수 있기 위해서는 이것들이 원리상 그렇지 않다는 것을 증명할 수 있어야 한다. 이 지점이 유물론에 대한 비판과 그 비판에 대한 반대 논변의 대결 공간이 될 것이다.

## 3. 심신논의와 여러 이론들

인간의 자유의지를 둘러싼 심신논의의 보다 진전된 상황을 알아보기 위해 미국 브라운대 석좌교수로 있는 김재권 교수의 견해와 그에 대한 반론을 잠시 살펴보자.[19] 다음에 인용한 논문들은 모두 김교수의 회갑을 기념해 출간된 논문집『수반의 형이상학』(철학과 현실사, 1994)에서 발췌한 것이다. 그러나 인용문들은 전문 철학자들의 논문에서 한 대목씩 골라 온 것이기 때문에 앞뒤 설명이 없다면 난해하게 여겨질 것이다. 따라서 내가 이해하는 수준에서 인용문들의 논점을 풀어서 설명하기로 하고, 인용문들은 뒤에 간단하게 나열하는 데 그치겠다.

먼저, 김재권 교수는 스스로 물리적 영역의 인과적 폐쇄 원칙을 믿는 물리주의자라고 밝히고 있다. 다시 말해서 물리적 현상이나 물리적 사건은 반드시 다른 물리적 현상이나 사건의 원인과 결과에 의해 결정되며, 이러한 인과관계는 철저하게 닫힌 폐쇄 원칙을 갖게 되는데, 이러한 물리계의 존재 방식을 김교수는 지지한다는 것이다.

이러한 물리주의의 입장에서 창안되었고 그를 유명하게 만든 '수

---

[19] 김재권(Jaegwon Kim, 1934~   )은 브라운대 석좌교수로 있는 미국의 철학자이다. 김재권은 서울대학교를 다니다가 미국으로 유학해 다트마우스 대학에서 학사와 석사 과정을 마쳤다. 프린스턴 대학에서 철학박사 학위를 받고 코넬대와 노틀담대, 미시간대 등에서 교수 생활을 했다. 1988년과 89년 회기에 중부지역 미 철학회(APA)의 회장을 지냈으며, 1991년 이래 미국 예술 과학 아카데미(AAAS)의 회원으로 활동하고 있다. 그는 심리철학 분야에서 주목할 만한 이론을 발표해 왔으며, 특히 심신관계 논의에서 수반 이론을 주요 개념으로 확립함으로써 세계적 관심을 끌었다. 그의 주요 저서는 다음과 같다. "Epiphenomenal and Supervenient Causation"(1984) "Supervenience and Mind"(1993) "Mind in a Physical World"(1998) "Physicalism, or Something Near Enough"(2005) "Philosophy of Mind"(2006).

반'(supervenience) 개념도, 물리영역의 어느 거시 사건은 반드시 이보다 작은 미시 사건에 수반됨으로써 인과관계를 유지하고 있다는 생각에서 나온 것이다. 예를 들어, 사람의 신진대사는 분자적 생리현상에 수반되며, 분자적 현상은 다시 원자적 현상에, 원자적 현상은 아원자적 현상에 각각 수반되어 있다는 것이다.

이러한 물리주의의 입장에서 사람의 심성을 어떻게 볼 것이냐 하는 점이 난점으로 등장하게 된다. 만일 심성(mentality)의 모든 것을 두뇌 안에서 이루어지는 물리적 현상으로 파악한다고 하더라도 자유의지나 감각질[20] 같은 속성은 물리적 인과관계로 설명할 수 없다는 어려움이 생기는 것이다.

심성의 속성을 어떻게 해석할 것이냐 하는 문제는 물리주의 안에서도 매우 까다로운 어려움이 아닐 수 없는 것이다. 여기에서 환원주의와 비환원주의가 대립하게 된다. 간단하게 설명하자면, 환원주의는 심성의 속성이 아무리 까다롭다 하더라도 결국 물리현상으로 환원된다고 보아야 한다는 입장이며, 비환원주의는 심성의 질적 속성은 물리적 인과관계로 환원시킬 수 없다는 입장이다.

김재권 교수는 최근에 환원주의 입장을 분명히 하고 있으나, 심성의 난해함에 항상 주의를 기울이는 자세를 버리지 않고 있다. 그는

---

[20] 감각질(Qualia, 단수형은 Quale)은 '무슨 종류'라는 라틴어에 어원을 둔 단어로서 무엇과 비슷한 지각 상태의 성격을 가리킨다. 예를 들어 '통증', '붉음', '커피 맛과 같이 느껴지는 어떤 것' 등이 있다. 즉, 지각 상태들의 질적 속성을 가리키는 것이다. 예를 들어 '붉음'은 붉은 장미나 빨간 사과 등의 감각 경험으로부터 지각 상태를 형성했으나 장미나 사과와 관계없이 별도의 질적 성격을 갖게 된 것이다. 붉음은 대상이 없이 그 성격을 구분해 냄으로써 감각과 다른 어떤 질적 속성을 유지하는 지각 상태인 것이다. 보통 신체적, 물질적 속성으로 환원할 수 없는 정신의 질적 성격으로 인정된다.

환원주의를 채택하기도 어렵고 그렇다고 거부하기도 어려운 사정을 솔직히 고백하고 있다. 그러나 아무래도 심성 인과를 설명하기 위해서는 환원주의로 나갈 수밖에 없지 않겠느냐 하는 심정의 일단을 내비치면서, 역시 심신 문제는 쇼펜하우어의 말처럼 '세계의 매듭'인 것 같다고 탄식하고 있다. 아래에 참고를 위해 한신대 김광수 교수의 견해와 김재권 교수의 견해를 간단하게 인용문만을 싣는다.

한신대 김광수 교수는 자유의지를 배제하기 어려운 근거에 대해 이렇게 말했다.


"인간의 자유가 이론에 의해 확보되거나 유보되는 것이 아니라는 점을 확인해 둘 필요가 있다. 우리는 우리가 자율적 존재라는 사실을 발견한 것이다. 돌멩이, 나무, 곤충, 짐승 등 다른 존재들에 비추어 인간은 자신의 생각과 판단에 따라 자유롭게 행위 할 수 있는 정신적 존재라는 사실을 우리는 우리의 직접 경험에 의해 발견한 것이다. 그리고 이 사실의 존재는 설명의 대상인 것이지, 이론의 성격에 따라 거부될 수 있는 성질의 것이 아니다.

일반적으로 존재의 성격에 따라 이론의 운명이 결정되는 것이지, 이론의 성격에 따라 존재의 운명이 결정되는 것은 아닐 것이다. 따라서 인간의 정신에 관한 이론이 어떤 운명에 처하든, '인간 정신의 자율성'이라는 현상 자체를 문제 삼아서는 안 될 것이다."[21]

이렇게 김광수 교수는 그의 논문『하향적 인과작용』에서 김재권



---

[21]『하향적 인과작용』, (수반의 형이상학: 1994. 철학과현실사. p.255)

교수의 제거주의에 흐르는 듯한 환원주의를 논박했다. 그렇다면 김
재권 교수의 견해를 들어보자.

"이 원칙(물리적 영역의 인과적 폐쇄 원칙)을 포기하는 것은 물
리적 현상에 대한 완전한 물리적 이론이 원칙적으로 없다는 것을
의미하고, 이론 물리학은 완전한 이론이기를 열망하는 한 순수 물
리학이기를 멈춰야 하며, 생명 원칙, 엔테레키(활력), 심령력, 창조
적 생명력, 또는 어떤 것이든 이러한 환원 불가능한 비물리적 인과
력을 상정해야 할 것이다."[22]

이에 대한 김광수 교수의 견해를 같은 논문에서 들어보자.

"필자는 하향적 인과작용을 인정하는 것이 과연 물리적 영역의
인과적 폐쇄 원칙을 포기하는 결과를 가져올지 알지 못한다. 더구
나 필자는 '완전한 물리적 이론'이 무엇인지, 그리고 그것이 왜 '순
수 물리학'이어야 하는지 알 수 없다. 나아가 필자가 카드섹션의 예
를 통해서 설명해 본 하향적 인과작용이 실제로 그렇게 일어나는
지 필자는 알지 못한다. 그러나 분명한 것은 어떤 대가를 치르더라
도 인간 정신의 자유는 보존되어야 하며, 인간에 관한 어떤 이론도
인간의 자유를 보존하는 방식으로 씌어져야 한다는 것이다. 따라서
물질만으로 자유로운 행위를 할 수 있는 인간을 '만드는' 것이 원칙
적으로 불가능하다면, 우리는 유물론 자체를 포기해야 할 것이다."

[22] Supervenience and Mind, 1993. Cambridge University Press. p.356. 『수반의 형이상학』에
서 재인용.

나는 이 두 견해를 비교하면서 심신관계 논의의 난점을 깊이 느낄 수 있었다. 김광수 교수는 결론의 끝 부분에서 유물론 자체의 포기까지 거론했지만, 물리원칙을 완전하게 배제하기 어렵기 때문에 바로 이 『하향적 인과작용』이라는 논문을 쓴 것이라고 생각한다.

김재권 교수 역시 정신적 인과력을 철저히 배제하기 어려운 심정을 숨기지 못하고 있다. 김재권 교수는 앞에 인용한 글에서, 물리적 영역의 인과적 폐쇄 원칙을 포기한다면 환원 불가능한 비물리적 인과력을 상정해야 할 것이라고 지적했는데, 이러한 지적은 질적 심성을 논박했다고 보기보다는 그것들을 끝까지 남는 골칫거리로 인정했다고 보아야 한다.

물리주의자들은 정신적 인과력을 미신이라고 볼 수도 있다. 그러나 아직 미신이라고 밀치기에는 너무 뚜렷한 존재감을 확인하고 있는 것이다. 그러한 고뇌로서의 골칫거리를 그냥 무시하기 어렵기 때문에, 김재권 교수는 정신적 인과력의 종류들을 일일이 거론하고 있었던 것이다. 이러한 사정을 김재권 교수는 솔직하게 털어놓고 있다.


"나는 의식의 문제로 인해서 환원주의에 대하여 이중적인 감정을 지니고 있다. 의식에 관해서는 뭔가 새롭게 말할 것은 없지만, 우리의 정신적인 삶의 질적인 면이 부정될 수는 없으며, 그러한 면들을 보유하기를 원하는 한 심적인 것과 물리적인 것을 환원적으로 동일시할 수는 없다고 생각한다.

내가 진퇴양난에 빠져 있는 상태를 표현하자면 다음과 같다. 심성 인과의 가능성을 설명할 수 있는 유일한 길은 어떠한 형태의 환원주의를 채택하는 것인데, 환원주의는 감각질이나 기타의 심적 속성에 관해서는 기본적으로 제거주의의 입장을 취한다. 그런데 이러한 질적인 속성들―즉, 의식―이 없이는 심성(mentality)이란 있을 수 없게 된다. 반면에 환원주의를 거부함으로써 심성 인과의 가능성을 배제한다면 부수현상론이 불가피해진다. 그러나 마음이 다른 어떠한 것에 대해서도 전혀 인과력을 미치지 못한다면 우리가 마음을 가져 봤자 좋을 게 뭐가 있는가? 따라서 환원주의를 받아들이건 안 받아들이건 간에 우리는 실재의 일부분으로서의 마음을 상실할 위기에 처하게 된다.

이것은 물리주의자들의 전제에 대한 귀류법에 지나지 않는다고 말하는 사람도 있을지 모르겠다. 그러나 나는 물리계가 인과적으로 닫혀 있고 이 세계는 물리계의 존재 방식대로 존재한다는 믿음을 부정하지 않을 만큼 물리주의자임을 자처한다. 그러나 이것을 가정하면서 일종의 환원주의를 받아들이지 않는 한, 심성 인과의 문제는 해결되기 어렵다. 분명히 우리는 순환에 빠져 있다. 쇼펜하우어가 말하였듯이 심신 문제는 '세계의 매듭'인 것 같다."[23]

김재권 교수는 심신관계 논의에서 자신이 빠져 있는 어려운 상황을 솔직히 시인하고 있다. 노학자의 고뇌를 접하면서 잔잔한 감동을 받는다. 그렇다. 심신 문제는 참으로 어려운 과제이다. 어찌 보면 영원히 풀리지 않을 문제인 것처럼 느껴지기도 한다. 역시 인류가 풀어야 할 마지막 문제 중 하나임에 틀림없다. 심신 문제의 이러



[23] 앞의 책, p.34.

한 난처한 상황을 보면서 나는 돌파구를 찾을 수 없을까 해서 나름대로 고심을 해본다. 그러나 심신 문제의 어려움을 확인할 뿐이었다. 조금 더 시간을 가지고 기다려야 할 것 같다.

위에서 우리는 철학자들이 마음을 비환원적, 질적 속성이라고 볼 수도 없고 그렇다고 물질적인 것이라고 단언하지도 못하는 사정을 살펴보았다. 심신 논의는 철학자들에게 참으로 난처한 대상으로 남아 있는 것이다.

그러나 과학자들은 이러한 논의에 종지부를 찍으려 하고 있다. 많은 과학자들이 과학적 결정론에 근거하여 마음의 질적 속성을 강하게 비판하고 있는 것이다. 심지어 인간의 자유의지란 있을 수도 없다는 주장이 나오고 있다. 영국의 이론물리학자이자 천문학자인 스티븐 호킹(Stephen Hawking, 1942~  )은 최근의 저서 〈위대한 설계〉(the grand design, 2010)에서 "우리는 생물학적 기계일 따름이고 자유의지는 착각에 불과한 것"이라고 단언하고 있다.[24] 그는 사람들은 자신의 행동을 스스로 선택할 수 있다고 느끼고 있지만, 생물학의 분자적 토대에 관한 우리의 지식에 따르면 물리학과 화학의 법칙에 따라 자연히 생기는 물리적 현상에 지나지 않는다고 말한다.

여기에서 과학적 결정론이 주장하는 마음의 성격에 관해서 잠시 살펴보기로 한다. 과학적 결정론은 자연법칙들의 집합에 의해 우주의 과거와 미래가 철저히 결정된다는 입장이기 때문에, 의식과 마

[24] 위대한 설계(전대호 옮김. 까치 출판. 2010) p.41

음의 문제에 있어서도 자연법칙이 철저하게 적용된다고 본다.

예를 들어, 인간의 자유의지 문제도 물리학과 화학의 법칙들에 지배받기 때문에 뇌의 생물학적 과정으로부터 벗어날 수 없다는 것이다. 만일 자연법칙을 벗어난 상태에서 자유의지가 생기는 것이라면, 그 자유의지는 자연법칙과 별도로 존재하는 어떤 원인 또는 행위자에 의해 발생해야 한다. 그렇다면 이 별도의 원인과 행위자는 무엇인가라는 의문이 생기게 된다.

이 의문을 해소시키기 위해서는 두 가지 정도의 장치를 만들어야 할 필요성이 있을 것 같다. 먼저 우리 마음에는 본래적으로, 또는 선험적으로 자유의지가 갖추어져 있었다고 주장하는 방법이 있을 수 있다. 다음으로는 마음속에 자유의지가 어느 순간 창발적으로 만들어지게 되었다고 주장하는 방법이 있을 수 있다.

어떤 방법을 구사하든 자유의지는 사람의 본성과 같은 것으로 보기 때문에 별도의 원인이나 행위자의 존재를 입증하지 않아도 문제될 것이 없다고 볼 것이다. 이렇게 주장하는 사유 방식의 배경에는 과거 철학자들이 신이나 본유관념을 앞세우던 입장이 자리 잡고 있다. 다시 말해서, 사람의 자유의지는 어떤 원인이나 행위자 없이도 사람의 존재와 함께 본성으로 이미 가지고 있는 것이라고 주장하는 것과 같다.

이렇게 되면 사람의 심성(mentality)은 독보적 위치를 갖게 된다. 신체와도 구별되는 불가침의 위치에 서 있어야 하는 것이다. 신체와 구별되는 신성 불가침의 심성이란 무엇인가? 이것이 과연 타당한 주장인가? 과학적 결정론자들은 이러한 주장을 결코 수용할 수 없다는 입장이다.

이렇게 본다면, 심성을 물리적 인과력으로부터 구분하려는 심성론의 입지는 매우 협소하게 줄어들고 만다. 바로 이러한 사정 때문에 과학적 결정론은 점점 위세를 더해 가고 있는 것이다. 나는 시간이 갈수록 과학적 결정론은 설득력을 키워 갈 것이라고 예상한다. 심성론의 입지가 매우 협소하게 보이기 때문이다. 그러나 나는 심성론이 완전히 손을 들기에는 아직 이르다고 생각하고 있다. 과학적 결정론에도 많은 틈이 보이기 때문이다. 과학적 결정론자들은 심성을 물리적 인과력으로 완벽하게 설명하는 입증 사례를 제시해야 하는데, 그러한 사례 보고는 아직 없다. 인간의 두뇌에 대한 과학적 탐색은 아직도 매우 초보적 수준에 머물러 있기 때문이다.

나는 물리적 영역의 인과적 폐쇄원칙을 거부할 수 없다고 생각하는 사람이지만, 과학의 미래가 인간의 심성을 물리적 인과력으로 완전히 설명할 것이라고 믿기에는 아직 이르다고 생각한다. 미래는 도래하지 않았으며 그 미래를 모르고 있기 때문이다. 지금은 모른다고 말할 수 있을 따름이다.

잠시 심성론자들의 생각을 엿보기로 하자. 오늘날의 심성론자들은 물리주의로부터 완전히 벗어날 수 없다는 것을 잘 알고 있기 때문에 물리주의 안에 머무르면서 심성의 특성을 주장할 수밖에 없다. 즉, 인간의 심성은 물리학과 화학의 법칙들에 지배받는 생물학적 과정에서 빚어지는 현상이지만, 어떤 심성의 특성들은 물리적 법칙으로 환원되지 않는 것이라고 주장하는 것이다. 이러한 주장을 대표하는 예로 '창발론'(Emergent Property Dualism)을 들 수 있다.

'창발적 속성 이원론'이라는 다소 긴 이름을 가진 이 견해는, 사람을 구성하는 실체는 물질이지만 그 속성은 두 가지이며 이 속성들은 서로 환원되지 않는다고 본다. 다시 말해서, 사람의 마음은 물리적인 실체로부터 탄생하지만 자라나면서 창발되는(emergent) 속성을 갖게 된다는 것이다. 물리적 창발론은 오늘날의 심성론을 대표한다고 여겨지며, 여러 가지 변주를 보이면서 갈래를 칠 것으로 예상된다.

창발론을 보다 쉽게 설명해 보자. 먼저 사람의 몸과 마음은 생물학적 대사작용을 유지하는 하나의 개체라고 보아야 한다. 몸과 마음은 세포 내의 분자적 물리현상을 토대로 삼는다. 마음도 기본적으로는 신경세포 내에서 이루어지는 물리현상에 의해 생겨난다고 보는 것이다. 이렇게 보는 견해는 과학적 성과들을 인정할 수밖에 없기 때문이다.

오늘날 심리학은 두뇌의 어떤 부위가 어떤 분자적 생리 현상을 일으킴으로써 어떤 생각과 행동을 유발하는지 꽤 자세하게 설명할 수 있다. 따라서 마음과 몸은 하나의 실체로 묶여 있다는 일원론으로 설명된다. 이렇게 마음과 몸은 그 존재론적 측면에서는 일원론을 따를 수 있지만, 마음의 특성을 다만 물리적 현상이라고 말하기에는 부족한 구석이 남는다.

앞서 인조인간 '아트'를 예로 들 때에도 이야기한 것처럼, '아트'는 신호등이 빨강으로 바뀌면 건널목을 건너지 않아야 한다는 것을 합리적으로 판단하지만, 사람은 위험을 무릅쓰고서라도 길을 건널 수 있다. 이러한 자유는 사람만 가지고 있는 고유의 본성이다. 이러한 자유가 물리적 생리 과정에서 나온다고 말하기는 어렵다.

또 어떤 사람은 일반인들에 비해 매우 비상한 창의를 발휘할 수 있고, 때때로 초월적으로 보이는 정신작용을 하는 경우도 있다. 통찰이나 깨달음 같은 정신작용을 단순하게 물리적 현상이라고 보기에는 아무래도 설명이 부족해 보인다. 따라서 마음은 몸과 다른 속성을 가지고 있다고 창발론자들은 설명할 수밖에 없었다. 마음의 특성을 어떤 방법으로든 설명할 수 있어야 했던 것이다. 이렇게 해서 마음과 몸은 각각 다른 속성을 가지고 있다는 이원론을 주장하게 된 것이다.

요컨대 창발론은 물리주의의 비판을 피하면서 마음의 특성을 설명할 방도를 어렵사리 찾은 것이다. 마음은 이렇게 말할 수도 저렇게 말할 수도 없는 독특한 속성을 가지고 있기 때문에, 그것을 설명하는 방법도 매우 번잡한 절차가 필요했던 것이다. 창발론의 설명이 꿰어 맞추듯 복잡한 이유는 마음의 특성이 그만큼 설명하기 어려웠기 때문이다.

내가 보기에도 마음은 매우 특별하다. 어떻게 마음은 비상한 에너지를 분출하는 것일까? 죽기를 각오한 사람은 생각지도 못하는 에너지를 분출하는 경우가 있는데, 이런 일을 물리적 현상 안에서 설명하기는 아무래도 어려워 보인다. 또 마음은 어떻게 초월적 승화를 획득하는 것일까? 마음의 수행을 오래 쌓아 온 동양의 구루들은 때때로 깨달음을 얻든가 통상적인 신체활동과 다른 기이한 현상을 경험하는데, 이런 것들도 물리 현상을 뛰어넘는 것이다.

마음의 특성을 설명하기 위해서는 아무래도 특별한 방법이 필요하다고 본다. 그것은 다만 설명을 위해서라기보다 마음에 내재하는 어떤 특별한 원리를 발견해야 하는 것이 아닌가 하는 요청까지를 생각하면서 말하는 것이다. 마음이라는 심성 현상에는 물리적 법칙과 다른 별도의 법칙이 적용되는 것은 아닐까? 나는 상상의 날개를 펴가면서까지 마음의 특성을 제대로 설명할 방법을 생각해 본다. 그만큼 마음의 특성은 특별하기 때문이다.


## 4. 마음의 깊이를 찾아서

이제 마음의 특성에 관해, 내가 생각하는 바를 보다 분명하게 드러내기 위해 과학적 결정론과 비교해 보려고 한다. 앞에서 살펴본 것처럼 과학적 결정론자들은 환원 불가능한 비물리적 심성을 인정할 수 없다고 본다. 하지만 나는 통찰에 이른 사람은 어떤 높은 수준의 정신력을 가질 것인데, 이 '높은 정신력'은 물리적 인과력과는 다른 질적인 특성을 가질 것이라고 상정한다. 이런 '높은 정신력'을 물리적 현상에 의한 물질 개념으로 본다는 것은 아무래도 사리에 맞지 않는다고 생각한다.

그러나 많은 과학자들은 내 생각과 믿음을 착각이라고 단정한다. 앞에서 소개한 김재권 교수도 생명원칙이라든가 엔테레키(생기력), 심령력, 창조적 생명력 등을 상정한다는 것은 비과학적이라고 비판한 바 있다.

과학자들은 이런 모든 비물리적 심성이라는 것을 과학은 충분히 포섭할 수 있다고 생각한다. 다시 말해서 내가 생각하는 '높은 정신력'이라는 것도 심리학적 설명으로 얼마든지 해결할 수 있다고 주장한다. 가령 신경과학이 좀 더 이 분야에 집중한다면, '높은 정신력'이라는 것도 신경세포들 사이에서 일어나는 물리적, 화학적 작용에 지나지 않는다는 것을 머지않아 입증할 수 있을 것이라고 주장하는 것이다. 요컨대 과학자들은 모든 정신작용도 물리적 두뇌(physical brain)에서 이루어지는 분자적 현상이라고 설명한다. 사람은 기본적으로 기계라는 것이다.

그러나 이러한 과학적 설명을 모두 긍정하기는 어렵다. 물론 과학적 설명을 부정할 수도 없다. 과학은 꾸준하게 과학법칙의 견실성을 증명해 왔기 때문에 과학적 성과를 부인할 수 없는 것이다. 따라서 과학은 앞으로 더욱 설명력을 키워 가리라고 예상하기도 한다. 그러면서도 나는 사람이 품어온 어떤 '높은 정신력'이라든가 영원(永遠)이나 무(無)의 관념 같은 것은 버릴 수 없는 것이라고 생각하며, 이런 심성은 물리적 인과력과 다른 것일 수밖에 없다고 본다. 이런 것을 버린다면 인간성(humanity) 자체를 버리는 것과 같기 때문이다. 사람이 본질적으로 기계라면 어디에서 인간성을 찾을 것인가?

솔직하게 나는 이러한 어려움의 경계에서 방황하고 있다고 말할 수밖에 없다. 그리고 이러한 난제를 해결할 그 어떤 돌파구도 찾지 못하고 있다. 이러한 입장에서 내가 할 수 있는 일이란 잘 모르겠다고 시인하는 일뿐인 것 같다. 나는 모른다. 모른다고 말하는 것이 양심적일 것이다. 차라리 이 '모름'을 내 생각의 토대로 삼는 것이 어떨까 하는 생각도 든다. 나는 '모름'의 위치에서 좀 더 기다리며 고뇌해야 할 것이다. 그러나 이런 고뇌와 방황은 나만 하는 것이 아니다. 뇌 과학자들도 고뇌하며 마음의 이어지지 않는 끈을 찾아 방황하는 것으로 보인다.

여기에서 양자이론을 뇌 과학에 접목시키려는 시도가 나왔다. 많은 신경과학자들은 양자 세계의 기이한 현상들이 인간의 마음을 설명하는 데 매우 효과적인 도구가 될 수 있다고 본다. 그것은 아직 희망 섞인 기대에 불과하며 따라서 가설로 남아 있을 뿐이지만, 이러한 시도가 그럴 듯하다고 느껴지는 이유는 양자이론의 특성 때문이다. 아원자 세계의 기이한 현상들을 명쾌하게 밝힌 양자이론이 신비할 정도로 보이는 뇌의 생물학적 과정을 훌륭하게 설명할 수 있고, 따라서 정신과 의식의 까다로운 난제들을 해결할 수 있지 않을까 하는 기대를 낳게 하는 것이다.

신경과학자들이 밝혀내야 할 가장 중요한 일은 인간의 정신을 물리적 과정의 논리적 결과라고 분명하게 설명할 수 있느냐는 것이다. 다시 말해서 과학적 결정론자들은 인간의 정신도 물리적, 화학적 법칙에 의해 지배받으며, 따라서 물질을 이리저리 조작하면 정신이 자연스럽게 깃들게 된다고 주장하는데, 이것을 실험 자료로 증명할 수 있느냐는 것이다. 신경과학자들은 충분히 그럴 수 있다고 말하지만 아직 그 구체적인 입증자료가 제시된 적은 없다. 물질과 정신을 잇는 연결고리가 나오지 않고 있는 것이다. 그 개연성만 주장되고 있을 뿐 실증자료는 나오지 않았다. 나는 이 언저리를 신경과학이 해결해야 할 가장 큰 일이라고 판단하고 있다.

그 동안 뇌 과학자들은 기계론적 기능주의의 영향을 받아 인간도 기계라는 전제 아래 '생각하는 기계'를 만들 수 있다고 자신했다. 그러나 사람의 정신을 모방하는 작업은 많은 진전을 보였음에도 불구하고 본질적인 간격이 숨어 있는 것을 발견했을 뿐이다. 그 중 가장 큰 간격은 인간의 두뇌 작용은 기계적 결정론과 판이하게 다르다는 것이다.

기계적 결정론의 입장에서 보면, 가령 어떤 분자의 움직임은 일정한 원인에 의해 일어나야 하며 결과도 일정해야 하는데, 사람의 머리에서 이루어지는 일들은 엉뚱한 경우가 많았던 것이다. 마구잡이로 일어나는 혼돈성이 인간 의식의 가장 큰 특성인 것은 분명한 일로 보였던 것이다.

이러한 사정으로부터 혼돈성을 과학적으로 설명할 수 있는 길은 오직 양자론을 적용할 때에만 가능할 것이라는 가정이 생겨났다. 이런 가정이 나오게 된 데에는 양자 입자들의 행동과 인간의 행동 사이에서 비슷한 점들을 쉽게 찾아낼 수 있기 때문이기도 했다. 푸앵카레, 하이젠베르크, 파울리 등 양자론의 개척자들도 "어디든 마음대로 나타나는 양자 입자들의 결정이 사람의 자유의지와 얼마나 닮았는지, 한 마디씩 던지곤" 했던 것이다.[25]

1994년, 영국의 수리물리학자 로저 펜로즈(Roger Penrose, 1931~ )는 그의 베스트셀러 〈마음의 그림자〉(Shadows of Mind)에서, 사람의 두뇌는 스스로 자기 조직하는 기계적 세포 자동자(自動子)가 아니라 거대한 양자적 실체라고 주장했다. 이러한 펜로즈의 생각은 5년 전에 나온 그의 저서 〈황제의 새로운 마음〉(The Emperor's New Mind. 1989)에서 이미 싹트기 시작한 것이다.

그는 사람의 의식을 설명하기 위해서는 기존의 물리학과 양자 역학(그는 양자 중력이라고 불렀다) 사이에 다리를 놓을 필요가 있다고 말했다. 왜냐하면 사람의 의식은 형식논리를 초월하며, 알고리즘으로 결정되는 시스템을 벗어나 있기 때문이라고 주장했다. 그는 괴델의 불완전 정리를 적용하고 있었다. 그는 사람의 의식을 제대

---

[25] 퀀텀 브레인(the Quantom Brain, 제프리 새티노버 지음. 김기응 옮김. 마루벌 출판. 2010) p.277에서 재인용.

로 설명하기 위해서는 양자이론을 적용할 수밖에 없다고 생각하고 직접 실험 모델을 만들기도 했다.

펜로즈가 애리조나 대학의 의학자 스튜어트 해머로프(Stuart Hameroff)와 공동으로 만든 모델에 따르면, 40분의 1초 동안 신경세포들이 양자 중첩 상태를 유지하도록 고안했다. 이 모델은 두 사람의 가정을 기반으로 한 것이었다. 즉, 두 사람은 의식이란 미세소관(microtubules)에서 일어나는 양자 중력 효과의 결과라고 가정했던 것이다. 다시 말해서 신경세포들은 양자적 실체로서 행동한다고 생각한 것이다. 그러나 2000년 막스 테그마르크(Max Tegmark)가 미세소관에서 일어나는 신경세포의 자극과 반응의 시간 크기를 계산한 결과, 두 사람의 모델과는 지나치게 현격한 편차를 보였다. 즉, 펜로즈의 모델은 양자 세계에서 실제로 일어날 수 있는 현상이 될 수 없었다. 너무 지나친 시간상의 편차를 보인 것이다. 이로써 펜로즈는 양자 중력에 신비주의적 억측을 끌어들인 사람으로 비판받게 되었다.[26]

그러나 마음을 설명하는 적절한 도구로 양자이론을 적용하려는 시도는 여전히 계속되고 있다. 양자 세계가 마음을 그리는 데 꽤 적절해 보이기 때문이다. 그러나 펜로즈 모델에서 보는 것과 같이, 양자 현상과 생체에서 이루어지는 분자적 과정을 꿰어 맞출 연결고리는 아직 나타나지 않고 있다. 아니, 그 가능성 자체가 없는 것인지도 모른다. 우리는 지금 '모름'의 가운데를 걷고 있는 것이다. '모름'

[26] 앞의 책, p.279.

이란, 달리 말한다면 '모름'을 고뇌하는 것이며, '모름'의 너머를 향해 눈과 귀를 여는 일이다.

"무언(無言)의 말을 경청하라"(take nobody's word. Nullius in verba) 하는 격언이 있다. 참으로 경청할 만한 말이라 할 것이다. 이 격언을 자신의 학문적 좌우명으로 삼고 양자론 이후를 탐구하는 학자가 있다. 이제 그를 쫓아서 무언의 말을 경청해 보자.

브라이언 조셉슨(Brian D. Josephson, 1940~   )[27]은 양자론을 물리학의 마지막 이론이라고 보지 않으며, 양자론에서 파생한 끈이론과 M이론 이후에도 새로운 이론이 뒤를 이을 것이라고 전망한다. 조셉슨은 양자론 이후의 이론 전개에 준심리학(parapsychology)이 중요한 공헌을 하게 될 것이라고 공개적으로 언급하고 있다.

그는 2001년, 노벨상 100주년을 기념해 발간된 소책자에서 양자론의 발전이 전통 과학에서 아직 이해되지 않고 있는 '텔레파시' 같은 현상을 설명하는 데 길을 열어 줄 것이라고 씀으로써 큰 물의를 일으켰다. 과학계에서 미신으로 취급하는 프시 현상(psi, 초감각적 현상)을 노벨 물리학상 수상자가 옹호하고 나섰기 때문이다.

그럼 여기에서 프시 현상을 연구대상으로 삼는 준심리학의 역사를 간단히 살펴보고 조셉슨의 견해를 좀 더 들어보자. 준심리학은 프시 현상들, 예를 들어 초감각적 지각(ESP, extrasensory perception), 영력(PA, psychic ability), 근사체험(近死體驗, NDE, near death experience) 등을 과학적 방법으로 밝히려 하는 학문 분야이다. 준심리학의 역사를 간단히 살펴보면 다음과 같다.

---

[27] 조셉슨은 1973년 '조셉슨 효과로 알려진 터널 장벽을 통과하는 초전도 전류의 속성에 관한 이론의 예견'으로 노벨 물리학상을 공동 수상했다.

　　1882년, 영국에 심령연구학회(SPR)가 설립되면서 최초로 심령현상에 대한 과학적, 조직적 연구가 시작되었다. 영국심령연구학회는 1886년 '심령현상 일제조사' 결과를 발표했다.

　　1885년, 미국 뉴욕에 미국심령연구학회(ASPR)가 발족했다. 미국 근대 심리학의 아버지라고 일컬어지는 윌리엄 제임스(William James, 1842~1910)가 큰 지원을 했다.

　　1911년, 스텐포드 대학에 미국 최초의 학술적 연구기관이 설립되고, 이어 1930년 듀크 대학에 두 번째 연구기관이 설립되었다.

　　1934년, 듀크 대학의 조셉 라인(Joseph Rhine) 교수는 그의 저서 〈초감각적 지각〉(Extra-Sensory Perception)에서 9만 건의 사례를 조사한 결과 "초감각적 지각(ESP)은 실재할 뿐 아니라 논증 가능한 현상"이라고 밝혔다.

　　1957년, 준심리학 협회(PA)가 설립되었다. PA는 1969년, 인류학자 마가렛 미드(Margaret Mead) 여사의 후원을 받아 전국 과학증진협회(AAAS)의 회원으로 가입했다.

　　1970년대, psi 관련 연구단체들이 세계 30여 개국에 설립되었으며, 특히 동유럽 국가들에서 군사적 이용에 관심을 보였다. 이 기간에 동양의 수많은 영성 지도자들이 명상 기법을 서양에 전파했다.

　　1980년대, 동유럽 공산국가들의 붕괴와 함께 프시 연구는 급격하게 쇠퇴했다. 이런 현상은 미국에서도 마찬가지였다. 1988년, 미국 전국과학아카데미(NAS)는 "준심리학적 사실의 존재를 증명하기 위한 130년에 걸친 연구에도 불구하고 과학적 타당성을 발견하지 못했다."라는 보고서를 발표했다. 이 보고서 발표는 프시 연구에 결정적인 타격을 가했다.

2005년, 브라이언 조셉슨은 "준심리학은 이미 과학연구의 전통 분야로 자리 잡았다. 그러나 준심리학의 주장들은 아직도 널리 받아들여지지 않고 있다."고 밝혔다. 그는 이러한 사정을 대륙 이동설을 내놓았던 알프레드 베게너(Alfred Wegener)의 입장과 같은 것이라고 주장했다. 베게너는 설득력 있는 자료들을 제시했지만 초기에는 강한 반대에 부딪혔다. 베게너가 사망하고 더 많은 입증자료들이 나오면서 사정은 바뀌기 시작했다. 결국 대륙 이동설은 정설로 확립되었다.

위에서 준심리학의 역사를 간단히 살펴본 것처럼, 오늘날 준심리학은 주류 과학계에서 거의 인정받지 못하고 있다. 그 이유는 ① 충분한 양의 데이터가 없다, ② 실험의 방법, 진행 절차, 평가 방법 등에 과학적 확신을 심기 어려울 정도로 오류가 많다, ③ 사기 발표가 많다 등으로 요약할 수 있다.

그러나 이러한 비판에도 불구하고 옹호자들은 준심리학을 새롭게 대두하는 '젊은 과학', '새로운 과학의 개척자', '고등 지식을 위한 개척 분야'라고 부르며 관심을 촉구하고 있다. 이런 옹호 대열에서 조셉슨은 노벨 물리학상 수상자라는 무게 때문에 큰 주목을 받았다. 조셉슨이 준심리학에 기대를 거는 이유는 크게 두 가지라고 볼 수 있다.

① 프시 현상의 일부는 실제로 존재하며 매우 특수하다.

② 물리학 이론이 양자론에서 끝나는 것은 아니며, 그 이후의 이론적 전개에 준심리학이 공헌할 수 있다.

조셉슨이 준심리학의 옹호자가 된 데에는 그의 경력과 연관이 깊다. 그는 노벨상을 받기 전부터 캠브리지 대학의 카벤디쉬 실험실에서 응축물질 이론(TCM, The Theory of Condensed Matter) 그룹의 연구원으로 일했다. 이 그룹은 순수이론 물리학을 연구하는 독창적인 위치를 점하고 있는데, 약(弱)응축물질과 전자 구조, 집합 양자 현상, 심성-물질 통합 등 4개 분과로 나뉘어 연구를 수행하고 있다.

그는 은퇴 후에도 심성-물질 통합 프로젝트(Mind- Matter Unification Project)의 책임자로 계속 일하고 있다. 그는 심성-물질 통합 프로젝트를 "자연에서 인간과 같은 지능 과정의 특성을 과연 무엇이 결정짓는지를 이론물리학의 관점에서 이해하고자 하는 연구"라고 설명했다. 따라서 이 연구는 두뇌의 작용과 언어, 의식 등의 주제별 탐구, 특히 마음과 음악과의 상관관계 등을 추적하고 있다. 이러한 연구의 배경에는 자연을 설명하는 이론으로서 양자론이 최종의 완전한 그림은 아니라는 믿음을 바탕에 깔고 있다.

그는 특히 자연 영역에서의 상보성(complementarity)과 같은 관점이 생물학에 적용될 수 있다고 생각한다. 그의 연구 목표 중 하나는 유기체가 어떻게 임의의 물리적 과정 중 유리한 통계적 편향을 학습할 수 있는지 그 이유를 밝히는 것이다.

나는 조셉슨의 연구 방향을 보면서 하루빨리 연구 업적이 나오기를 기대하고 있다. 앞에서 살펴본 것처럼 심성과 물질은 양립하기 어렵다. 그러나 그 무엇도 포기할 수 없다면 돌파구를 찾아야 하며, 조셉슨의 연구 방향처럼 심성과 물질을 통합하는 방법이 문제점을 가장 정면에서 해결하는 방법일지 모른다. 양립하기 어려워 보이는 두 대상을 통합하는 것이야말로 가장 적극적인 방법이 될 것이기 때문이다.

그러나 '심성-물질 통합'이라는 연구가 결코 쉬워 보이지는 않는다. 무엇보다도 심성의 속성을 파악하기 어렵다는 데 문제가 있기 때문이다. 심성을 단순히 정보처리 기능으로 이해한다면 그 연구는 이미 인지과학에서 담당하고 있으며, 창발적, 비환원적 속성으로 이해한다면 과학적 연구 대상으로 삼기는 어렵다. 다시 말해서 물리적 영역 안에서 설명할 수 있기 위해서는 역시 물리적 속성으로 환원될 수 있어야 하는 것이다.

심성은 어디까지나 물질적 속성 안에 있어야 과학적 설명의 대상이 될 수 있는 것이다. 그러므로 심성-물질 통합 연구가 심성을 환원적 속성으로 보는 한, 그 연구 영역은 인지과학이나 신경과학과 겹치는 결과를 빚고 말 것이다. 그렇다면 구태여 이런 연구를 별도로 진행할 필요가 있겠는가?

따라서 심성-물질 통합 연구는 전통적 물리 영역을 벗어나야 그 스스로의 영역을 개척할 수 있을 것이다. 예를 든다면 대통합이론에서 끈 이론이 11차원의 공식을 연구한다든지, 천체물리학에서 암흑물질을 연구하는 것과 같이 미지의 계(界)에 진출해야 한다는 뜻이다. 이런 의미에서 나는 조셉슨이 준심리학에 기대를 거는 것이나 그의 학문적 좌우명을 "무언(無言)의 말을 경청하라."로 정한 것을 높이 평가한다. 그는 '열린' 학문적 자세를 견지하고 있다. 열린 마음이야말로 미지의 세계로 항해하는 돛인 것이다.

나는 학자도 아니며 더더욱 과학자도 아니다. 그러나 과학에서 '열린' 마음이 얼마나 중요한지는 충분히 알고 있다. 갈릴레오가 천체를 향하여 눈을 열지 않았다면 어떻게 되었을까? 우리는 열린 마음을 가지고 우주의 비밀들을 하나씩 풀어 왔다. 그러나 우리는 아직 우주의 비밀을 대부분 알지 못하고 있다.

천체물리학자들의 계산에 따르면, 우주에 있는 물질 질량 중 96%는 우리가 전혀 모르는 암흑에너지와 암흑물질로 채워져 있다. 우리가 알고 있는 보통물질(baryonic matter)은 4%에 불과하다. 그러나 이 4%조차도 완전히 밝혀진 것이 아니다. 입자물리학자들은 힉스(Higgs boson)입자라고 불리는 역장(逆場)의 실마리를 2012년에야 겨우 찾아냈다. 힉스 보존의 실마리를 찾았기 때문에 아원자 세계의 표준모형은 이제 그 골격을 갖춘 셈이 되었다. 그러나 힉스 보존의 발견은 새로운 역장(逆場)의 기능을 세세히 밝혀냄으로써 풀리지 않던 아원자 세계의 아귀들을 꿰맞추어야 할 과제를 남겨두고 있다. 이렇게 우리는 우주의 25분의 1도 제대로 파악하지 못하고 있고 결정적인 에너지의 장을 찾지 못하고 있다. 우리가 열린 마음을 가져야 하는 이유가 여기에 있는 것이다.

나는 지혜를 찾는 한 사람의 학도로서 우리의 자연과 그 자연을 탐구하는 과학의 미래가 어떻게 될 것인지 큰 관심을 가지고 있다. 우리의 현생 우주가 137억 년의 역사를 가지고 있다든지, 우주는 현재 팽창하고 있지만 만일 언젠가 수축하기 시작하면 마지막에 찌그러뜨려져 소멸할지도 모른다든지 하는 긴 시간에 관해서는 너무 머나먼 이야기이기 때문에 차라리 생각할 필요가 없다고 여기는 편이다.

그러나 과학이나 관련 학문의 미래에 관해서는 관심을 갖지 않을 수가 없다. 우리의 삶과 밀접하게 연결되어 있기 때문이다. 과학의 발전, 과학의 장래와 우리 삶은 긴밀하게 묶여 있다. 스마트폰의 상황은 우리의 삶을 얼마나 바꿔 놓을까? 제4세대 통신체제가 온다면 또 우리 생활은 어떤 변화를 맞을까? 가까운 장래만을 예상한다 하더라도 우리 삶은 현재와는 크게 다를 것이다. 그런데 좀 더 긴 미래라면 얼마나 크게 변할 것인가? 과학기술의 발전은 끝없이 계속될 것인가? 그래서 우리의 모든 의문이 풀리고 결국 신과 같은 위치에 올라 설 수 있을 것인가?

나는 알 수 없다. 현재의 지식으로 긴 미래를 점친다는 것은 불가능한 일이다. 그러므로 나는 모른다고 말해야 한다. 이러한 상황을 나는 '무지에의 열린 상(相)' 정도로 표현하고 싶다. 이 말을 예를 들어 설명한다면, 우리 우주는 보통 닫힌 우주일 것이라고 주장하지만, 혹 열린 우주라고 한다면 열린 밖의 방향으로 영원히 팽창할 것인데, 그 열린 밖이 '무지를 향해' 열려 있는 것과 같은 '열린 상'이라는 말이다. 끝없이 과제와 비밀은 남아 있을 것이며 결코 마지막은 오지 않을지도 모른다는 말이다.

가장 정확히 말하자면 나는 모른다. 그러나 다만 나의 예감을 가지고 말하자면, 최종적 해답을 구하기 위해 추적하고 추적해도 그 답은 나오지 않을지도 모른다는 말이다. 만일 그렇다면 양자이론이 세계에 대한 마지막 그림이 될 수는 없을 것이며, 또 양자이론의 다음 세대 이론도 역시 마지막 그림은 아닐 것이다.

과학의 미래를 생각하면서 우리는 역시 '열린' 마음을 가져야 한다는 생각이 든다. 유연한 사고, 입체적인 사고는 물론이고 '무지', '무(無)'에 대해서도 마음을 열어야 할 것이다. 우리가 알아야 할 것은 너무 많은데 우리가 아는 것은 너무 적다. 우리가 달려가야 할 길은 너무 많이 남아 있으며, 그 길은 어디에서 끝날지 알 수도 없다. 또 그 길의 마지막에 대해서도 확실한 것은 아무것도 없다. 그야말로 무언의 말에 귀를 기울여야 할 상황이다.

사정이 이렇다면 준심리학을 반드시 포기할 필요는 없다. 연구 대상과 연구 방법을 개선할지언정 포기하기에는 아직 이르다. 무엇보다도 우리는 심신관계에서 심성 문제의 어려움에 봉착해 있다. 이런 어려움을 해결하는 데 준심리학이 실마리를 제공할지도 모른다. 준심리학의 초현실적 대상들이 심성의 난해한 속성을 이해하는 데 좋은 자료가 될지도 모르기 때문이다.

우리는 지금까지의 심신관계 논의를 통해, 심성(mentality)의 질적, 비물질적 속성을 물리적 영역 안에서 설명하기가 매우 까다롭다는 점을 확인했다. 정신의 질적 속성을 너무 강하게 앞세울 경우, 물리적 영역의 인과적 폐쇄 원칙을 부정하게 되며 그렇다고 물질의 환원을 강하게 주장할 경우에는 심성을 무시하게 되는 어려움에 빠지는 것이다.

이러한 심신관계 논의의 함정에서 벗어나기 위해 나는 몇 가지 가능성을 암시한 바 있다. 마음-물질 통합 연구나 높은 수준의 마음 연구, 그리고 양자이론의 적용 등이 그것이었다. 이러한 가능성들은 아직 구체적인 형태도 없고 따라서 성과도 없다. 극히 초보적 논의의 수준에 머물러 있다. 그러나 그 필요성만큼은 분명해 보인다. 심성은 물질로 환원할 수 없는 특별한 위치를 가지고 있기 때문이다. 바로 이 위치를 나는 내가 서 있는 자리라고 인식하고 있다.

심성은 특수하다. 사람의 신체에 관한 모든 것을 물질로 설명할 수 있다 하더라도 마음만은 그렇지 않아 보인다. 마음의 영역은 매우 넓고 참으로 깊기 때문에 물리주의의 이론으로 설명하기 어렵다. 그렇다고 물리주의의 견해를 가볍게 볼 수도 없으며, 특히 계속되고 있는 과학적 성과에 눈감을 수는 없다. 과학이 모든 설명을 도맡을 날이 올지도 모르기 때문이다.

여기에서 나는 나의 위치를 '모름' 위에 올리고 '열린' 귀와 눈을 갖는 데 노력하려고 한다. 마음의 깊이를 파헤쳐 보고 싶었던 나의 그리움과 같은 심정은 결국 '모름'에 막히고 말았다. 나는 좀 더 기다리며 '모름'의 저 너머를 향해 '열린' 마음을 가지고 응시할 것이다. 그곳은 지금 어둠처럼 캄캄하고 막막하게 느껴진다. 모르기 때문에 차라리 무(無)나 공(空)으로 느껴지기도 한다.

아마도 내가 서 있는 위치가 유(有)의 시공이라고 한다면, 모름의 저 건너편은 무(無)의 시공일 것이다. 그런데 유(有)의 시공이 유한이라고 한다면 무(無)의 시공은 무한일 것이다. 나는 감히 무(無)의 무한을 보고 싶다. 비록 그 시공이 어둡고 막막하게 느껴지지만, 그렇기 때문에 더욱 그 시공을 보고 싶다. 이 심정은 그리움 같은 것, 상승과 초월을 향한 목마름 같은 어떤 것이다.

무(無)의 무한에 대한 생각은 나에게 또 다른 감정을 갖게 한다. 그것은 죽음에 대한 생각과 연결되어 있다. 나는 한때 죽었다고 생각한 경험을 가지고 있다. 그때 나는 죽음의 본질에 관해 골똘하게 생각하고 죽음은 모든 것을 무화(無化)시키고 만다고 생각했다. 모든 것을 무화시키고 만다는 생각, 그것은 참으로 캄캄하고 막막한 느낌을 일으켰다. 이 느낌은 무(無)의 무한과 연결되는 것이었다. 이로써 무의 무한은 나에게 이중의 느낌을 갖게 하는 것이다. 한 편으로 어둡고 캄캄한 느낌과 다른 한 편으로 그것을 보고 싶은 그리움 같은 느낌, 이 이중의 느낌은 묘하게 얽혀 있다. 이중으로 얽혀 있는 마음의 자리가 지금 내가 서 있는 위치이다. 이 위치에서 나는 죽음과 무를 응시할 것이다.

　나는 중증의 암에 걸려 한때 죽을 것 같은 공포에 시달린 나머지 죽음의 얼굴을 본 경험을 가지고 있다. 그때, 나는 한 번 죽었다고 생각한다. 죽었다고 생각되는 그 뼈저린 경험을 겪고 난 다음, 나는 종전과 완전히 다른 인생을 살고 있는 것 같다. 무엇보다도 생각과 느낌이 완전히 달라졌다. 생각과 느낌이 왜 완전히 달라지는 것일까? 나는 생각과 느낌을 포함한 마음 전반에 관해 곰곰이 생각하게 되었다. 결국 모든 것은 마음먹기에 달렸다고 생각하게 되었다. 마음이 핵심에 있었다. 마음을 연구해야 한다고 생각했다. 마음을 알아야 하며, 다음으로 마음을 움직일 수 있어야 했다. 마음의 앎과 실천, 이것은 내 마음 연구의 두 가지 과제가 되었다.

　지금까지 나는 심신관계 논의를 통해 마음이란 무엇인가를 나름대로 추적해 보았다. 마음의 앎에 관한 추적이라 하겠다. 이제부터 마음을 어떻게 움직일 것인가에 관해 검토해 볼 차례가 되었다. 마음의 실천 부분을 추적해 보자는 것이다. 그런데 마음의 실천 부분과 관련해 '죽음' 문제가 매우 중요한 역할을 하게 될 것이다. '죽음' 문제에 관한 우리의 태도가 마음을 결정적으로 움직이기 때문이다. 따라서 이제부터 죽음 문제를 통해 마음의 실천 부분을 검토할 것이다.

# 06
# 순응의 실천

"우리는 지혜가 삶의 경험에 내적, 외적으로 반응하는 개인의 창발적 (emergent) 속성이라고 본다. 지혜로운 사람은 행동의 세 가지 측면인 인지, 정서, 의지의 대립적 유인가(valence)들 사이에서 균형을 잡을 줄 안다. 지혜로운 사람은 아는 것과 모르는 것을 견주어 보고 관심을 잃지 않으면서도 정서에 압도되지 않으며 행동에 나설 때와 장소를 주의 깊게 선택한다."[28]

삶의 소리는 때로 폭풍우처럼 휘몰아치기도 하며 때로는 봄비처럼 우리 마음을 촉촉하게 적셔 주기도 한다. 삶의 소리가 너무 조용하거나 들리지 않아서 우리는 그 소리를 듣기 위해 귀를 기울여야 할 때도 있다. 숲의 소근거림이나 산의 울림을 들을 때와 같이 우리

[28] 지혜의 탄생(로버트 스턴버그 외 지음. 최호영 옮김. 21세기북스. 2010) p.471.

는 삶의 소리를 헤아리기 위해 마음을 모아야 할 때가 있다. 들리지 않으나 세세한 그 소리의 발걸음들은 우리 마음을 깊이 울린다. 우리는 그 소리들의 기억을 가슴에 간직하고 있다. 그리고 소리들의 기억을 귀 밖으로 끄집어내 놓을 수도 있다.

젊음의 그리운 기억들, 떠나 보낸 사연들, 영광보다는 아쉬움이 더 많았던 삶의 기억들은 가슴 속에 꽃처럼 스미어 있다. 그리고 이제 우리는 서서히 죽음에 가까이 다가서는 삶의 소리들을 듣는다. 그 소리들은 머지않아 한지에 먹물 스미듯 사라질 것이다. 잡힐 듯 잡히지 않으며 슬그머니 사라질 것이다. 우리는 그 소리들을 미리 들을 수 있다. 아쉬움이나 슬픔으로 그 먹먹한 소리를 들을 수 있다. 그러나 우리는 이미 초연하게 기다릴 수 있다. 어쩔 수 없는 것은 조용히 기다려야 한다. 초연하게, 당당하게 법칙과 섭리를 받아들여야 한다. 솔 숲에 부는 소리를 듣듯, 우리 삶의 소리를 잠잠하게 들어야 한다. 마지막 소리를 들을 때까지.

지혜로운 사람은 들리는 소리는 물론 들리지 않는 소리도 들을 줄 아는 사람일 것이다. 들리지 않는 소리를 듣기 위해서는 들리지 않는 소리도 들으려고 노력해야 한다. 그러기 위해 특별한 감수성을 길러야 한다. 이러한 특별한 능력은 아마도 창발적(emergent)으로 생성될 것이다. 지혜로운 사람은 균형을 잡을 줄 알며 정서에 흔들리지 않고 딱 알맞은 때를 가릴 줄 아는 사람이다. 이러한 창발적 능력은 누구나 쉽게 얻을 수 있는 것은 물론 아니다. 그러나 노력에 따라, 또는 어떤 계기에 따라 일정한 수준을 넘어서면 어느 순간에 그야말로 뜻하지 않게 찾아오는 것이다. 물리적으로 설명될 수 없는 어떤 질적 속성이 여기에서 창발하는 것이다.

나는 이러한 지혜를 죽음에의 순응으로부터 얻을 수 있다고 생각한다. 삶의 본능과 의지로부터 철저히 거부되는 죽음을 우리는 수용할 수밖에 없다. 그리고 그 순응 앞에 마음과 모든 것을 맡기는 도리밖에 없다. 그 과정 가운데서 마음은 열리고 갑자기 통찰의 순간을 맞게 된다. 나는 이것을 반전이라고 불렀다. 이때 우리는 삶과 죽음을 동시에 응시하며 그 깊은 의미를 파악할 수 있다. 이것이 창발적 지혜일 것이다. 이런 지혜는 순응이라는 고통스러운 과정을 거쳐 나온 것이기 때문에 객관성도 지닐 것이다.


## 1. 순응의 지혜들

### 순응의 지혜 1

"삶은 곧 죽음이다."

죽음의 불가피한 법칙성 앞에 직면해 "그래, 죽자."라고 죽음을 수용한 사람은 인식론적 변혁을 경험한다. 그 사람은 일단 삶을 포기한 사람이며, 동시에 죽음이 이미 가까이 왔음을 확실히 느끼는 사람이다. 그는 이제 살려고 발버둥치지 않으며 죽음의 필연성, 즉 자연 법칙을 겸허히 받아들일 수 있다. 따라서 담담하게 세계의 흐름과 죽어가는 모든 것들을 바라볼 수 있게 된다.

죽어가는 모든 것들과 같은 운명이라는 공감도 느끼게 되며, 그럼으로써 무한한 자비심을 갖게 되기도 한다. 무심한 듯 되어 가는 자연의 모습을 물끄러미 바라볼 수도 있다. 그는 자비의 사람인가 하면 무심의 사람이기도 한, 다소 초연한 풍모를 지닐 것이다. 그는 삶과 죽음의 경계(境界)에 서 있게 된 것이다. 이제 그는 삶은 다름 아닌 죽음이라는 사실을 뼈저리게 깨닫게 된다. 삶은 죽음이었다. 그러므로 죽음은 삶이었다. "삶=죽음, 죽음=삶"이라는 등식을 그는 깨달은 것이다.

"삶=죽음"이라는 등식은 삶과 죽음 사이의 시간성을 배제해 버린 2차원적 인식을 가리킨다. 인생이라는 시간의 흐름을 단 한 장의 스냅 사진으로 압축해 버린 것과 같다. 그러므로 이 등식의 지혜는 과감한 삭제와 압축을 감행할 인식의 비약을 가져온다. 시간 관념을 비롯한 인식 기능이 송두리째 변하는 것이다.

이것은 인생의 종국적 현상인 죽음을 중심으로 삶을 평가하는 인식 방법이라고 말할 수 있다. 다시 말해서 현재의 위치에서 사고한다면, 미래에 있을 죽음을 선취적(先取的)으로 파악하되 그 죽음을 보다 중요하게 보는 입장인 것이다. 이러한 인식론은 현재와 과거, 미래를 한 평면 위에 놓고 해석하되 미래의 죽음을 보다 더 중시할 수밖에 없는 사정을 드러내는 것이다. 이러한 인식의 변화는 통상적인 우리의 시간관념을 송두리째 바꾸어놓고 만다.

우리는 보통 시간을 과거에서 현재로, 그리고 현재에서 미래로 흘러가는 것으로 인식한다. 이러한 통상적인 시간 인식은 상식적이다. 그러나 우리는 죽음 앞에서 상식을 뛰어 넘어설 수밖에 없다. 그리고 우리는 통찰에 이른다. 통찰이란 어느 체계를 통째로, 한꺼번에 꿰뚫어 지혜를 끌어내는 것을 가리킨다. 시간관념에서 이러한 통찰은 시간을 2차원적으로 한눈에 파악하는, 즉 스냅 사진으로 한 장에 찍어 버리는 것을 가리킨다. 순간의 한 동작에 모든 의미와 가치를 압축함으로써 지혜를 끌어내는 것이다. 나는 이러한 통찰의 지혜가 "삶=죽음"의 등식에서 나온다고 생각한다.

우리는 "삶=죽음"의 등식이 고통과 단절을 통해 체득되는 것임을 알고 있다. 죽음의 속성을 논의하는 대목에서도 설명한 대로 죽음에 순응한다는 것은 언제나 고통스럽고 큰 단절을 겪으면서 도달하는 종국적 상황이다. 죽음은 단절적인데다가 미지적이다. 죽음으로 삶은 종결하며 그 뒤를 알 수도 없다. 어둡고 캄캄한 심연 속으로 무한히 낙하해야 한다. 그 상황은 무엇보다도 먼저 고통이며 좌절이다.

우리는 그 상황을 어쩔 수 없이 받아들여야 하며 그 불가피성에 복종해야 한다. 포기하고 순응하지 않을 수 없는 것이다. 우리는 이렇게 고통과 좌절로부터 포기와 순응으로 넘어가야 한다. 이러한 과정을 겪으면서 우리는 겨우 깨우치게 된다. 산다는 것은 허무하다는 것, 삶이란 죽음을 향해 나아가는 과정일 뿐이라는 것, 그리고 삶은 죽음으로 인해 연기처럼 사라지며 무화하고 만다는 것을 뼈아프게 깨우치게 된다. 이러한 삶의 진상을 알고 나면 우리는 완전히 다른 인식에 도달하게 된다. 나는 이러한 인식의 경지를 지혜에 이른 상태라고 주장하는 것이다.

그러나 우리는 죽음에의 순응이 경이로운 반전을 가져온다는 사실도 알고 있다. 죽음에의 순응은 엄청난 에너지를 뿜어내는 반전을 일으킨다. 두 극단이 부딪치면 폭발을 일으키듯 죽음에의 순응은 뜻밖의 반전, 즉 마음의 평안과 신생의 감격, 그리고 지안을 일으킨다.

이것은 실로 극적인 전환이 아닐 수 없다. 죽음을 각오하자 생각지도 않았던 마음의 평안을 얻고 싱싱한 재생의 환희를 맛보게 되는 것이다. 이러한 반전이 오게 되는 원인에 대해서는 앞에서 충분히 검토한 바 있다. 여기에서 우리가 각별히 생각해야 할 점은 죽음을 통해 참으로 싱싱한 삶의 약동을 얻을 수 있다는 사실에 있다. 죽음을 통할 때, 죽음에 완전히 순응할 때에만 새로운 삶의 약동을 발견할 수 있는 것이다.

우리는 흔히 삶을 으레 여기 있는 것 정도로 생각하면서 살아간다. 그러나 중병에 걸리거나 운명에 의해 죽음을 피할 수 없게 될 때, 우리는 죽음의 냉혹한 무화성을 직시하게 되며 어쩔 수 없이 죽음의 법칙성을 통과해야 한다. 이 과정을 거치면서 생각이 변하고 세계를 다시 파악하게 된다. 그리고 결국 "생(生)=사(死)"라는 등식의 인식에 도달하게 된다.

이 언저리의 순응 과정에서 반전이 오고 새로운 삶의 약동을 경험하게 된다. 이것은 새로운 삶의 발견이면서 새로운 세계의 전개가 되는 것이다. 우리는 이러한 경험이 생사일여의 인식 변화로부터 비롯되었다는 것을 알고 있다. 이러한 일련의 경험에 비추어 볼 때, 생사일여의 지혜가 얼마나 소중한 것인가를 우리는 알게 된다.

이제 "생=사"의 깨달음과 관련된 두 가지 오해에 관해 살펴보기로 하겠다. 첫째로, 죽음 논의는 허무주의 때문에 나온 것이 아니라는 점을 분명히 하고자 한다. 보통 죽음이라는 말을 꺼내는 것은 나쁜 것으로 취급된다. 죽음은 재수 없는 것으로 간주되고, 따라서 금기시되기 때문이다. 죽음은 싫은 것이며 피해야 할 것이라는 선입견이 죽음이라는 말을 꺼내지 못하게 만드는 것이다. 죽음에 대한 이런 선입견이 죽음을 실패나 패배, 굴종, 허무 등의 의미로 고착화시키고 말았다.

이런 경향은 어느 나라에서나 마찬가지겠지만 우리나라에서는 그 정도가 심한 것 같다. 건물의 층수에서 4층을 배제하는 나라가 우리나라 외에 더 있는지 모르겠다. 이러한 사회적 경향 때문에 죽음 이야기를 꺼내는 것은 마치 허무주의를 조장하는 것처럼 취급되고 있다. 그러나 앞에서 충분히 거론한 것처럼 죽음 논의는 불가피할 뿐 아니라 꼭 집고 넘어가야 할 필요까지 있다.

죽음을 이야기하는 진정한 이유는 삶을 더욱 알차게 하기 위해서이다. 죽음을 통과하지 않고 새로운 삶, 진정한 삶을 이야기할 수 없다. 죽음에 직면해 불가피하게 죽음을 받아들인 경험이 없는 사람은 다시 태어난 듯한 신생의 감격을 결코 이해할 수 없을 것이다. 감격 없는 삶은 진정한 삶이라고 말할 수 없다. 반전을 경험해야 한다. 그런데 반전은 죽음을 통과할 때에만 가능하다.

죽음 논의는 결코 폐풍(弊風)이 아니다. 삶을 더욱 깊이, 더욱 알차게 만들자는 것이 폐단일 수 없기 때문이다. 죽음 논의는 먼저 불가피한 것이다. 누구나 한 번 죽는 것이고 언젠가는 한 번 죽음과 직면해야 한다. 이러한 죽음 문제를 어찌 피할 수 있으며, 어찌 말하지 않고 지나갈 수 있겠는가? 죽음 논의는 어쩔 수 없는 것이다.

그런데 우리는 죽음에 직면해 우리의 삶이 얼마나 하찮은 것인가를 깨닫게 된다. 죽음은 왜 이렇게 두려운 것인가, 우리는 왜 이렇게 살고 싶은 것인가, 도대체 죽음이란 무엇인가, 수많은 질문 속에 우리는 낙담하고 좌절하고 만다. 단 하나의 질문에도 속 시원하게 답변할 수 없다는 것을 깨닫게 된다. 우리는 모름에 빠져 있으며 해결할 수 없는 난제 속에 빠져 있다는 사실을 발견하게 된다.

죽음만큼 우리를 모름과 난제 속에 빠지게 하는 것은 없다. 그리고 죽음은 가차 없이 우리를 엄습한다. 피할 길은 없다. 우리는 죽음을 어떻게든 통과해야 한다. 공포 속에서, 모름 속에서, 아포리아 속에서 죽음을 기필코 통과해야 한다. 통과라고 말하는 것은 아직 살아 있다는 뜻이다. 그러나 죽으면 그뿐, 우리는 말을 할 수도 없게 된다. 허허하게 그냥 사라져야 한다. 죽음 논의는 이렇게 어렵고 논의하는 사람을 완전히 탈진하게 만든다. 그러나 이러한 과정을 거치며 우리는 모름과 아포리아에 관해 깊이 사색하지 않을 수 없다. 그리고 우리는 배우고 깨닫게 된다. 그러면서 성숙하는 것이다.

둘째로, 죽음 논의를 죽음 예찬으로 잘못 아는 사람들이 있다. 만일 죽음이 누구에게나 필연적인 것이 아니라면 애초에 이야기할 주제도 안 될 것이다. 죽음이 누구에게나 반드시, 그것도 지금이라도 당장 찾아올지도 모른다는 사실이 우리를 죽음에 대해서 생각하지 않을 수 없도록 만들고, 따라서 이야기하지 않을 수 없는 것이다. 다시 말해서 죽음은 좋아서 이야기하는 것이 아니라 너무 싫기 때문에 말하지 않을 수 없는 것이다. 싫더라도 불가피하기 때문에 어떤 특별한 대책이 없는가 해서 논의하는 것이다.

나는 자살에 반대한다. 자살 소식을 들을 때마다 나는 안타까움을 금치 못한다. 그들이 내몰린 한계상황과 그들의 심리적 압박감을 안타까워하는 것이다. 오죽하면 스스로 목숨을 끊겠는가 하는 점을 생각한다면, 그들과 함께 아파하고 울어야 할 것이다. 그러나 나는 그들에게 찬동할 수는 없다. 내가 자살에 반대하는 이유는 크게 세 가지이다.

첫째, 자살자는 죽음의 비밀스런 함의를 너무 쉽게 포기하고 있

다. 내몰린 한계상황이 아무리 가혹하다 할지라도 아직 죽음 같지
는 않다는 사실을 직시해야 한다. 상황이 가혹하면 가혹할수록 거
기에 맞서야 하며, 죽음이 올 때까지 맞서야 하는 것이다. 절박하고
절실하게 죽음에 직면해야 한다. 그리고 그 직면의 긴장이 최고조
에 달했을 때, 우리는 죽음의 필연성과 법칙성에 굴복하고 순응하
게 된다. 이때, 인식의 변혁이 오며 저 위대한 반전이 오는 것이다.

이러한 죽음의 비밀한 함의를 알아야 한다. 그러나 자살자는 절
박한 긴장이 오기도 전에 미리 죽음에 함몰하고 만다. 이것은 순응
이 아니라 투항이며 따라서 굴욕이다. 거기에는 긴장도, 반전도 있
을 수가 없다. 위대한 에너지의 폭발도 있을 수 없다. 심리적 조급
증을 발견할 따름이다. 안타까운 일이 아닐 수 없다.

둘째, 자살자는 무량심을 길어 올릴 수 없다. 자살자의 심리는 조
급한 집착을 드러낸다. 자신의 편견과 선입견에 골몰한 나머지 합
리적인 판단력을 발휘할 수 없다. 외골수의 집착에 깊이 빠져 헤어
나지 못하는 것이다. 이러한 집착 속에서 무량심을 이해할 능력이
생길 리 없다. 무량심이란 자아가 붕괴하고 인지 기능이 끊기는 듯
한 초극적 상황에서 어쩌다 길어 올릴 수 있는 통찰의 일종이다. 거
기에는 무한히 확장하는 자유의 시원함이 있다. 자살자의 심리로서
는 이러한 경지를 이해하기 어려울 것이다.

셋째, 자살자는 '모름'에 대한 이해가 약하다. 우리는 죽음과 관
련해 아는 것이 거의 없다는 점을 고백하지 않을 수 없다. 우리는
죽음이 무엇인지, 죽음 뒤에 무엇이 있는지 아무것도 알 수 없다.
그러므로 모른다고 고백할 수밖에 없다. 이러한 사정 때문에 우리
는 '모름'에 고뇌하며 이러지도 저러지도 못하면서 침묵을 지키게

되는 것이다.

그러나 자살자는 죽음에 대해 꽤 잘 아는 것처럼 과감하다. 엄청난 죽음의 하중 앞에서 어떻게 저런 일을 감행할 수 있는지 놀라울 정도로 돌진한다. 자살자는 확신에 찬 듯 일을 저지른다. 그러나 죽음을 스스로 선택할 수 있는 일인지 우리는 잘 모른다. 우리는 고뇌하고 주저한다. 모르기 때문이다. 이것이 죽음에 대한 '모름'의 자세이며 당연한 태도이다. 우리는 모르는 것이 너무 많고 해결하지 못하는 무수한 난제들에 둘러싸여 있다. 우리는 모름 앞에 머리 숙이고 옷깃을 여미는 심정으로 살아간다.

특히 죽음에 직면해서 우리는 참으로 아무것도 알 수 없는 안개에 갇히고 만다. 이것이 우리의 실상이다. 이런 뜻에서 나는 자살자들의 충동적인 행동에 경악하며 안타까움을 금치 못한다. 그들은 더 견뎠어야 하며 더 기다렸어야 한다. 그리고 죽음 앞에 자아를 던졌어야 한다. 남김없이 던지고 비웠어야 한다. 그러면 마지막 순간에 통찰과 자유라도 얻었을 것을. 나는 이 점을 안타까워하는 것이다.

앞에서 생각해 본 것처럼, "생=사"의 등식 원리를 깊이 사유한 사람이라면, 평소에 가졌던 시간관념이 크게 변하는 것을 경험할 것이다. 생사를 같다고 파악한다는 것은 인식체계에 일대 혁신이 일어났다는 뜻이다. 그런데 무엇보다도 시간관념에 변혁이 온다는 특징을 갖게 된다. 특히 시간관념의 변화를 별도의 특징으로 구별해 본 것이 순응의 지혜 2와 3이다.

"삶은 잠정적이며, 그러므로 소중하다."

삶은 죽음 전의 짧고 임시적인 기간이므로 소중하다. 이러한 삶에 대한 이해는 죽음을 완전하게 수용한 이후에 가능하게 된다. 죽음이 머지않아 도래할 것을 분명하게 인식할 때, 삶은 죽음 전에 잠정적으로 허용된 시간으로 인식될 것이다. 이런 관점에서 보자면, 삶의 기간이란 태어남으로부터 죽음 이전까지 잠시 영위되는 시간에 불과하다.

나는 죽음을 수용한 후, 나에게 허용된 삶이란 덤으로 주어진 것이라는 느낌을 강하게 받았다. 덤으로, 특별하게 허락된 시간이라는 의식은 나를 감격하게 만들기에 충분한 것이었다. 덤처럼 느껴지는 삶의 시간들은 참으로 소중했으며 영롱하게 떠오르는 빛과도 같았다. 세상이 온통 찬란하게 빛나는 것 같았고 기쁨으로 가득 차는 느낌이었다. 우리들의 현재적 삶이 이렇게 찬란한 환희가 되어서는 안 될 이유란 없다. 우리의 삶은 충일한 기쁨이며 황홀이어야 한다. 나는 우리의 삶을 이렇게 만들 수 있다고 생각한다.

삶의 기간을 짧은 것으로 인식하고 임시적인 것으로 인식하는 일은 우리의 일반적인 시간관념을 크게 바꾸는 것이다. 사람들은 보통 사는 기간을 거의 무한정 가능한 시간으로 짐작하며 살아간다. 별다른 생각 없이 오래오래 살 것으로 간주하는 것이다. 심지어 어떤 사람들은 시간을 죽이지 못해서 별난 짓들을 하는 경우도 있다. 시간을 주체하지 못해서 시간을 강제로 학살하는 것이다.

그러나 인생 길어야 100년 안팎에 지나지 않는다. 그런 시간도 자고 먹는 시간을 빼고 나면 잘해야 반 정도 남는 데 불과하다. 이런 소중한 시간을 주체하지 못한다는 것은 분명 안타까운 일이 아닐 수 없다. 우리의 실존을 깊이 생각한다면, 우리에게 허용된 시간이 참으로 짧다는 사실과 그 시간을 얼마나 소중하게 경영해야 하는가 하는 점을 쉽게 짐작할 수 있을 것이다. 우리는 충만하게, 감격하면서 살수록 우리의 삶은 보람찬 삶이라고 말할 수 있을 것이다.

이런 점들을 상기할 때, 죽음을 수용하고 삶을 포기함으로써 죽음에의 순응을 터득한 순응자들은 우리에게 허용된 시간이 얼마나 귀중한가를 누구보다도 깊이 깨닫고 있는 사람들이다. 그들은 죽음을 각오하고 결심하고 수용한 사람들이기 때문에, 다시 말해서 이미 죽어 버린 사람들이기 때문에 삶의 시간이 얼마나 소중한 것인지를 뼈 속 깊이 깨닫고 있다. 그들은 살 시간이 얼마 남지 않았다는 것을 알고 있기 때문에 지금 허용되고 있는 삶의 시간이 너무 고맙고 너무 감격스러운 것이다.

잃어버린 사람만이 그 잃은 것이 얼마나 귀중한가를 충분히 깨달을 수 있다. 그러므로 눈물 젖은 빵을 먹어보지 못한 사람은 진실로 빵의 맛을 알 수 없다고 말하는 것이다. 팔 하나를 잃어버린 후에야 그 팔의 소중함을 깨닫게 되는 것이며, 한 팔이 아직 남아 있다는 사실이 얼마나 고마운 일인가를 더욱 뼈저리게 깨닫게 되는 것이다.

인생의 전 역사를 모두 살아본 사람과 같은 통찰을 얻을 수 있을 때에야 우리는 인생의 가치를 깊이 깨우치게 된다. 죽음에의 순응을 터득한 사람은 이와 같은 통찰을 얻은 사람이라고 말할 수 있다. 따라서 죽음에의 순응은 우리의 일반적인 시간관념을 완전히 뒤바꾸어 놓고 마는 결과를 가져온다. 감사와 기쁨, 감격 속에서 남은 삶을 살 수 있는 것이다.

삶이 참으로 소중하다는 인식은 삶에 대한 우리의 태도를 크게 바꾸도록 만든다. 소중한 삶의 시간을 허송하지 말아야 하겠다고 결의를 다지게 만들며, 가장 근본적인 가치를 가려 그것을 추구하도록 만들고, 또 충만과 감동으로 가득한 시간을 갖도록 노력하게 만들기도 한다. 이에 따라 삶의 태도가 바뀌며 결국 삶의 방향과 운명이 바뀌게 되는 것이다. 이러한 것을 우리는 지혜라고 말한다. 이것이 죽음에의 순응이 가져온 삶의 지혜인 것이다.

그러나 앞으로 남은 삶의 시간이 참으로 소중하다고 느끼는 사람은 그렇게 느끼는 상태 안에 그대로 머무르고 있는 사람일지도 모른다. 소중하기 때문에 어떤 대단한 일을 해야 한다고 결의하고 행동하는 것이 아니라, 단지 소중하다는 사실을 마음 속 깊이 간직하고 그 간직하고 있음을 절실하게 느끼는 그것이 진정으로 소중하게 생각하는 것이라는 말이다.

예를 들어 연인을 참으로 소중하게 생각하는 사람은 그 연인을 위해 선물을 준비하는 사람이 아니라, 연인에게서 눈을 거두지 못하고 소중하다는 생각을 잠시도 놓치지 않는 사람이라는 것이다. 선물이나 어떤 행동이 중요한 것이 아니라 그 마음의 절실함과 그것의 유지가 중요하다는 말이다.

그러므로 삶의 시간을 소중하게 생각하는 사람은 다만 그 느낌을 강하게 감지할 뿐이다. 이런 예는 살날이 얼마 남지 않았다는 의사의 통고를 받은 사람들에게서 흔히 발견되는 일이다. 불치병으로 곧 죽을 수밖에 없는 환우들 가운데 많은 사람들이 그 남은 시간을 감사와 기쁨으로 보낸다고 한다. 그들은 얼마 남지 않은 시간을 진정으로 소중하게 생각하고 그 시간을 각별하게 아끼는 것이다. 그러나 그들이 남은 시간을 아끼는 방식은 어떤 특별한 행동으로 표현하는 것이 아니라 단지 아낀다는 생각을 절실하게 유지하는 것에 지나지 않다는 말이다. 마음의 상태가 중요한 것이다.

## 순응의 지혜 3

"여기, 지금 이 순간의 시간만이 진정한 시간이다."

죽음에 순응한 사람은 지금 이 순간의 삶만이 진정한 삶이란 사실을 깊이 자각하고 있다. 그러므로 이 순간의 삶에 충실해야 한다. 과거는 지나갔으며 미래는 아직 오지 않았다. 현전하는 이 순간만이 허용된 유일의, 그러므로 진정한 시간이다.

이러한 시간관념은 죽음에 대한 자각으로부터 비롯된다. 인생의 마지막 시간인 죽음에 대한 깊은 자각은 인생의 전 역사를 통시적으로 개관할 수 있게 하며, 이러한 개관의 결과로써 시간의 중심은 현재에 있다고 파악하는 것이다. 우리는 과거를 반성하며 미래를 예견할 수 있다. 그러나 시간의 중심은 현전하는 이 순간뿐이다. 언제 죽을지 모르며 이미 죽은 것과 같다고 자각하고 있는 사람의 경우에, 미래는 상상에 불과하며 과거는 고려의 대상에서 제외될 수밖에 없는 것이다. 그러므로 현재는 과거를 함축하고 미래를 선취하는 유일의 시간일 수밖에 없는 것이다.

이러한 시간관념은 세포들의 유기체인 사람의 생존 메커니즘에서도 그대로 드러나는 것이다. 유기체의 생존은 생체 메커니즘의 현재적 작동으로써 유지된다. 생체 작동이 정지하면 생존은 중지된다. 따라서 생체 조직이 지금 작동하고 있느냐 아니냐 하는 점이 생존 여부를 결정하는 것이다. 생체 메커니즘의 항상성(homeostasis)이라는 것도 시간관념상 현재의 지속으로 나타나는 것이다. 그러므로 유기체의 삶은 언제나 현재를 중심으로 진행되는 것이다.

이렇게 우리의 시간은 현재를 중심에 두고 있다. 우리의 시간은 보통 과거에서 현재로, 현재에서 미래로 계속 이어지는 선으로 흐른다고 이해된다. 그러나 죽음에 순응한 사람의 경우, 시간은 점(點)으로 인식될 것이며, 매 순간 점의 현재가 오고 갈 것이다. 점의 진행으로서의 과거는 선(線)으로 인식되지만, 미래는 언제나 점으로 현재 앞에 현전할 것이다. 순응자의 미래는 엄밀하게 잠정적(暫定的) 가능성으로서만 존재하기 때문이다.

이렇게 순응자는 오직 현재만을 응시한다. 과거는 이미 시위를 떠나 버린 화살에 지나지 않으며, 미래는 오지 않을 가능성이 더 큰 잠정태(暫定態)로서 무시해도 좋을 희미한 영상에 지나지 않는다. 의미를 지닌 시간은 현재일 뿐이다. 그리고 우리는 이 현재에서 죽음을 맞이할 것이다.

그러므로 우리는 현재에 충실해야 한다. 지금, 여기의 삶에 집중해야 한다. 내일 일을 걱정할 필요가 없다. 어제 일에 가슴 아파 할 겨를도 없다. 오직 지금, 여기의 삶만이 우리에게 허용된 유일의 시간이다. 그러므로 지금, 여기의 삶을 얼마나 충실하게, 얼마나 충만하게 살 것이냐 하는 점만이 중요한 일이다.

그러면 충실과 충만이 무엇이냐 하는 것을 분명히 가려내야 한다. 이에 대한 의견은 참으로 다양할 것이다. 그러나 순응자의 입장에서 보자면, 그것은 매우 간단하게, 또 매우 분명하게 드러나는 것이다. 순응자란 삶을 포기하고 죽음을 각오한 사람이다. 삶의 가치와 의미를 부정하는 입장에서, 삶에 어떤 목표를 설정하고 이 목표에 맞는 행동의 당위를 설정한다는 것은 스스로 자기 입지를 무너뜨리는 셈이 된다. 따라서 순응자는 통상적인 가치와 의미로부터 벗어나 있다. 그는 자연스럽게 신생의 감격을 체득한 사람이다. 죽음을 수용하자, 반전이 오고 이에 따라 평화와 신생을 체험한 사람이다. 그는 평화와 신생을 충실이며 충만이라고 자연스럽게 이해했던 것이다. 그는 지안을 향한 방향이 인생의 목표라고 알고 있는 사람이다. 그것은 통찰이며 깨달음이라는 것을 그는 알고 있다.

흔히 현대인의 시간관념은 그 중심을 미래에 두고 있다고 말한다. 미래학이라는 새로운 사조가 등장하면서 이러한 경향은 더욱 심해진 것 같다. 미래학은 대개 이렇게 고취한다. 삶의 목표를 미래에 두고 그 목표를 향해 전진하라. 그러기 위해서는 미래를 제대로 예측해야 하며 시대적 트렌드를 정확하게 집어내야 한다. 미래 예측의 정확성 여부에 따라 개인의 성공과 인류의 발전이 좌우된다. 5년 후, 10년 후의 미래를 깊이 연구하라. 이러한 미래학의 주장과 그 미래 예측 방법의 타당성 여부를 여기에서 논의할 필요는 없다.

다만 이 사조의 근거에 관해 생각해 보자. 먼저 미래 예측의 주된 관심은 발전과 번영에 있다. 그들이 주장하는 발전이란 물질적 번영을 중심에 둔다. 물질적 번영을 달성하면 발전한 것이며 성공한 것이다. 그들의 목표는 물질 개념의 미래이다. 만약 미래학이 물질 개념을 포기한다면 미래학은 그 존립 기반을 잃게 될 것이다.

이처럼 미래를 강조하는 언설에는 흔히 물질 개념을 중심에 두고 있다. 특히 정치적 구호에는 이런 경향이 강하다. '경제개발 5개

년 계획'과 '미래의 청사진'이 강조되던 시대의 관심은 오직 "잘 살아 보세"에 집중되었다. 정치인들은 화려한 미래를 가리키며 현란한 공약을 앞세운다. 그들의 중심 개념은 물질이며 번영이다. 그러나 물질 개념은 필요한 것이지만 언제나 충분한 것은 아니다. 그것은 흔히 독이 되어 되돌아오기 쉽다. 미래에 현혹된 나머지 현재를 방치하기 쉽기 때문이다.

젊은이들은 꿈을 가져야 한다고 말한다. 미래의 야망을 품으라는 말이다. 그러나 이 말은 새겨들어야 옳은 뜻을 가려낼 수 있다. 새겨들어야 할 많은 것들 가운데 두 가지만 생각해 보자. 첫째로 미래의 실체를 가려내야 하며, 둘째로 미래의 실현이 가능하게 해야 한다.

먼저 미래의 실체와 관련해, 젊은이들은 깊은 사색을 해야 할 것이다. 어렸을 때, 흔히 말하기 쉬운 '대통령 꿈'을 한 예로 삼아 보자. 대통령이 되겠다는 야망은 훌륭한 것이지만 어떤 대통령, 즉 대통령의 실체를 깊이 고려해야 한다는 말이다. 역사상 수많은 대통령들이 있었으나, 그 중에는 훌륭하지 못한 대통령들도 있었고 국민들을 괴롭힌 독재자들도 있었다는 사실을 기억해야 하는 것이다.

무조건 대통령이 되는 것이 중요한 것이 아니라 어떤 대통령이 되느냐가 중요한 것이다. 이왕이면 훌륭한 대통령이 되어야 할 것이다. 그런데 '훌륭한' 대통령이란 또 무엇인지를 가려내야 한다. 그러다 보면 먼저 '훌륭한 사람'이 되어야 한다는 점을 알게 될 것이고, 훌륭한 사람이 되기 위해서는 '훌륭함'을 먼저 가려내야 한다는 것을 알게 될 것이다.

이렇게 보자면 꿈을 꾸는 것에 앞서 그 꿈의 내용을 잘 가려야 한다는 점이 더 중요한 것이다. 여기에 본인의 적성과 환경 등을 고려

사항에 추가시키면 꿈의 실체 파악은 훨씬 복잡하게 될 것이다. 요컨대 철학적 바탕의 사색이 요구된다 할 것이다.

물론 젊은이들에게 '훌륭함'의 의미 분석을 완전히 한 다음에 꿈을 정하라고 요구하는 것이 무리라는 것을 모르는 바 아니다. '훌륭함'의 의미 분석을 완전히 한다는 일이 얼마나 지난한 일인가를 잘 알기 때문이다. 그럼에도 불구하고 젊은이들에게 철학적 사색의 중요성을 강조하고자 하는 뜻은 역시 미래의 지칭이 자칫하면 허구성을 띠기 쉽다는 점을 분명하게 드러내고 싶기 때문이다.

미래는 아직 오지 않았으며 그렇기 때문에 계획과 상상 속에 있는 시간일 뿐이다. 엄밀하게 우리는 현재라는 시간 위에서만 존재한다. 시간은 그 절대개념상 현재로서만 존재한다는 말이다. 그러나 현재라는 시간 또한 순간순간 흘러가기 때문에 무한한 연장으로서의 한 흐름으로 시간은 인식된다. 다시 말해서 시간은 관념상의 인식에 지나지 않으며, 그렇기 때문에 사람들은 일정한 단위로써 시간을 구획 짓고 그것을 측정하게 된다. 이러한 단위로서의 시간 관념에 의해 사람들은 과거와 미래를 설정하고 이를 현재와 대비시킬 수 있었다.

그러나 생존의 조건으로 드러나는 시간은 현재로서만 존재한다. 이런 뜻에서 과거와 미래는 관념 속의 관념이 된다. 이런 속성 때문에 아직 오지 않은 시간인 미래와 관련해 사람들은 자신의 희망과 의지 등을 투영시키려고 한다. 미지의 시간에 자신의 기대를 의탁하려 드는 것이다. 사람의 연약함을 드러내는 이러한 경향은 엄격한 현실파악으로 극복되어야 할 것이다.

둘째로, 미래의 꿈은 현재의 노력 없이 이루어지지 않는다는 점을 기억해야 한다. 꿈이 없는 젊은이는 삭막하게 보일 것이다. 우주인이 되려는 꿈, 세계 평화를 이루려는 꿈, 깨달음을 얻으려는 꿈, 이런 꿈이 없다면 젊은이답지 않다고 말할 수 있겠다. 그러나 엄밀하게 말하자면 꿈은 꿈일 뿐이다. 꿈은 아름다우나 아직 숨겨져 있는 미완의 아름다움이다. 꿈은 다짐이지만 그 실현은 현재의 노력에 달렸을 뿐이다.

우리에게 허용된 시간은 현재뿐이다. 그러므로 현재에 충실하는 것이 더 중요하다. 꿈이 아름답다고 말하는 것은 그것이 실현될 수 있다고 가정했을 때이다. 실현되지 못한 꿈은 환상이나 망상이라고 부른다. 꿈은 실현의 가정을 전제할 때라는 조건이 붙은 잠정적인 것이다. 여기에는 엄격한 현실의 파악이 전제되고 있는 것이다. 그러므로 꿈을 꾸되 그것이 실현될 수 있도록 만들어야 한다.

꿈은 이루어진다는 말이 있다. 이 말은 위로가 필요한 사람들에게 주는 복음적 메시지일 수 있다. 아니면 희망을 고취하는 위약적 치료제일 수도 있다. 나는 이런 것들을 가혹한 현실에 내몰린 현대인들을 현혹하기 위한 당의정이라고 본다. 현대는 당의정이 난무하는 시대이다. 그 당의정 뒤에는 반드시 돈이 움직인다. 계략이 숨어 있든 그렇지 않든 결국 돈이 문제된다. 지나친 위로를 조심해야 하는 이유가 여기에 있다. 꿈도 그 한 가지가 될 수 있다.


## 순응의 지혜 4

"순응에는 반전이 숨어 있다."

순응에는 반전에 의한 에너지와 창발적 통찰이 숨어 있다. 이 반전의 비밀을 끌어내는 지혜가 매우 중요하다. 죽음은 순응하는 사람에게 놀라운 능력을 부여한다는 사실을 깨우쳐야 하는 것이다. 그것은 숨겨진 죽음의 속성들 때문에 가능하다.

보통 죽음은 절망적 마지막 상황이라고 이해되지만, 순응자들은 죽음을 오히려 능력과 통찰을 숨기고 있는 비밀의 문이라고 알고 있다. 바로 이러한 사실 때문에 나는 죽음에 순응해야 한다고 강조해 왔던 것이다. 죽음은 불가피하고 필연적인 것이기 때문에 받아들이지 않을 수 없지만, 여기에 추가해서 엄청난 능력과 통찰을 가져오기 때문에 더욱 순응해야 한다고 강조하는 것이다.

만일 죽음의 순응에 반전이 따라오지 않는다면, 끝까지 죽음에 저항하는 것이 생물체로서 당연히 해야 할 일일지도 모르겠다. 그러나 죽음에의 순응은 반전이라는 뜻하지 않았던 중대한 가치를 가져오게 하는 원인이었다. 바로 이 중대한 가치 때문에 우리는 더욱 죽음에 순응할 필요가 있는 것이다. 죽음을 통과하면서 얻는 반전의 에너지와 통찰은 참으로 막강한 것이다. 죽음을 각오한 사람들은 위대한 힘을 분출시키며 죽음을 응시하는 현인들은 통찰과 깨달음에 도달한다.


## 2. 마음공부의 필요성

죽음에의 순응이 어떠한 반전을 일으키며 그 반전을 일으키는 이유는 무엇인가 등에 관해서는 앞에서 충분히 논의한 바 있다. 따라서 이번에는 그 순응과 반전의 비밀을 보통 사람들도 공유할 수 있겠는가 하는 점을 검토해 보려고 한다. 중병에 걸려 죽음에 직면하는 경우와 같은 극단의 상황이 아니고 일반적인 조건 아래에서 순응의 비밀을 체득한다는 것은 극히 어려운 일일 것이다. 그러나 나는 보통 사람들로서도 그 상황에 접근할 수 있으며, 따라서 순응의 지혜를 터득할 수 있다고 생각한다. 그 방법은 죽음에 직면하는 상황에 최대한 가까이 접근하는 일이 될 것이다. 그러나 보통 사람들은 죽음에 직면한 것이 아니기 때문에 죽음에 대한 절박함이 없다. 내가 보통 사람들에게 죽음에 관한 이야기를 꺼내기 어렵다고 느끼는 가장 큰 이유 중의 하나가 바로 이 절박함이 부족하다는 사실이다. 죽을 날이 얼마 남지 않았다는 사실을 알고 있다면, 그 사람에게는 죽음에 관해 특별한 이야기를 할 필요가 없다. 그 사람은 말을 하지 않아도 죽음에 관해 충분하게 절박함을 가지고 있기 때문에 자연히 죽음에 관해 이야기하지 않을 수가 없을 것이다.

그러므로 문제는 죽음에 직면하는 절박함이다. 만일 이 절박함을 가질 수만 있다면, 순응의 비밀은 의외로 쉽게 체득될 수 있을 것이다. 그러므로 보통 사람들에게 순응의 비밀을 터득하게 하기 위해서는 이 절박함에 최대로 가까이 다가갈 수 있는 방법을 알리는 일이 될 것이다. 나는 그 방법을 다음과 같이 정리했다.

첫째로, 먼저 죽음에 관한 철학적 이해의 바탕을 갖추어야 한다. 우선 죽음에 관해 충분히 알아야 하는 것이다. 죽음의 속성을 비롯해 공포로부터 반전에 이르기까지의 과정과 그 의미, 삶과의 관계, 죽음 이후에 관한 여러 견해 등과 관련해 충분하게 사유해야 할 것이다.

죽음에 대한 이러한 이해와 사유가 죽음에 한 발 가까이 다가서게 할 것이며, 이로써 순응의 비밀에 접근할 수 있게 할 것이다. 이 단계에서 우리가 꼭 기억해야 할 점은 사람은 누구나 반드시 죽는 다는 사실을 알아야 한다는 것이다. 그것도 '내'가 죽으며 '당장' 죽을지도 모른다는 사실을 기억해야 한다. 그리고 이러한 죽음의 사실을 절박하게 받아들인다면 반전이라는 기적이 일어난다는 점도 기억해야 한다.

둘째로, 죽음의 일곱 가지 속성을 절박하게 나의 체험으로 만들어야 한다. 나는 이 단계를 완성하면 반전의 기적을 충분히 이룰 수 있다고 확신한다. 그러나 절박함이 부족한 보통 사람이 이 단계를 금방 이루기는 어려울 것이다. 따라서 마음공부가 필요하게 된다.

마음공부란 연습, 도야, 수행, 고행 등 여러 이름과 방법을 지칭하는 것이지만, 여기에서 말하고자 하는 요점은 죽음에 직면한 절박함으로 죽음에의 순응과 그에 따른 반전을 이루는 것이다. 나는 지난 10년 동안 '지안'을 재현하기 위한 마음공부에 매달렸다. 그러나 '지안'의 재현은 아직 이루지 못하고 있다. 10년의 세월을 허송하고 있는 셈이다. 어찌 보면 나의 마음공부는 실패를 거듭하고 있다고 볼 수도 있다.

나는 그러나 이것을 다만 실패라고 말할 수는 없다고 생각한다. 그 동안 얻은 것이 너무 많기 때문이다. 얻은 것 중에서 가장 중요한 것은 이제 당장 '지안'을 재현하지 않아도 좋다는 생각이다. 마지막 내가 죽기 직전 결국 '지안'은 다시 오고야 말 것이라는 사실을 알고 있기 때문에, 나는 이제 초조하게 매달리지 않게 되었다. 이런 것도 결국 마음공부의 성과가 아니겠는가?

나는 지난 10년 동안 마음공부를 해 오면서 차츰 마음공부를 하는 진정한 이유를 깨달았다. 처음에 마음공부를 해야겠다고 생각한 이유는, 내가 경험했던 '신생'과 '지안'의 상태를 재현해 보고자 하는 목표가 있었기 때문이었다. 지안의 재현을 위한 여러 노력 가운데 하나로서 마음공부를 생각했던 것이다. 마음을 고르고 닦으면 지극한 평안의 길을 열 수 있을 것 같았다.

그러나 지안을 이루겠다는 목표는 오히려 지안을 이루는 데 방해가 된다는 사실을 뒤늦게 깨달았다. 지안의 목표가 욕심이 되면서 오히려 그 목표를 해치는 결과를 빚었던 것이다. 마음공부에서 욕심은 치명적인 장애물이다. 의지가 없어서는 안 되지만 그것이 욕심이 되어서는 안 된다. 의지는 방향에 대한 의도를 가리키는데, 그 방향이 틀릴 수도 있으며 그 방향의 목표가 이루어지지 않을 수도 있다는 전제를 가져야 하는 것이다. 따라서 의지는 과정에 대한 의도일 뿐이다.

그러나 욕심은 어떤 목표를 이루어야 한다는 의도와 함께 그 의도의 결실을 전제로 한다. 나는 지안을 이루고 싶다. 그러나 그것이 욕심이 되어서는 이루고 싶어도 이루어지지 못할 공산이 크다는 것을 차츰 깨닫게 되었다. 다시 말해서 마음공부의 기초 자세를 겨우 터득할 수 있었던 것이다.

마음공부를 하는 이유는 여러 가지이겠지만 그 중에서도 가장 기초적인 것의 하나는 마음을 깨끗이 유지하자는 것이다. 아무런 티나 때가 끼지 않도록 만드는 것이다. 그런데 가장 깨끗한 마음자리는 아마도 아기와 같은 마음일 것이다. 아기는 마음이 깨끗하기 때문에 그 행동에 목적을 가지고 있지 않다. 아기는 깡충깡충 뛰어 가면서 나비가 날면 나비를 따라가고 나비가 떠나가면 이제 꽃을 보러 간다. 아기는 어디로 뛰어갈지 알 수 없다. 의도에 따른 함

(doing)이 없다. 다만 그렇게 있을(being) 따름이다. 우리는 어렸을 때, 이러한 아기의 마음을 가지고 있었다. 그러나 성장하면서 차차 아기의 마음으로부터 벗어나 의도와 계획을 가진 행동(doing)을 해 가면서 자아를 형성해 왔다.

자아는 자기 정체성을 유지하며 이에 따른 판단과 견해를 확립하는 것이다. 이때부터 목적과 계획을 위해 궁리하고 행동하게 되는데, 이 과정에서 마음에 잔뜩 때가 끼기 시작하는 것이다. 우리는 이렇게 형성된 마음의 때를 깨끗이 청소하기 위해 마음공부를 하게 된다. 따라서 마음공부는 먼저 마음을 비우고(empty) 여는(open) 수련으로부터 시작해야 하는 것이다. 기대와 판단을 정지하고 일차적, 최초의 감각을 헤아리는 연습을 한다. 아기처럼 그렇게 여여(如如)하게 존재하는 상태를 연습하는 것이다.

그런데 마음을 비우고 연, 존재의 상태를 만드는 이유는 무엇일까? 애써 마음을 깨끗하게 만들어서 무엇 하자는 것인가? 우리는 이러한 질문에서 보통 어떤 효용성을 생각한다. 마음을 깨끗이 만든 다음 거기에 무엇인가를 다시 담아야 한다고 생각하는 것이다. 마음을 텅 비게 만들면 그 빈 공간에 이전보다 더 좋은 마음을 담거나 더 많은 것을 넣을 수 있다고 생각하는 것이다. 마음을 깨끗한 백지로 만들어 거기에 색색의 그림을 아름답게 그릴 수 있다고 생각한다는 말이다.

나도 마음공부를 처음 시작할 때 이러한 효용주의에 빠져 있었으나, 차츰 마음공부의 진정한 이유가 효용주의와는 무관하다는 것을 알게 되었다. 마음을 비우는 그 상태의 유지가 공부의 이유이며 목표이어야 한다는 것을 깨닫게 되었다. 오직 마음을 열고 비워서 깨끗하게 만드는 그 일, 거기에서 공부는 끝나며 그 이상은 없다는 것을 알게 되었다. 마음을 깨끗하고 순수하게 만드는 이유가 곧 마음을 깨끗하고 순수하게 만드는 일이다. 원인도 같은 일이며 결과도 같은 일이 바로 이 일이다. 마음을 깨끗하고 순수하게 만드는 이런 일이 바로 그 일이다.

무위자연(無爲自然)의 의미도 이와 비슷하다. 자연의 흐름이 오고 가는 이치는 어떤 효용적 원인이 있어서도 아니며 어떤 의도된 결과를 위해서도 아니다. 자연은 오직 그대로, 거기에서 흐를 따름이다. 사람의 생각이 자연을 어떻게 해석하고 판단하든 자연의 흐름은 유구하게 스스로 그렇게 있을 따름이다. 자연의 이런 성품을 마음도 닮아 있다. 마음의 원래 모습은 깨끗하고 순수하게 그렇게 있는 것이다. 마음의 이 순수와 이 고요를 그대로 그렇게 있게 하라.

그렇게 마음을 순수와 고요에 그대로 머무르게 한다면 '지안'의 획득은 포기해야 하는 것인가? 아마 그래야 할지도 모른다. 만일 마음이 순수와 고요 속에서 '지안'에 이른다면 그것은 다행이다. 그러나 지안의 상태가 영영 오지 않는다면 그것 또한 어찌할 도리가 없는 일이다. 나의 지안 체험은 우연하게 얻은 것이다. 이제 마음공부를 통해 지안에 이른다고 하더라도 역시 우연일 것이다. 노력에 의해 달성되는 것으로 보이지 않기 때문이다. 그러므로 지안에 이르든지 말든지 마음을 순수와 고요에 맡겨야 한다. 마음의 본래 모습이 그것이기 때문이다.

나는 마음공부를 통해 지안에 이르는 길을 찾기 위해 많은 노력을 기울였다. 그러나 이런 노력은 실패를 계속할 뿐이었다. 방법이 잘못되었다는 생각 때문에 오래 번민에 빠지기도 했다. 결국 욕심이 앞설 때, 이루려는 목표는 더욱 멀리 달아난다는 사실을 깨닫기 시작했다. 욕심도 버려야 하지만 목표도 버려야 하는 것이라는 사실을 뒤늦게 알아차렸다.

그렇다면 무엇을 이룰 수 있단 말인가? 이 질문에 답변하는 길은 무엇을 이루려 하지 않아야 한다는 것이다. 그대로 거기 있어야 했다. 마음공부란 이렇게 미묘한 것이다. 자연처럼 이치와 운명에 맡겨야 한다는 것을 겨우 깨닫게 되었다. 그리고 마음을 단단히 먹어야 한다고 생각했다. 마음의 순수와 고요를 추구하되 이를 통해 지안을 얻든가 다른 어떤 효과를 보려고 해서는 마음공부 자체를 파괴하게 되므로 마음의 순수와 고요 자체에 머물러야 한다고 굳게 마음을 다져야 했다.

그리고 지안이 오지 않는다면 그뿐, 나의 근기와 운명이 거기에 미치지 않구나 하고 포기해야 하는 것이었다. 마지막 죽을 때, 나는 어떤 형태로든 지안에 도달할 것이다. 그러므로 그것으로 만족해야 한다. 마음을 순수와 고요에 이르게 하는 일, 그것으로 나의 큰 일은 달성된 것이다. 순수와 고요에 이른다면 이 일 또한 큰 일이 아니겠는가!

## 3. 두 종교 전통의 방법론

그러면 이제부터 보통 사람들이 할 수 있는 마음공부의 실천적 방법론을 생각해 보자. 여기에서 말하는 마음공부란 '죽음에의 순응'을 원리로 삼는 마음의 공부를 가리킨다. 따라서 '순응의 원리'를 무엇보다도 충분히 숙지한 단계에서 마음의 상태를 순응으로 이끌어야 하는 것이다. 그런데 '순응의 원리'란 앞에서 여러 가지로 설명했던, 죽음에 순응해 가는 과정에서 이치와 원칙으로 드러나는 것들을 가리킨다. 그러므로 보통 사람들로서는 '순응의 원리'라고 생각되는 점들을 숙지하고 이를 마음공부로써 실천한다면 차차 순응에 접근하게 될 것이다.

나 개인으로서는 우연하게 순응과 반전을 체험한 이후, 그것들의 재현에 몰두하고 있다. 지난 10년의 세월 동안 나는 성공하기도 하고 실패하기도 했다. 이 책을 쓰는 현재로서는 무엇이라 할까 성속(聖俗)의 중간쯤을 걷고 있는 심정이다. '지안'의 길은 아득하게 멀게만 느껴지지만 되돌아보면 그런 대로 꽤 발전한 것도 같다. 이 정도의 수준으로 '순응의 원리'를 이야기하고 그 실천 방법을 설명한다는 것이 주제넘은 짓 같기도 하다. 그러나 혹 이런 분야에 뜻을 같이하는 사람들이 있다면 서로 함께 노력해 보자는 생각에서 이 책을 쓰고 있다.

'지안'의 길은 참으로 멀지만 그 길을 걸어오는 동안 나 스스로 크게 달라진 것을 발견한다. 이 길을 지향하고 있고 그 지향 속에서 다소나마 달라지고 있다는 사실이 나로서는 중요하다. 나름대로 근거 있는 삶을 발견했으며, 그 길을 애써 헤쳐가고 있다는 점에 만족하고 있다. 깊은 숲 속을 산책하는 기분으로 잡목과 풀을 헤치며 나는 천천히 걷고 있다. 해찰하면서 이것도 보고 저것도 보며 느릿느릿 걷고 있다. 청량한 공기를 마음껏 심호흡하며 소나무들의 군립(群立)에 감탄하면서 한 걸음씩 떼고 있다. '지안'을 아직 얻지 못했으나 마음은 한가하고 충만하다. 이런 산책 속에서도 마음공부는 계속되고 있다.

마음공부에 뜻을 두면서 나는 기존의 두 전통으로부터 충분히 배워야 한다고 생각했다. 그 하나는 불교의 수행 방법이며, 다른 하나는 기독교 신비주의의 전통이다. 두 전통이 우연하게 모두 종교라는 점이 나로서는 마음 걸리는 부분이었지만, 그들의 고뇌에 찬 탐구 정신과 정신적 고양을 향한 정교한 방법론은 반드시 배워야 한다고 생각했다.

앞에서도 말한 것처럼 나는 이 책에서 종교의 믿음 체계에 관한 논의는 피할 생각이다. 종교의 믿음 체계는 현상계의 과학적 지식을 초월하기 때문이다. 나는 이 책의 논의 범위를 지각할 수 있는 현상계 안으로 제한하겠다는 전제를 두고 있다. 따라서 기적을 당연한 것으로 인정하는 종교적 담론은 피하겠다는 것이다. 이러한 전제에 비추어 볼 때, 불교와 기독교 신비주의로부터 배움을 얻겠다는 나의 생각은 합당하지 못한 것일 수 있다. 그러므로 내가 배우겠다고 말하는 것은 철저하게 신앙 중립적 기술에 한정할 수밖에 없는 것이다. 이러한 제한을 가지고 얼마나 잘 배울 수 있을지 의문이 아닐 수 없으나 이러한 자세를 견지해야 한다고 생각했다.

**불교적 방법론**

먼저 불교의 수행 방법을 살펴보아야 한다고 생각한 이유는 고타마 싯달타가 어렸을 때, 자나(禪定)에 빠진 경로가 나의 지안 체험과 거의 비슷했기 때문이다. 붓다는 극심한 고행에도 불구하고 깨달음을 얻지 못하자 어렸을 때의 경험을 회상하고 가운데 길(中道)을 개척하게 된다. 깨달음은 신체를 고행으로 괴롭히는 데서 얻어지는 것이 아니라 몸과 마음을 자연스럽게 유익한(쿠살라) 상태로 유도하는 데서부터 시작되는 것이었다.

붓다는 결국 중도를 발견하고 구경각을 이룰 수 있었다. 따라서 붓다의 깨달음은 어린 시절에 체험했던 자나의 회상으로부터 출발한다고 볼 수 있다. 나도 '지안'의 회상을 매우 중요한 변수로 알고 있기 때문에 불교의 수행 방법을 참고해야 한다고 생각했던 것이다.

붓다는 여섯 스승의 가르침(六師外道)과 극심한 고행이 모두 난관에 봉착하자 어린 시절의 자나를 회상하면서 이 쉽고 자연스러운 분위기가 해탈에 이르는 길이 아닐까 하며 곰곰 생각했다. 붓다는 여기에 길이 있다고 확신했다. 그는 이 예감을 실행에 옮겼다. 그 실행 방법의 핵심적인 것만 간추리자면 다음과 같다.

① 동정심으로 가득한 '유익한'(쿠살라, 善巧) 마음 상태를 키우며, 동시에 '무익한'(아쿠살라, 不善) 마음과 행동을 세심하게 피해가는 것이다. 이것이 '가운데 길'(中道)을 찾아가는 것이다.

② '깨어 있는 마음'(사티, 念)을 훈련한다. 매 순간 자신의 마음과 행동을 관찰하며, 이때 감각과 감정의 오고감, 의식의 파동에 주목한다. 깨어 있는 마음의 훈련으로 모든 것이 '일시적'(아닉카, 無常)이라는 사실을 깨닫는다.

③ 매일 명상하며 '가없는 마음'(암파마나, 無量)을 불러일으킨다. 매일 명상 가운데 의도적으로 자비의 감정, 즉 증오를 모르는, 거대하고 가없는 느낌을 세계의 네 모퉁이를 향하게 확장한다.

④ 여기에 프라나야마(呼吸法)을 병행하면 경험은 더 강렬해진다.

⑤ 깨달음(야타부타, 眞如)에 이르는 길을 불교는 '네 가지 고귀한 진리'(四聖諦, 苦集滅道)"로 정리했으며, 마지막 진리에 이르는

방법은 "여덟 가지 길(八正道)"이라고 불렀다. 팔정도는 세 가지 행동 지침으로 정리되는데, '도덕'(실라, 戒), '명상'(사마디, 定), '지혜'(판냐, 慧)가 그것이다.[29]

　붓다의 가르침은 형이상학적 교리와 인식론, 수행 방법으로 크게 나눌 수 있을 것이다. 붓다가 직접 강설한 내용을 둘러싸고 해석과 방법론상의 차이가 나타나면서 많은 분파가 생기고 따라서 많은 쟁론이 나왔다. 이러한 견해 차이들은 어쩌면 깨달음에 이르는 방법이 여럿 있다는 것을 암시하는 것인지도 모른다.

　어떻든 붓다는 깨달음을 이루어 실증하는 것이 무엇보다도 중요한 일이라고 말했다. 따라서 방대한 불교의 텍스트들을 모두 섭렵하는 것보다는 그 수행방법의 요체를 깨우쳐 깨달음에 이르는 것이 중요하다. 나는 불교의 방법론과 나의 체험 사이에는 무언가 호흡이 잘 들어맞는 합치점이 많다고 보았다. 이 합치점을 잘 가려내 선택과 집중을 해 나간다면 큰 도움을 받을 수 있겠다고 생각했다.

　그러나 불교의 가르침은 두 가지 측면에서 나의 체험과 다르다.

　첫째로, 앞에서도 언급한 것처럼 고타마의 무량심은 윤리적 측면이 강하지만, 나의 무량심은 자연에 대한 아름다움을 찬탄하는 미학적 측면이 강하다는 차이가 있었다. 이 차이점은 불교의 수행 방법을 참고하되 나 스스로 별도의 수행 방법을 고안해야 한다는 것을 암시하고 있다. 따라서 나는 자연의 아름다움으로부터 깨달음을 얻는 수행 방법을 개척해야 하는 것이다. 나는 이 점과 관련해 어떤

---

[29] 스스로 깨어난 자 붓다(카렌 암스트롱 저, 정영목 옮김, 푸른숲, 2002) 참조

직관적 느낌을 가지고 있다. 즉, 자연은 충분하게 그 아름다움으로부터 깨달음을 줄 수 있는 잠재력을 가지고 있다는 것이다. 이 직관을 깨달음으로 연결하는 것이 앞으로 남은 나의 과제라 하겠다.

둘째로 다른 점은, 불교는 결국 종교적 차원으로 진입했으나, 나의 체험은 철학적 차원에 머무를 수밖에 없다는 사실이다. 불교는 깨달음을 얻음으로써 윤회(輪廻)의 사슬에서 벗어났다는 붓다의 선언으로부터 기적과 믿음의 세계로 진입한다. 깨달음을 얻었다는 인식은 아직 철학적이다. 그러나 윤회에서 벗어났다는 것은 사람의 인지 능력으로 파악할 수 없는 초월적 현상에 관한 이야기가 된다. 누가 윤회에서 벗어났다는 사실을 알 수 있으며 누가 이를 입증할 수 있는가? 이 지점에서 불교는 초월적 종교가 되었다.

그러나 나의 체험은 이 세계 안을 벗어날 수 없다. '지안'의 체험이 아무리 신비롭다 하더라도 그것으로 기적과 믿음의 세계로 들어갈 수는 없다. 그것은 마음 안에서 일어나는 창발적, 질적 현상일지언정 초월을 강변할 수 있는 현상은 아직 아니다. 이런 의미에서 나는 이 세계의 한계 안에서, 철학적 사고의 범위 안에서 깨달음의 문제를 논의해야 할 것이다.

## 기독교적 방법론

내가 기독교 신비주의를 조심스럽게 살펴보아야 한다고 생각했던 이유는 그 고뇌의, 부정(否定)의 방법론 때문이었다. 이야기에 앞서 기독교 신비주의라는 용어부터 정확하게 특정할 필요가 있다고 본다. 신비주의라는 단어가 너무 광범위하게 사용되고 있기 때문이다. 사실 기독교 교리 자체가 신비한 요소를 배제할 수 없는 것이며, 신과 개인 사이의 영적 일치를 추구하는 과정에서 일어나는 여러 기이한 요소들까지 합한다면 신비주의의 뜻은 참으로 광범위하게 될 것이다. 내가 여기에서 살펴보아야 하겠다고 생각한 기독교 전통은 기독교 초기, 교부들의 시대로부터 배태한 부정신학(否定神學, Apophatic theology)과 정적주의(靜寂主義, Hesychasm)에서 나타나는 신비적 요소이다.

기독교는 일반적으로 계시(啓示, Revelation)에 의해 신에 관한 지식을 얻는 종교로 분류된다. 신은 자신을 직접(positively) 계시하는 속성을 가진다. 예를 들어 성경은 신의 감화에 의해 쓰여진 것이다. 다시 말해서 신은 성경을 통해 자신을 나타내 보인다. 이러한 계시의 대표적 사례가 성자의 성육신이다. 신에 관한 이러한 이해 형식을 긍정신학(肯定神學, Cataphatic theology)이라고 부른다. 서방 기독교는 주로 긍정신학을 지지해 왔다. 동방정교는 긍정신학과 부정신학을 모두 채택했으나, 부정신학이 우월하다고 인정해 왔다.

부정신학의 지지자들은 이렇게 주장한다. 신은 성경과 종교전통을 통해 직접적으로 계시된 지식 이외에는 그 본질상 인간 인식의 한계를 초월해 있다. 신의 본질(ousia)은 초월적이므로 인간이 인식할 수 없다. 그러나 인간은 신의 능력(theoria)을 통한 창조되지 않은 에너지의 경험 안에서 더 많은 지식을 얻을 수 있다. 부정신학은 초기 기독교 역사에서 중요한 역할을 했으며, 그 전통은 오늘날까지 이어지고 있다. 천주교에서 성녀 추대 움직임이 일고 있는 마더 테레사의 영적 체험은 십자가의 성 요한[30]이 말한 '어두운 밤'[31]에 해당하는 현대적 사례로 꼽히고 있다.

나는 마더 테레사의 경우를, 부정신학이 설명하는 현대적 사례로 보고 있다. 이제부터 나는 마더 테레사의 경우를 분석함으로써 부정신학의 고뇌를 내 나름대로 살펴보려 한다.

잘 알려진 것처럼 마더 테레사는 자신이 역사상 가장 예수를 사랑하는 사람이 되겠다는 개인적 서원을 세우고 사랑의 선교단을 창설했다. 예수를 가장 사랑하는 방법이 가장 비천하고 가장 비참하게 죽어가는 사람들을 위로하고 그들에게 사랑을 전하는 것이라고 그녀는 믿었다. 사랑의 선교단은 기적 같은 일을 해냈다. 그녀는 모든 것을 바쳐 가난하고 죽어가는 사람들을 섬겼다. 그리하여 그녀는 노벨 평화상을 받았다.

그러나 평화상을 받기 몇 년 전부터 그녀는 예수에 대한 감정을 깡그리 잃어버리고 있었다. 눈물로 기도했으나 밤마다 철저한 메마름에 시달려야 했다. 그녀는 담임 신부에게 편지로 이 사실을 알리고 도움을 청했다. 이러한 현상이 '어두운 밤'이라는 것을 그녀는 이해하고, 신의 또 다른 사랑의 방식, 즉 부정의 영적 상황이라는 것을 이해하게 되었다. 그러나 그녀에게 이러한 이해는 도움이 되지 못했다. 그녀는 낮에는 사랑의 선교단에서 일하고 밤에는 영적 고통에 시달렸다. 그녀는 이런 상황을 회복하지 못하고 임종에 이른다. 나는 그녀의 임종 상황이 가장 중요하다고 본다. 그러나 그녀는 아무런 말도 남기지 않았고, 따라서 우리는 전혀 정보를 가지고 있지 않다.

나는 마더 테레사의 상황을 부정신학이 고뇌했던 현대적 사례라

---

[30] 십자가의 성 요한(St. John of the Cross)은 천주교의 맨발 가르멜 수도회의 창립자 중 한 사제였다. 주요 저서로는 〈가르멜의 산길〉, 〈어두운 밤〉, 〈영적 찬가〉, 〈사랑의 산 불꽃〉 등이 있다.
[31] 영혼의 정화 과정에서 경험하는 초인식적 영적 상태.

고 보고 내 나름의 분석을 해 볼 따름이다. 따라서 이 분석은 철저하게 주관적인 것이다. 나는 먼저 부정신학의 입장을 두 가지 전제에 서 있다고 분석한다.

첫째는 인간 인식의 한계에 관한 전제이다. 즉, 사람은 '모름'에 기초해 있다는 것이다. 사람은 지각에 의해 보이는 것에 관한 지식을 가질 뿐이다. 다시 말해서 보이는 것의 존재(有)에 관하여 알고 말할 수 있을 뿐이다. 보이지 않는 것에 관해서는 모르며, 따라서 모른다고 말해야 한다. 이로써 지각과 경험에 의한 앎만을 지식이라고 인정할 수밖에 없는 것이다. 그 이외의 것은 신뢰할 만하지 못하며, 따라서 안다고 말할 수 없다. 그러므로 형이상학적 관념 등에 관해서는 별도의 전제를 필요로 한다.

둘째로, 인간은 영원과 신에 의존할 수밖에 없는 연약한 존재라는 전제에 서 있다. 이 전제는 종교의 근거이기도 하다. 사람은 이 세상에 살면서 인간조건의 제한 속에서 언제나 고통을 벗어 던지지 못한다. 사람은 이 제한으로부터 해방되기를 염원하며 영원을 동경하게 된다. 영원에 대한 이러한 동경이 신에 대한 의존으로 발전한다. 사람은 자유를 구가하지만, 다른 한 편에서 영원에 대한 의존을 바라는 모순 사이에 끼어 있다. 이것이 자유와 의존의 모순에 고뇌하는 인간상이다.

이 두 전제는 부정신학이 현상계와 천상계의 두 세계에 동시에 한 발씩을 걸치고 있는 상황을 드러낸다고 볼 수 있다. 이런 상황은 어쩌면 모든 정신적, 영적 고뇌에 공통되는 것인지도 모른다. 구도자들은 정신적 상승의 최고 상태를 희구하며, 이러한 희구는 결국 어떤 초월적 이상을 꿈꾸지 않을 수 없다. 그러나 냉정한 이성 속에서 현실을 파악할 때, 인간적 조건은 초월할 수 없는 제한에 빠져 있다는 사실을 확인할 뿐이었다. 여기에서 상상과 관념 안으로 날아가려는 강한 충동을 느낀다.

플라톤과 같은 경우에서는 관념 안으로 비상하는 것이 당연한 일이라고 받아들여졌다. 그러나 오늘날 과학자들은 자연법칙의 냉정하고 엄밀한 실재 위에 학문의 토대를 구축해야 한다고 주장함으로써 플라톤과 같은 경우를 경계하고 있다.

여기에서 신을 찾아 사막으로 들어갔던 사막의 교부들의 영적 상황을 상상해 보자. 그들은 끝없이 이어지는 모래의 황량함 속에서 신을 찾고 있었다. 간구 속에서 신의 얼굴을 볼 수 있기를, 아니면 신의 기운이라고 인정될 수 있는 어떤 빛이라도 보기를 희구했다. 그러나 신은 나타나지 않았다. 열사의 뜨거움과 타는 목마름 속에서 때때로 환영을 보았지만 그들은 엄밀한 이성을 버리지 않았다. 그들의 뜨거운 염원과 엄밀한 현실파악은 끝없이 대립하고 긴장했다. 그 긴장은 폭발할 듯 위태롭게 보였다.

이 단계에서 그들은 차라리 신을 부정하는 것이 옳은 태도일지도 모른다는 방황에 빠진다. 신은 계시로써 언제나 나타나는 존재가 아니었다. 신은 언제 모습을 드러내는 것일까? 그들은 고통 속에서 차라리 신을 부정하는 것이 진실일지 모른다고 생각했다. 그리고 그들은 깨달았다. 자신들이 아무것도 모른다는 사실만을 뼈아프게 깨달을 뿐이었다.

그리고 그들은 자신이 죽어야 한다는 생각에 다다른다. 신을 확인할 수 없을 바에야 자신의 목숨이 끊어지는 것이 낫다고 생각한 것이다. 터질 것 같은 긴장 속에서 그들은 모든 것을 포기하고 차라리 죽기를 희망했던 것이다. 이 단계에 이르러 그들은 좌절하고 모든 것을 던지고 말았다. 자아도 버리고 목숨도 버렸다. 끝이라는 의식만이 분명했다.

그런데 이상했다. 참으로 깊은 내적 평정(hesychia)에 이른 것을 알았다. 이러한 평정(平靜)과 텅 비움(kenosis), 명징(明澄)은 일찍이 느껴 보지 못했던 것이다. 그들은 알 수 없었다. 이러한 내적 상태를 무엇이라고 불러야 할지, 또 어떻게 해서 이런 상태가 오게 된 것인지 설명할 수 없었다. 그러나 그들은 이런 내적 상태가 초월적이라는 것만은 분명하게 깨달을 수 있었다. 그것은 신이 내려 준 은혜일 수밖에 없었다. 그들은 결국 이것을 신의 존재 증명이라고 믿었다. 그들은 드디어 신을 확인했던 것이다.

그러나 마더 테레사의 경우는 매우 특수하다. 내적 평정이 오지 않았던 것이다. 평정과 명징은 매우 분명하고 확실한 것이기 때문에 어떠한 의심과 의문도 물리칠 수 있는 것이다. 그것은 현실에 바탕을 두고도, 믿음의 근거로 삼기에 부족함이 없는 것이었다. 따라서 구도자들은 이 마음의 상태를 바탕으로 신에 관한 더 높은 추구를 계속할 수 있었던 것이다.

그런데 이러한 내적 평정이 마더 테레사에게는 없었다. 그녀에게 있는 것이라고는 간구와 일뿐이었다. 일이 내적 평정을 대신한 것일까? 우리는 알 수 없으며 정보도 없다. 그러나 나는 나의 이론에 비추어, 마더 테레사가 임종의 최후 순간에 깊은 내적 평정에 들었을 것이라고 확신한다. 그녀의 영적 추구를 충분히 알고 있는 나로서는, 최후의 순간에 반전이 오지 않았다고 믿을 수 없다. 우리는 임종의 순간에 죽음에의 순응을 하지 않을 수 없으며, 그 마지막 순간에 반전이 오지 않을 수 없는 것이다. 특히 마더 테레사는 그 어느 누구보다도 강한 희구와 간구를 가지고 있었기 때문에 그녀의 반전은 매우 강했을 것이라고 우리는 믿을 수 있는 것이다.

나는 이러한 기독교 신비주의로부터 배울 바가 많다고 생각했다. 내가 이해하고 있는 것이 틀리지 않았다면, 기독교 신비주의는 그들의 내적 추구를 죽음에 이르도록 철저하게 밀어붙였으며, 그 극한 상황에서 겨우 신적 이해에 도달할 수 있었다. 내적 평정(hesychia)과 비움(kenosis)이 신의 존재를 인식하게 했던 것이다. 이 단계는 분명 나의 경험체계와 매우 흡사하다고 생각되었다. 나는 따라서 기독교 신비주의의 깊은 내적 추구에서 많은 것을 배울 수 있다고 생각했다.


## 4. 순응에 의한 마음공부



이제 준비가 되었다고 생각하고 마음공부의 구체적인 방법을 찾아보자. 물론 여기에서 말하는 마음공부란 순응의 원리에 의해 고안된 것이다. '보통 사람들을 위한 순응의 마음공부'쯤으로 부를 수 있는 마음공부의 시작은 우선 마음을 정리하는 것이다.

① 마음을 고요에 이르게 한다.

새벽 일정한 시간에 숲 속에서 공부를 시작하는 것이 좋을 것이다. 구체적인 방법은 언제나 사람에 따라, 형편에 따라 달라지는 것은 당연한 일이다. 그러나 매일 새벽마다 거르지 않고 버릇 들이는 것은 매우 중요하다. 먼저 마음을 고요에 이르게 한다. 그 방법으로 나는 두 가지를 주로 이용한다. 하나는 수식관(隨息觀)이며, 다른 하나는 만트라(mantra, 呪文)이다.

수식관은 호흡에 의식과 감각을 집중하는 것이다. 숨의 들고 남에 오직 마음을 집중하고 거기에 감각이 따라가도록 한다. 다른 생각이 끼어들 때에는 다시 마음을 호흡에 집중시킨다. 어느 정도 마음이 가라앉았으면 호흡의 길이가 자연히 길어질 것이다. 자연스러움에 맡기고 호흡을 따라간다. 차츰 머리와 가슴 속이 텅 비어 갈 것이다. 자연스러움에 맡기고 비움을 따라간다. 고요와 순수에 내려갈 것이다. 이 상태 하나만 잘 유지되어도 마음공부는 거의 습득한 셈이다. 끝없이 움직이고 뛰어다니는 마음을 쉬게 하며 텅 비게 한다는 것은 마음공부의 알파와 오메가일지 모른다.

만트라는 동서양에서 모두 전해오는 오랜 명상 전통의 하나로서, 나는 이를 순응 이론에 알맞게 변형시켰다. 즉 "그래, 이제는 죽어야 한다."라는 만트라를 반복하는 것이다. 만트라 방법은 마음 정리가 쉽지 않거나 수식관이 먹히지 않을 때 주로 사용한다. 또는 전철 안이나 군중이 많이 모인 장소에 있을 때 이용한다. 입술을 움직여 작은 소리가 나오도록 하는 것이 효과적이다.

타인의 시선이 부담스러울 때에는 입술을 움직이지 않고 마음속으로 암송한다. 10분 또는 20분을 계속하면 확실하게 효과가 드러난다. 마음이 이 운율에 고정되면서 어떤 리듬을 탐으로써 의식이 고정되는 것이다. 적당한 때에 다음 과정으로 넘어간다. 그런데 불교의 진언이나 동방 정교의 '예수의 기도' [32] 등은 오직 여기에 모든 생활을 집중함으로써 신비한 결과를 얻는다고 한다. 이러한 상태를 나는 아직 실험해 보지 못했다.

② 포기를 수련한다.

순응의 원리가 의미하는 한 측면인 삶의 포기를 연습하는 것이다. 포기의 연습에는 자아와 욕망, 모든 의도의 포기도 포함된다. 죽음에의 순응을 연습한다는 것은 지금 당장 죽는다는 사실에 직면함을 절박하게 현전화하는 것이다. 그러므로 삶의 포기란 지금 당장 죽는 순간에 있어서의 포기를 의미한다. 이러한 포기에는 우리 개인의 모든 삶의 형식이 모두 포함될 것이다. 무엇보다도 먼저 자아를 포기해야 한다. '나'라는 실체, 성격, 발자취, 계획 등 모든 것을 포기해야 한다. 철저히 버리고 비우는 것이다. 마음속에서 나의 것이라고 생각되는 모든 것을 모조리 포기하고 버려야 하는 것이다.

그리고 특히 욕망을 포기해야 한다. 본능도 포기해야 한다. 욕망을 포기하지 않은 상태에서 마음공부를 한다는 것은 고양이가 생선가게를 지키는 것과 같은 이야기이다. 무소의 뿔처럼 단호하게 욕망을 끊어야 한다. 그리고 이어서 모든 의도 자체를 버려야 한다. 의도와 의식 자체도 비워야 한다.

만일 포기의 수련이 제대로 이루어졌다면 마음은 비로소 자유를 얻게 될 것이다. 마음에 그늘을 드리우던 모든 것이 걷히고 참다운 자유의 시원함을 느낄 것이다. 해방의 툭 터짐, 그것은 분명하게 포기가 잘 이루어졌다는 징표의 하나이다.

[32] 제정 러시아 시대, 저자 미상의 책 〈the Way of a Pilgrim〉에 나오는 기도 방법. "예수 그리스도시여, 이 죄인에게 자비를 베푸소서."와 같은 성경구절을 끊임없이 암송(ceaseless prayer)함으로써 자의식이 사라지고 순수한 의식에 도달한다는 기도 방식.

그리고 또 하나의 징표는 명징(明澄)이다. 마음공부의 성공 여부를 알아보는 기준의 첫째는 명징이다. 머릿속이 맑고 투명하며 모든 의식이 명료하게 된다면 그 마음공부는 성공한 셈이다. 포기를 완전하게 이룰 때, 자유와 명징이 자리 잡는다. 이 상태에 이르면 포기의 수련은 대체로 성공한 것이다. 나의 경우, 포기의 수련으로 가장 큰 진전을 보았다. 포기야말로 순응의 마음공부에서 가장 기초적이면서 가장 효과적인 것이다.

그런데 포기와 관련해 가장 어처구니없는 현상은 망상(妄想)이 끼어든다는 사실이다. 망상은 참으로 처치 곤란한 것이다. 어떤 조건도, 어떤 계기도 없이 갑자기 끼어들기 때문이다. 그러나 망상은 진멸해야 할 적이면서 동시에 자신을 돌아보게 하는 친구이기도 하다. 망상이 일어난다는 것은 아직 포기가 제대로 이루어지지 않았다는 증거이다. 그러므로 더욱 포기하고 금욕수련을 강화하라는 친구의 신호인 것이다.

그러나 망상은 마귀(satan, mara)이다. 아무리 노력해도 망상에서 벗어나지 못할 때, 사람들은 인간의 힘을 초월하는 마귀와 같은 어떤 것이 아니겠는가 하며 낙담하는 것이다. 사실 예수도 광야 수련을 시작할 때, 마귀의 시험을 받는다. 석가도 해탈 후, 마라의 공격을 받는다. 우리는 마귀의 공격을 받을 때, 즉각 정좌하고 마음을 가다듬을 줄 알아야 한다. 마귀의 공격임을 느끼자마자 정좌하는 습관을 들인다면 마귀를 물리칠 힘이 생긴다. 정좌하는 일을 한 번, 두 번 반복하다 보면 버릇으로 고정될 수 있다. 정좌하고 대개 '만트라' 방식의 암송을 하는 것이 효과적이다.

마귀는 망상 이외에도 분노나 미움 또는 혼란으로 변신할 수도 있다. 끈질기게 교정되지 않는 방해물을 우리들은 모두 마귀라고 부른다. 그러나 어떤 마귀도 교정 불가능한 것은 아니다. 다만 힘들고 시간이 걸린다는 데 어려움이 있다. 때때로 너무 힘들 경우에는 수용하고 상당 시간 같이 놀아 줄 필요가 있다. 마귀와 같이 놀면서 그 생태를 세세하게 관찰하는 시간을 갖는 것이다. 고요와 무심(無心) 속에서 마귀의 생태를 연구하라. 좋은 자료가 될 것이다. 마귀는 대개 무심에 이르면 슬그머니 사라지게 마련이다.

③ 죽음에의 순응을 명상한다.

절박하게 죽음에 직면한 상태에서 순응했다면 순응과 동시에 반전이 온다는 사실은 충분히 설명했다. 이럴 수 있다면 구태여 순응을 명상할 필요는 없을 것이다. 그러나 보통 사람들로서는 이러한 상황에 이르기가 쉽지 않다. 따라서 보통 사람들은 순응을 명상함으로써 순응에 접근할 수밖에 없다. 나의 경우, 명상 자세가 준비된 다음에 "그래 죽자." 하는 마음을 일으키는 것으로 순응을 명상한다. 지금 죽음에 들어가는 듯한 느낌이 오고, 산다는 것이나 죽는 것이나 같은 것이라는 느낌에 이른다면 의외로 마음은 더욱 안정될 것이다.

순응의 명상을 제대로 하는 요령은, 오늘 죽음에 임한다고 생각하되 그 죽음의 모든 상황을 고요 속에서 명료하게 응시하는 것이다. 흥분이나 특별한 정서는 자제하는 것이 좋다. 절박한 심정으로 단번에 반전을 일으킬 수 없다면 오히려 모든 감정적 요소는 자제되는 것이 효과적이다. '나'의 죽음과 그 죽음에 대한 '나'의 순응을 조용하게, 찬찬히 뜯어보는 것이 중요하다. 오랜 응시가 마음에 질적 변화를 가져오기 때문이다.

고요한 응시, 이것은 모든 명상 기법의 기본자세라 할 것이다. 고요한 응시가 창발적 변화를 가져온다는 것을 우리는 알고 있다. 죽음에의 순응을 응시한다는 것은 죽음의 모든 것을 찬찬히 뜯어봄으로써 그 한계 상황의 절대성을 마음에 새기는 것을 의미한다. 이런 작업으로 죽음의 절대적 속성들이 마음에 스며들고 차차 창발적 변화를 일으키는 것이다. 그 변화는 당연히 반전으로 이어질 것이며, 따라서 에너지와 통찰을 일으킬 것이다.

④ 반전의 느낌을 명상한다.

순응은 반전을 일으킨다. 순응을 하자마자 뜻하지 아니한 반전, 즉 평안과 신생의 감격이 찾아온다. 이에 관한 체험적 과정과 이론적 분석은 앞에서 한 바 있다. 이러한 평안과 신생의 느낌을 이제 마음공부로 연결하는 방법을 찾아야 한다. 평안과 신생이 실제로 나타나게 하는 방법을 찾는 것이 우선적인 과제이다.

그러나 보통 사람들이 반전을 바로 이루게 하는 것은 매우 어렵다는 전제에서 차선책을 찾아야 한다. 나는 그것을 동경과 염원에서 찾을 수밖에 없다고 생각한다. 다시 말해서 마음속에 평안과 신생을 강하게 동경하고 염원함으로써 그 느낌을 추구하는 것이다. 그런데 그 느낌을 추구하기 위해서는 그 느낌의 이미지(像)를 마음속에 그릴 수 있어야 한다. 상을 그리고 그것을 염원하라.

여기에서 주의해야 할 점이 하나 있다. 상을 그리는 과정에서 스스로 자기 마음을 속이는 경우가 생기는데, 나는 이것에 반대한다. 사람들은 흔히 자기 최면이나 위약효과를 권장하는데, 나는 여기에 원칙적으로 반대하며 그 효과에 대해서도 의문을 가지고 있다.

예를 들어, 억지로 웃다 보면 진짜로 웃게 되고 마음 또한 즐거워지다는 주장이 있다. 이 주장의 효과를 나는 희극적 웃음의 유발이라고 생각한다. 웃음이란 희극적, 기계적 반복에 의해서도 유발되는 것이다. 여러 사람이 서로 웃다 보면 그 희극적, 기계적 반복이 희화화하면서 더욱 웃게 되는 것이다. 요컨대 웃기는 짓을 보고 서로 실소하는 것이다.

여기까지는 희극이기 때문에 참을 만하다. 그러나 이 주장의 근거로, 마음은 자신이 속는 것을 알면서도 그 행동을 계속하다 보면 그 행동을 참이라고 인정하게 된다는 이론까지 등장시킨다면 그것은 난처한 일이 아닐 수 없다. 마음이 그 마음의 속임을 모른다는 말인가? 혹 그렇다 하더라도 그 효과는 어느 정도일까? 이 이론은 충분히 검증되지 않았다. 심리학적 검증을 좀 더 받아야 할 것이다.

마음공부와 명상은 진실과 진리를 찾아가는 작업이다. 모순과 아포리아를 헤쳐 가며 가장 참되고 가장 옳은 길을 찾자는 것이다. 거기에 깊은 고뇌가 있고 애타는 동경이 있다. 그리고 죽음과의 대결이 있다. 이러한 작업에 행여라도 허상(虛像)이 지나가게 할 수는 없다. 고요와 명징 속에서 마음을 닦아야 한다.


⑤ 자연의 아름다움을 가없이 따라간다.

나는 지안(至安)에 이르는 선행 매개현상으로 자연의 아름다움에 대한 찬탄이 있었음을 발견했다. 나는 이것을 미학적 무량심(無量心)이라고 구분한 바 있다. 자연의 아름다움은 미학적 무량심을 일으키기에 충분하다. 자연은 인공미와 달리 가장 완전한 아름다움으로 감지된다.

우리가 자연에서 완전한 아름다움을 발견하는 이유는 자연이 우리 생명의 원천이며, 우리 생명을 유지하게 하는 물질과 에너지의 공급자라는 점과 깊은 연관을 갖는다. 사람은 자연 속에서, 자연과 함께 살아오면서 자연을 어버이처럼, 친구처럼 여겨 왔다.

자연이 때때로 두려움의 대상으로 바뀔 때, 사람은 자연을 경외의 눈빛으로 바라보았다. 자연 경관의 장엄함을 보면서 사람들은 탄성을 내뱉으며 그 아름다움에 마음을 빼앗긴다. 이때, 동공은 확대되고 심장박동은 빨라진다. 이러한 신체적 반응은 경외심의 외형적 표현이다. 사람은 자연에 대해 무의식적으로 경외심을 가지고 있으며 동시에 친근감을 가지고 있다.

이렇게 우리는 자연미를 볼 때, 단지 아름답다는 감각만 느끼는 것이 아니라 그 내면에서 보다 근원적인 경외심과 친근감이 발현하는 것이다. 아름다움의 미학적 요소인 통일성, 규칙성, 다양성, 단순성, 적합성 등을 자연은 모두 넘어선다. 그 너머 생명과 연결된 생명 친화성을 가지고 있다. 이로써 자연은 가장 완전한 아름다움으로 감지되는 것이다.

이러한 자연의 아름다움을 우리는 마음공부의 대상으로 따라가야 한다. 산과 내, 숲을 따라 나무와 들풀을 헤치고 자연의 깊은 품 속으로 들어가야 한다. 대지를 딛고 머리 위 파란 하늘을 우러르며 저 멀리 산과 그 능선을 바라보고 자연의 위대한 의미를 따라가야 한다. 자연의 아름다움을 끝없이 따라가야 한다. 그리하여 우리 마음 또한 가없이 넓어져야 한다. 세상의 끝, 무한을 향해 무량한 마음을 아름다움으로 팽창시켜야 한다.

⑥ 지안을 추구한다.

지안은 인생의 목표로 삼기에 부족함이 없다. 나는 지안을 인간의 정신 단계 가운데 가장 높은 수준에 해당한다고 생각한다. 지안이 심리적인 것인지, 비환원적 질(質)인지, 인간 밖에 있는 존재인지 나는 아직 밝혀내지 못하고 있으나, 그것이 두뇌를 통해 발현한다는 것은 분명하다고 볼 때, 마음공부를 통해 접근할 수 있다고 생각한다. 따라서 지안은 접근 가능하다. 다만 어떻게 해야 접근 가능한지 그 길을 나는 아직 발견하지 못하고 있다. 우연하게 지안을 한 번 체험했으나, 다시 접근할 길을 찾지 못하고 있는 것이다. 그러나 첫 체험으로부터 몇 가지 유익한 정보를 가지고 있기 때문에 이를 뒤쫓아 지안의 문을 찾기 위해 노력하고 있다.

유익한 정보란 앞에서 여러 측면에서 반전과 지안을 이야기할 때 충분히 설명한 것들이다. 그 정보들을 간략하게 정리하면 다음과 같다.

(1) 지안에 이르기까지 일련의 경험체계가 있다. 그 맨 처음은 순응이다. 따라서 순응의 단계가 가장 중요하다.

(2) 지안 직전에 무량심이 있었다. 무량심을 일으키는 방법에는 미학적 접근과 윤리적 접근이 있다.

(3) 이 경험체계에서 절실함은 항상 중요한 마음가짐이다.

(4) 지안은 뜻밖에 왔다.

(5) 지안은 말로 표현할 수 없는 어떤 것이다.

이러한 정보들을 토대로 나는 오늘도 지안의 재현을 위해 마음공부에 매달린다. 그러나 10년 가까이 노력하고 있지만 여전히 지안의 재현을 이루지 못하고 있다. 오랜 실패에도 불구하고 나는 좌절하거나 조급해 하지 않고 있다. 이런 것이 그나마 마음공부의 성과라고 보아야 할 것이다.

더 다행스러운 일은 노력하고 연습하는 것으로 만족해야 한다는 마음자리를 얻은 것이라 하겠다. 그나마 이런 상태가 조금씩 전진하고 있는 증거라고 스스로를 달래고 있다. 나는 뒤늦게 인생의 목표를 발견했다. 이 길은 나름대로 근거가 있다고 확신하고 있다. 이 길을 가는 동안 금방 성과가 없다고 해서 좌절하거나 조급해 한다고 해서 득 될 일은 없다. 그저 그 길을 묵묵히 걷는 수밖에 없다. 그것으로 나는 만족하고 있다.

예를 들어, 포기를 연습하는 경우에도 완전한 순응에 이르지 않는다고 좌절할 필요는 없다고 생각한다. 지속적인 포기의 연습이 얼마나 큰 일인가를 나는 충분히 알고 있다. 끊임없는 포기의 연습으로 욕망 하나만이라도 제거할 수 있다면 그것은 실로 큰 진전이라고 말해야 한다.

좋은 학교를 나오고 머리가 매우 똑똑한 공직자들이 무수하게 수뢰, 횡령으로 감옥에 가는 뉴스에 접할 때마다 욕망을 누르는 일이 얼마나 어려운 것인가를 깊이 깨닫게 된다. 이렇게 포기의 연습은 사회생활에 있어서도 매우 긴요한 일임을 알 수 있다. 하물며 지혜와 통찰을 얻기 위해 마음공부를 하는 사람들의 입장에서 포기의 연습은 기본이라 할 것이다.

포기의 연습은 언젠가 본능과 욕망을 완전히 제거하는 수준에 이를 것이며, 나아가 자신의 육신이 이미 죽은 것 같이 인식되는 수준에까지 나아갈 것이다. 이 경지에 이르러야 비로소 새로운 피조물이 되며 새로운 삶을 누릴 수 있을 것이다. 우리는 최고의 상승을 향해 나아가는 과정에 있다. 최고의 상승을 이루는 일은 귀중하다. 그러나 노력하는 과정도 귀중하다. 노력하다가 생을 마치는 경우는 최고의 상승을 이루는 경우보다 훨씬 많을 것이다.

우리는 이미 죽음에 순응한 순응자로서 죽음이 우리의 상승 노력을 중간에서 얼마든지 중지시킬 수 있다는 것을 이해하고 있다. 죽음의 이러한 속성을 이해한다면 우리는 노력한다는 사실 자체로 만족할 수 있다. 지금 이 순간에 아름다움과 자비를 위하여 마음을 다하는 일이 오직 귀한 것이다.

나는 지금도 새벽마다 한 번씩 죽는 연습을 한다. 지금 나는 죽고 있으며 이미 죽었다고 연습한다. 그리고 순응과 반전을 묵상한다. 평안과 신생을 깊이 감각하며 지안에 들어가는 느낌을 재현한다. 이러한 일련의 경험 과정을 반복하면서 그날그날 가장 마음에 와 닿는 것을 오래 묵상하고 연습한다. 마음에 지안의 느낌이 깊이 올 때, 연습을 끝낸다.

나는 비록 지안을 아직 재현하지 못하고 있지만 지안을 지향하고 지안의 느낌을 마음에 담는 것으로 충분하다고 생각한다. 실제로 내가 죽는 날, 나는 분명히 지안에 들 것을 믿으므로 지금 이 순간은 그 느낌을 가슴에 담는 것만으로도 충분히 기쁘고 행복하다.


⑦ 무의 무한 위에 마음을 싣는다

앞에서 이야기한 대로 무(無)의 영역은 유(有)의 영역보다 훨씬 크고 넓으며 무의 특성상 거의 무한하다. 이 무는 사람의 인식 능력으로 지각할 수 없는 '모름'에 의해 상상될 뿐이다. 그러므로 무와 모름은 영원히 평행선을 그으며 팽창하는 두 주객동일체라고 말할 수 있다. 그 무와 모름이 무한하게 팽창한다고 상상해 보자. 이러한 무의 무한 위에 마음을 조용히 싣고 그 상태를 극진하게 보존해야 한다.

이 연습은 결국 '지안'의 추구와 동일한 내용이 될 것이다. 알 수 없는 것, 무의 무한과 '지안'은 겹치게 된다는 것이 나의 생각이다. 모르는 것들은 서로 모른다는 공통점이 있기 때문이다. 지안의 또 다른 표현인 이 무 위에 마음을 실어야 하지 않겠는가 하는 것이다. 이 무의 무한 어느 쯤에 붓다나 노장(老莊)의 생각과도 만날 수 있지 않을까 하는 생각을 해 본다.

연습의 한 방법으로 과학적 질문을 이렇게 확장해 보자. 예를 들어 여기 M이론이 있으며, 이 이론은 가시적인 법칙들의 집합을 $10^{500}$개나 허용한다면, 우리는 이 우주를 어떻게 파악해야 할 것인가? 혹 질문이 무한히 계속되며 그 법칙들은 양파의 껍질처럼 무한히 벗겨지는 것일지도 모른다고 생각할 수는 없을까? 동양의 옛 선현들은 무한히 계속되어도 끝이 나오지 않을 것이라고 생각했던 것 같다.

이러한 무한의 상상 위에 마음을 실어 보자. 그것이 우리 우주의 실상이며, 사람의 관념이 보고 있는 실재관(實在觀)이라고 생각하고 그 위에 마음을 올려 보자는 것이다. 이런 연습으로 우리는 무한을 상상할 수 있으며 아득한 무량심을 기를 수 있다. 그 아득한 경이의 마음을 잘 보존해야 한다. 이 마음이 '지안'으로 들어가는 비밀의 문이기 쉽다.


'순응의 마음공부' 일곱 가지를 생각해 보았는데, 이것들은 순서대로 연습하는 것도 아니고 그 모두를 한꺼번에 연습할 수 있는 것도 아니다. 사람에 따라, 그때그때의 적응도에 따라 한두 가지씩을 골라 연습하면 될 것이다. 물론 마음을 고르는 첫 순서는 빼놓지 말아야 할 것이며, "그래, 죽자." 하는 집중 또한 매일 계속되어야 할 것이다. 그래야 '죽음에의 순응'을 연습한다고 말할 수 있을 것이기 때문이다. 나는 실제로 그때그때 마음이 요구하는 대로 마음공부의 내용이나 순서를 변경하고 있다. 다만 죽음의 체험을 현전화하는 데 공을 들일 뿐이다. 가장 중요한 것은 마음이 절실하게 "그래, 죽자."를 실현하는 것이기 때문이다.


## 5. 환우들을 위한 제언

우리나라 전 인구의 4분의 1이 암 환자인 시대가 되었다. 심혈관 질환과 당뇨병 등 성인병도 갈수록 늘어나는 추세에 있다. 여기에 특히 젊은이들이 많이 포함되는 정신 질환은 정확하게 통계를 잡을 수 없을 정도로 늘어나고 있다고 한다. 우리나라는 OECD국가 중 자살률이 가장 높은 나라이기도 하다. 이렇게 보자면 한두 사람 건너 환자가 있는 셈이고, 한두 가지 병을 앓고 있지 않은 사람이 없을 정도로 우리나라는 '병들어 있는' 사회가 되었다. 그런데 이러한 현상은 유독 우리나라에 국한된 일은 아닐 것이고 아마도 전 세계적인 현상일 것이다. 이런 시대의 아픔을 앞에 두고 나는 때때로 가슴에 심한 통증을 느끼곤 한다. 나 역시 암으로 생생한 고생을 해보았기 때문에 동병상련의 심정을 갖게 된 것이다.

암 병원의 주사실 앞, 긴 의자에 그린 듯 앉아 있던 환우들의 눈빛은 결코 잊을 수 없다. 애원하듯 물기 어린 그 눈빛들, 지푸라기라도 잡고 싶을 그들의 심정을 나는 알고 있다. 나 역시 그들과 함께 거기에 있었다. 암 수술을 받고 항암주사를 맞고 또 검사를 받기 위해 나는 지난 9년 동안 국립암센터를 출입했다. 이 병원은 다른 병원에서 찾을 수 없는 독특한 분위기를 가지고 있다. 사람들에게서 큰 표정이나 큰 소리를 찾아볼 수 없다. 대개 조용히 앉아 있고 말도 거의 소곤거리듯 한다. 사느냐, 죽느냐 하는 중압감이 병원 곳곳에 드리워져 있는 것이다.

이제 더 이상 오지 않아도 된다는 의사의 말을 듣던 날, 나는 병원 이곳저곳을 천천히 걸어 보았다. 한때 너무 맡기 싫었던 소독약 냄새도 이 날만은 그리움처럼 깊이 음미했다. 환우들의 모습은 한결같았고 특유의 중압감도 여전하게 느껴졌다. 이제 이 병원을 더 이상 오지 않아도 된다. 병원 뒷문을 통해 공원으로 이어지는 길목으로 접어들면서, 나는 마지막으로 병원 전경을 눈에 담으며 혼자 속으로 말하고 있었다. "인생의 한 시대가 여기에 있었구나."

그러나 나는 기뻐하고 있는 것이 아니었다. 담담하게 한 시대가 흘러가고 있다는 것을 깨닫고 있을 따름이었다. 공원길을 오르다가 나는 호젓한 벤치에 앉아 지난 9년을 되돌아보았다. 어려운 시기를 용케도 잘 견디어냈구나 하는 생각이 들면서도 나만 빠져 나온 듯한 미안함이 마음 한 구석을 누르고 있었다.

이제 막 병을 발견한 환우들은 죽을지도 모른다는 두려움에 떨겠지 하는 생각이 나를 괴롭히고 있었다. 나는 이런 환우들에 비해 병을 벗어난 사람으로서 기뻐해야 하는 것일까? 나는 기뻐할 수가 없었다. 기쁨이나 슬픔과 같은 감정보다는 지금 두려움에 떨고 있는



마지막 마음 - 어느 죽음의 성찰

환우들에게 괜찮다고, 걱정 말라고 말해 주고 싶었다. 죽음 앞에 서면 누구나 같아지는 것이라고 말하고 싶었다. 이제 막 병에 걸린 사람이나, 병에서 벗어난 사람이나, 병에 애초부터 걸리지 않은 사람이나, 근본적으로 죽음에 직면한 입장에서 보자면 다 똑같은 것이라고 말해 주고 싶었다. 나는 환우들을 위로하고 싶었다.

나는 그 날 벤치에서 명료하게 느끼고 있었다. 이제 막 암에 걸린 환우나 9년이 지나 암을 극복했다고 말할 수 있는 나나 똑같은 입장이라는 사실을 분명하게 느끼고 있었다. 죽음의 관점에서 보자면, 어느 누구나 똑같을 수밖에 없다. 그러므로 슬퍼할 것도 기뻐할 것도 없는 것이다. 다만 두려움에서 벗어나는 일은 중요하다. 나는 이 점을 알릴 방법을 찾아야 한다고 생각했다.

이 책을 쓰는 중요한 이유의 하나도 환우들에게 다소나마 위로를 줄 수 있기를 바라기 때문이다. "그래, 죽자." 하며 죽음을 각오한다면 두려움에서 벗어날 수 있다는 점을 설명함으로써 위로가 되기를 바라기 때문이다. 그러나 나의 설명이 과연 위로가 될지 걱정이 되는 것도 사실이다. 절실하게 죽는다는 생각을 해야 하는데, 과연 환우들에게 이 말이 납득이 갈지 모르겠기 때문이다. 지푸라기라도 붙들면서 살고 싶은 환우들에게 "죽어야 합니다." 하고 말하는 것이 과연 납득이 갈지 자신하기 어렵기 때문이다. 그러나 나는 나의 방법에 분명히 일리가 있다고 생각했다.


"내 경험상 이런 사람들에게 공통점이 있다. 죽음을 앞두고 마음을 완전히 비웠다는 점이다. 하다하다가 정말 안 돼 어느 날 모든 걸 내려놓은 사람들이다. 이들은 통증도 사라졌다고 말한다. 과학

적으로는 설명이 안 된다." [33]

　세계적인 암 전문의 김의신 박사가 한 말이다. 그는 두 사람의 환자를 예로 들면서 이 말을 전했다. 한 사람은 뼈 암이 계속 재발해 무려 15번이나 수술을 거듭한 끝에 치료를 포기하게 되었는데, 그 환자는 태평양을 보며 죽겠다고 캘리포니아로 이사를 했으나 지금까지 10년 동안 살아 있다는 것이다. 또 한 사람은 난소암으로 5년을 버텼으나 암이 횡경막까지 번져 치료를 포기하고 약도 끊었는데 16년째 살아 있다는 것이다.

　MD앤더슨 병원에서는 이 두 경우를 기적이라고 말하는데, 이런 사람들에게 공통점이 있다는 것이다. 김의신 박사는 배짱 좋거나, 담대하거나, 긍정적이거나, 스트레스를 잘 관리하는 환자들의 암 치료 결과가 좋다는 것이다. 그리고 두 사람의 예처럼 죽음을 받아들인 사람들에게 기적이 나타난다고 했다. 그 이유는 면역세포의 수치가 높아지기 때문이라는 것이다. 이것은 이제 의학계의 정설이 되었다고 한다.

　나는 이 기사를 보고 무릎을 쳤다. 내 생각과 정확하게 일치했기 때문이다. 내 의견이 의학계의 정설로 입증되었다는 생각도 들었다. 김의신 박사의 말처럼 환자들은 하다하다가 안 될 경우, 결국 죽을 수밖에 없다는 것을 알게 되고, 그렇게 되면 죽음을 받아들이는 길만 남게 된다. 이 상황에 이르면 누구나 삶을 포기하고 "그래, 죽자." 하며 죽음을 수용하게 된다.

---

[33] 조선일보. 2011년 10월 9일자, 특집 "MD앤더슨 종신교수 김의신 박사의 암 이야기"

이 상황을 바꾸어 말하면, 모든 걸 내려놓고 마음을 비워 버린 상태가 되는 것이다. 그런데 이상하게도 이 상황에 이르면 마음이 지극히 편안해지고 거칠 것이 없어진다. 무애(無涯)의 화평이라 할까, 마음이 참으로 깨끗해지고 편안해지는 것이다. 나는 이것을 반전(反轉) 현상이라고 불렀다. 그런데 김의신 박사는 반전이 일어나면 치료결과도 좋다는 의학적 자료를 제시한 것이다.

물론 반전이 절대적으로 암의 치료에 효과를 가져 온다고 말할 수는 없을 것이다. 그러나 면역력을 높여 주는 것만은 분명해 보인다. 마음을 완전히 내려놓은 상태에 이른다면, 우선 죽음의 두려움이 없어질 것은 분명하며 의혹이나 의심이 사라지고 전전긍긍하는 작은 근심도 털어 낼 수 있을 것이다. 이렇게 마음에 평안이 찾아오면 자연스럽게 기쁨과 감사가 일어난다. 살날이 얼마 남지 않았다는 것을 알면서도 지금, 여기에 살아 있다는 것이 감사하고 따라서 웃음을 잃지 않게 된다. 이렇게 되면 밥맛도 좋아지고 잠도 잘 자게 될 것이다. 의학적으로 면역세포들의 수치도 많아질 것이 분명해 보인다.

그러나 나는 병에서 나을 수 있다는 점만을 이야기하려는 것은 아니다. 병보다도 더 근본적인 생사의 원리를 보자는 것이다. 이렇게 생각해 보자. 내가 불치병에 걸려 의사도 치료를 포기했다고 가정하자. 이 상황에서 내가 선택할 수 있는 길은 크게 두 가지라고 생각된다. 첫째는 아무리 병세가 나쁘다 하더라도 살겠다는 의지의 끈을 결코 놓지 않는 경우가 될 것이며, 둘째는 어떻게 한다 해도 결국 한 번은 죽을 수밖에 없으므로 포기하고 받아들이자고 하는 경우가 될 것이다.

첫째 경우에서, 나는 인간 의지의 극치를 보는 것 같은 비장감을 느낀다. 살려는 의지의 끈을 결코 놓지 않는다는 것은 마치 운명에 저항하는 시지프의 신화를 보는 것 같다. 백경의 몸에 자신을 로프로 얽어매고 거센 파도 속으로 사라지는 에이허브 선장의 울부짖음을 듣는 것 같다. 실존의 처절한 의지, 그것은 인간성의 한 단면일지도 모른다. 나는 옷깃을 여미며 이 처절함에 머리 숙일 것이다.

그러나 그렇다고 죽음이 비켜 가는 것은 아니다. 죽음을 압도하는 의지의 의미를 아무리 새롭게 해석한다 하더라도 죽음 자체가 사라지는 것은 아니다. 여기에서 나는 관념의 과잉과 지나친 해석의 비감(悲感)을 발견한다. 너무 억지를 부리는 것은 아닐까? 아무리 의지를 불태운다 하더라도 죽을 사람이 살아날 수 있을까? 죽는다는 것은 자연의 법칙이다. 어느 누구나 반드시 한 번 죽을 수밖에, 다른 도리가 없다.

많은 투병기들과 자기계발서들이 의지를 강조하며 의지만 있다면 어떤 병도 이길 수 있다고 떠들고 있다. 그러나 한 번만 더 생각한다면 그 말의 허점이 당장 드러나고 만다. 의지가 있어서 병을 이긴다면 의지의 사람들은 영원히 죽지 않게 되는가? 사람은 결국 병에 들어 죽게 되는 것인데, 그럴 때마다 의지로 물리칠 수 있다면 끝까지 살아남게 될 것이다. 이렇게 의지론은 이치에 맞지 않는다는 사실을 쉽게 알 수 있다. 우리는 어쩔 수 없는 것 앞에서 억지나 자만을 부리지 말아야 한다. 사람의 한계와 분수를 겸손하게 인정하고 머리 숙일 수 있어야 한다. 우리는 부족하고 질그릇처럼 부서지기 쉬운, 우주의 작은 존재에 지나지 않는다.

이른바 '의지론'과 궤를 같이하는 경우를 하나 더 살펴보자. 이 경우는 거의 광신적이라고 할 신앙을 바탕으로 하고 있다. 이른바 '기적론'이라고 칭할 수 있는데, 믿음의 문제와 관계되기 때문에 이야기하기가 무척 까다롭다. 이 경우는 마음을 다해 기도하면 능히 중병도 이길 수 있다고 강조한다는 점에서 이른바 '의지론'과 같이 '할 수 있음'을 강력하게 천명하고 있다. 그러나 지나치게 비합리적인 요소가 많은 경우여서 주의를 환기하자는 의미에서 이야기해 보기로 한다.

나는 2천여 명이 모였다는 한 신앙집회에 참가한 적이 있다. 통로까지 사람들로 가득 찬 그 신앙집회는 통성기도와 방언으로 강당이 떠나갈 듯 열기로 들떠 있었다. 울부짖는 소리와 외마디 비명이 늘어날 때, 인도자가 병이 나은 사람은 앞으로 나오라고 외치자 수많은 사람들이 줄지어 단상으로 올라갔다. 얼추 이삼백 명은 될 것 같았다. 나 역시 암을 낫기 위해 그 집회에 참가하고 있었으나, 내 병은 낫지 않았다. 그 집회에서 내거는 전제는 크게 네 가지였다.

⑴ 간절한 기도를 드려야 한다.

⑵ 기도로 낫는다는 것을 확실히 믿어야 한다. 하나님은 기도를 들어 주신다.

⑶ 그러나 병을 낫게 하는 것은 하나님의 뜻이다.

⑷ 집회 인도자는 하나님의 일꾼으로 하나님의 뜻을 전달한다.

결과적으로 이 신앙집회는 엄청난 기적을 일으키고 있었다. 그러나 이것을 믿기는 어려웠다. 지나치게 비합리적이었기 때문이다.

이 '기적론'의 문제점을 밝히기 위해 이렇게 생각해 보자. 먼저 이 신앙집회의 주장처럼 기도로 병이 낫는다고 치자. 그렇다면 어느 노인이 노환으로 사망할 단계에 이르러 간절히 기도함으로써 하나님의 뜻을 구했다고 가정하자. 이때, 결과는 노인의 사망이든가, 아니면 노인이 살아나든가 둘 중 하나일 것이다.

첫째, 사망의 경우를 살펴보자. 간절히 기도했음에도 불구하고 노인이 사망했다는 것은 하나님의 뜻 때문일 것이다. 이때, 하나님의 뜻은 무엇이었을까? 만일 노인이므로, 즉 죽을 때가 되었으므로 기도에 관계없이 죽게 했다는 것이라면 하나님은 자연법칙을 지킨 것이 된다. 즉 하나님도 자연법칙을 준수하는 것이므로, 과학자들의 주장처럼 자연법칙의 절대성은 예외가 없다는 것이 실증되었다. 따라서 기적이 일어난다는 이 신앙집회의 주장은 붕괴된다.

그런데 만일 노인의 사망 원인이 노인의 기도가 간절하지 못해 하나님이 기도를 들어 주시지 않은 것이라고 한다면, 즉 노인의 믿음이 약해 기도가 충실하지 못했기 때문이라고 한다면, 모든 사람들은 믿음이 약한 사람들일 수밖에 없다. 왜냐하면 모든 사람들은 반드시 죽으므로 믿음의 약함이 입증되기 때문이다. 따라서 아무리 열심히 기도한다고 하더라도 모든 사람들의 믿음은 본질적으로 약하기 때문에 하나님이 그 기도를 들어 줄 수 있는 정도에는 언제나 미달할 수밖에 없다. 그러므로 기도해 보아야 기도의 효과는 나타나지 않을 것이다. 따라서 이 신앙집회의 주장은 붕괴된다.

여기에서 또 하나의 가능성이 있을 수 있다. 즉, 하나님의 뜻은 사람이 헤아릴 수 없다는 주장이 그것이다. 만일 이렇게 된다면 하나님의 뜻은 때에 따라 달라질 수 있는 것이며, 사람으로서는, 즉 믿음의 정도로도 자연의 법칙으로도 헤아릴 수 없는 것이 된다. 이렇게 된다면, 이러한 하나님의 뜻은 사람의 입장에서 볼 때, 아무런 원칙이나 기준도 없이 그때그때 달라질 것이다. 따라서 간절히 기도해 보아야 하나님이 들을지 듣지 않을지 알 수 없으므로 구태여 기도할 필요가 없게 될 것이다. 다시 말해서 이 집회의 주장은 역시 붕괴되고 만다.

둘째로, 노인이 기도로 살아났을 경우를 보자. 노인이 기도로 살아났으므로 이 집회의 전제는 모두 입증되었다고 볼 수 있다. 이렇게 된다면 얼마나 좋은 일이겠는가? 그러나 다음 문제를 생각해 보자.

이렇게 병이 나았다면 다음에 또 노인이 병에 걸렸을 때 다시 기도할 것이다. 기도의 능력이 입증되었기 때문에 더욱 간절히 기도할 것이다. 이때에도 병이 나을 것인가? 만일 이렇게 계속 기도해서 낫는다면 그 노인은 영원히 죽지 않을 것이다. 그런데 그런 영생은 불가능하므로 언젠가 한 번은 기도가 효험을 보지 못하고 노인은 사망할 것이다. 노인이 일단 사망한다면 첫 번째 경우의 반복이 될 것이다. 바꾸어 말하면, 어느 경우에나 이 집회의 주장은 설득력을 상실할 것이다.

나는 이 신앙집회의 경우를 지적함으로써 신앙의 문제를 거론하자는 것이 아니다. 신앙은 어디까지나 신앙 안의 문제일 뿐이다. 신앙 밖의 논리나 주장으로 신앙의 문제를 판단할 수는 없다. 믿음은 초월적이기 때문이다. 바로 이러한 이유 때문에 나는 이 책에서 믿음의 문제를 거론하지 않겠다는 전제를 두었던 것이다.

그럼에도 불구하고 내가 이 신앙집회의 문제점을 거론하는 이유는 '지나치게' 비합리적이기 때문이다. 바로 기적의 대량 속출을 사실이라고 주장하는 점이 지나친 것이다. 이것을 신앙이라고 말한다면 이 신앙 안에서는 못할 일이 없을 것이다. 이 신앙집회의 '기적'을 사실이라고 한다면, 모든 병원들은 진작 문을 닫았어야 한다.

우리는 적어도 미신에서는 벗어나야 한다. 미신(superstition)에서 벗어나려면, 우리는 참되고 합리적인 사고를 해야 하며, 또 그러기 위해서는 참되고 진실한 지식(knowledge)을 토대로 삼아야 한다. 우리는 참된 지식을 어떻게 얻을 수 있는가 하는 방법을 둘러싸고 합리론과 경험론이 각각 다른 견해를 가지고 있다는 것을 알고 있다.

그러나 우리에게 정작 중요한 것은 어느 이론이나 견해를 선택하는 일이 아니라는 것이다. 생활의 현실 속에서 근본적인 토대에 접근하기 위해 얼마나 고뇌하며 얼마나 노력하느냐 하는 삶의 자세가 훨씬 중요한 일일 것이다. 이러한 자세 속에서 우리는 오직 참되고 진실한 것을 추구해야 할 것이다. 오늘날 과학의 수학적 확실성이 강조되는 시대에서 우리는 더욱 단단한 토대를 확보해야 할 필요가 있을 것이다. 앞에서도 잠시 이야기한 것과 같이 인문사회 분야에서의 근본 토대 확보는 여전히 어려운 문제임이 분명하다. 그러나 우리는 타당한 지식과 올바른 사고를 위한 수많은 방법론들을 알고 있다.

나는 어떠한 회의론으로부터도 벗어날 수 있고 어떠한 실증주의의 요구에서도 벗어날 수 있는 그나마 타당하다고 믿을 만한, 최소의 원칙들은 있을 것이라고 생각한다. 나는 그것을 우리의 지각과 기억, 그리고 다른 사람들의 증언으로부터 형성되는 기초적인 믿음(basic beliefs)이라고 생각하고 있다. 이 기초적인 믿음은 그나마 최소한의 이성(reason)을 확보해야 하며, 최소 손실의 원칙(a principle of least damage) 안에 있어야 할 것이다.

바꾸어 말하면, 기초적인 믿음은 가장 합리적인 지식을 토대로 삼도록 노력해야 한다는 것이며, 또 새로운 믿음을 얻거나 믿음을 수정할 때에는 기존의 믿음에 가장 손실이 적게 가도록 노력해야 한다는 말이다. 요컨대 어떤 사물에 대한 판단을 내릴 때, 지각 가능한 현실 속에서 판단해야 하며 수학이나 논리, 그리고 과학에 가장 근접하도록 사고해야 한다는 말이다.

이런 사고의 원칙은 인문사회 분야에도 적용되는 것이며, 따라서 적어도 그런 고뇌와 노력 속에서 이루어지는 판단을 그나마 믿을 만하다고 볼 수 있을 것이다. 이런 최소 원칙을 감안할 때, 앞에서 예로 들었던 신앙집회는 지각 가능한 현실을 벗어나 있고 과학적 사고와도 멀리 떨어져 있다. 또 그런 노력과 고뇌도 없어 보였다.

이제 본론으로 돌아가서, 환우들을 위한 일곱 가지 제언을 이야기하겠다. 이 제언들은 지금까지 말해 온 '순응의 원리'를 기반으로 한 것이 될 것이다. 따라서 죽음에 순응하는 것이 깨달음을 얻는 데 도움을 줄 것이며, 또한 병을 극복하는 데도 유익할 것이라는 점을 설명할 것이다. 이러한 '순응의 원리'를 기반으로 하여 나는 지금까지 삶을 포기하고 죽음을 받아들이는 것이 이치에 합당하다고 주장해 왔다. 이런 주장은 자칫하면 너무 빨리 포기하고 미리 죽음을 재촉하는 것처럼 들리기 쉬울 것이다. 그러나 나는 이치가 그렇다는 점을 강조한 것이다. 어떤 감정이나 의지를 이야기하자는 것이 아니다. 법칙과 원리를 이야기하자는 것이다.

내가 이야기하고자 하는 법칙이나 원리는 중병에 걸렸을 때에만 적용되는 것이 아니라 언제나 적용되는 것이다. 그러므로 반드시 환우들에게만 이야기할 것은 아니다. 그러나 환우들에게 먼저 이야기를 꺼내는 이유는 환우들이야말로 내가 말하고자 하는 이야기를 가장 절실하게, 가장 분명하게 느끼고 생각할 수 있다고 보기 때문이다. 중병에 걸린 환우들이야말로 죽음의 두려움과 죽음으로부터 벗어나고자 하는 의지, 그리고 죽음을 어쩔 수 없이 받아들여야 한다는 법칙의 엄정성 등을 그 누구보다도 뼈저리게 인식할 수 있는 사람들이다.

앞에서 충분히 이야기한 것처럼, 죽음은 생명의 종국적 필연성이다. 이 필연성 앞에 누구나, 언제나 평등하다. 이런 뜻에서 "삶=죽음"의 등식은 선취적(先取的) 법칙이다. 이 필연의 법칙성을 뼈저리게 깨달은 사람은 언제나 죽음을 정면으로 응시할 수 있다. 그리고 죽음의 속성들을 속속들이 이해하면서 무한히 순환하는 법칙의 여여(如如)함을 고요하게 바라볼 수 있다. 이 단계에 이르면 마음은 태평하고 거칠 것이 없어진다.

334

## 일곱 가지 제안

이제 내가 환우들에게 가장 먼저 제안하는 바는 "그래, 죽자." 하며 각오하자는 것이다. 삶을 포기하고 죽음에 순응하자는 것이다. 언제라도 한 번 해야 할 일을 미리 해 버리자는 것이다. 이것은 중병에 걸렸기 때문이 아니라 법칙이며 원리이기 때문에 해야 할 일이다. 어차피 해야 할 일을 지금, 여기에서 해 버리자는 것이다. 더욱이 환우들은 불가피하게 해야 할 일의 심각성에 바로 직면하고 있기 때문에 특히 서두르자는 것이다.

그런데 죽음의 각오와 수용은 이상하게도 반전(反轉)을 통해서 평안과 신생(新生), 지안(至安)을 가져온다. 이 반전 현상은 모든 경험자에게 공통으로 나타나는 외통수의 과정이다. 이것이 바로 죽음이 숨기고 있는 비밀이다. 따라서 이것을 깨달은 사람은 통찰과 지혜를 얻을 수 있다. 나는 이 방향 어딘가에 깨달음이 숨겨져 있다고 믿는다.

그러므로 앞에서 이야기한 것처럼, 죽음의 각오와 수용은 결코 폐풍(弊風)이 아니며 죽음의 예찬도 아니다. 더욱이 비과학도 아니다. 이것은 심리학적 사실과 가장 밀접하며 동서양에 연면히 이어온 지혜의 전통과도 일치한다. 나는 내 생각이 과학과 일치하는지, 또는 전통적인 지혜의 방법론과 근사한지에 관해 수없이 검토하고 생각했다. 그리고 확신을 얻은 다음 조심스럽게 내 의견을 밝히기로 한 것이다.


둘째로, 환우들에게 제안하고자 하는 것은 마음공부를 해 보자는 것이다. 우리의 마음은 끊임없이 변하고 움직인다. 특히 중병에 걸렸을 때, 우리의 마음은 극단에서 극단으로 치닫기 쉽다. 무엇보다도 감정의 진폭이 심해진다. 죽겠구나 하는 두려움에 떨게 되며 온갖 근심 걱정으로 우울증에 걸리기 쉽다. 일희일비 하는 감정의 진폭 때문에 심한 심리적 피로에 싸인다. 적어도 이러한 감정은 다스려야 한다.

내 경험에 따르면 감정은 이상하다. 두려움이 마음을 채울 때면 평안이 들어설 자리가 없어진다. 그런데 평안이 들어오면 두려움이 물러난다. 그러므로 마음공부로 평안을 적극적으로 모셔 와야 한다. 죽음에 순응하는 상태가 되면 마음공부는 상당히 성공한 셈이다. 그러나 그런 상태가 쉽게 오지 않으므로 마음공부로 '순응'을 이루어내야 하는 것이다. 그리고 순응이 달성되었다면 그 다음의 더 높은 상승을 향하여 나갈 수 있을 것이다. 따라서 나는 마음공부가 인생의 목적이 될 만하다고 생각하고 있다.

마음공부의 한 방법으로 명상 전통을 차용하는 것이 좋을 것이다. 명상 방법은 동서양의 종교 전통에 잘 전수되어 왔다. 수많은 방법들이 있다. 이 가운데 자기 자신에게 알맞은 것을 골라 매일 하다 보면 스스로 터득하는 단계에 이를 것이다. 어떠한 방법이든지 마음이 고요에 깊이 내려가 순수에 합치되고 있다는 명징성을 얻게 되었다면, 그 명상은 방향을 잘 잡은 것이라고 볼 수 있을 것이다. 어떤 항상심을 얻었다고 한다면, 그것을 유지하면서 키워 가면 좋을 것이다. 더디더라도 천천히 나아가는 것, 이것이 나의 명상 요령이다.



셋째로 환우들에게 제안하고 싶은 것은, 되도록 숲 속에서 살았으면 하는 것이다. 숲은 우리들에게 깨끗한 공기를 제공하고 인체에 유익한 피톤치드 등의 화학물질을 제공한다. 숲은 또 우리들에게 아름다움을 선사한다. 자연의 아름다움은 인공미와 차원을 달리하는 완전미의 전형이다. 무엇보다도 숲과 자연은 모든 생명의 어버이로서 치유의 능력을 가지고 있다. 우리는 몸과 영혼에 병이 들었을 때, 자연스럽게 숲과 자연을 찾는다. 본능과 직관이 시키기 때문이다. 숲과 자연은 우리의 몸과 영혼을 치유한다.

나는 항암주사를 맞던 중에 산 밑으로 거처를 옮기고 그곳에서 6년을 살았다. 요양을 위해 공기와 물 좋은 곳을 찾아야 한다는 단순한 생각 때문에 비롯된 일이었다. 그러나 그곳에서 살면서 시골 생활의 의미가 단지 신체적 건강에 국한되는 것이 아니라는 것을 알게 되었다. 시골 생활의 진정한 의미는 그 정신적 측면에 있다는 것을 깨닫게 되었다.

우선 시골 생활은 마음을 안정시킨다. 그리고 농사 일은 생명을 기른다는 뜻에서 생명에 대한 감사와 외경심을 기르게 한다. 또 시골 생활은 시간관념을 훨씬 유장하게 늘려 준다. 느긋하고 여유롭다. 나는 산 밑에서 살면서 사람은 본질적으로 자연 속에서 살도록 그 생리구조가 맞추어져 있다고 생각하게 되었다. 신체는 물론이고 정신적 측면에서도 그렇다고 믿게 된 것이다. 나는 나에게 투병 경험을 구하는 환우들에게 시골에서 살도록 적극 권장하고 있다. 자연은 분명히 몸과 영혼을 치유하는 능력을 가지고 있다고 확신하기 때문이다.

넷째로, 몸의 움직임을 계속하라고 권하고 싶다. 극도로 쇠약해져 누워서 시간을 보내야 하는 환우들에게는 해당되지 않겠지만, 그렇지 않다면 어떻게 하든 꼼지락거리기라도 하는 것이 유익하다는 말을 하고 싶다. 신체의 일부분, 손이라도 움직이고 있는 것이 유익하다. 가장 경계해야 할 것은 하루 종일 TV을 보는 짓이다.

나의 경험이 얼마나 의학적으로 옳은지는 모르겠지만, 나는 항암 주사를 맞으면서 한때 극도로 쇠약해져, 너댓 걸음 걷고 쉬기를 거듭하면서 등산을 하다가 산길 위에 주저앉아 시간을 보내곤 했다. 이때, 나는 강아지들과 앉아서 장난을 치며 놀았다. 당시에 나는 숲속에서 강아지들과 하루 해를 보내곤 했는데, 이런 일은 면역력 증진에 큰 도움을 주었을 것이라고 뒤에 생각했다. 강아지 다섯 마리와 노는 일은 큰 노동은 아니지만 가만히 앉아 있지 않고 끊임없이 손발을 움직이는 일이다. 그리고 무엇보다도 강아지와 노는 일은 재미있고 즐거웠다. 멍청하게 TV을 보는 것과는 판이하게 다르다.

산 밑에서 사는 동안, 나는 계속 움직이고 있었다. 체력이 회복된 후에는 매일 새벽마다 등산을 했고 시간 날 때마다 숲 속을 쏘다녔다. 숲 속에서 피곤하면 등산용 매트를 깔고 그 위에서 낮잠을 자곤 했다. 그저 숲이 좋아 숲 속을 돌아다닌 것뿐인데, 지금 생각해 보면 그런 움직임이 건강에 도움을 주었던 것 같다. 시골 생활을 하는 것은 도시의 아파트 생활에 비해 몸을 엄청나게 움직여야 하는 일이다. 그것도 공기 좋은 곳에서 기분 좋은 일을 하면서 말이다. 이렇게 하루를 보내면 밤에는 잠에 곯아떨어지기 일쑤였다.

다섯째로, 재미있는 취미를 살리도록 권유하고 싶다. 어느 유경험자의 권고로 나는 악기 다루는 것을 생각해 보았으나 종내 실행에 옮기지 못했다. 그 후로 디지털 사진기를 사 들고 들꽃을 찍는다며 한참 동안 수선을 피웠으나 오래 가지 못하고 말았다. 나는 다행히 강아지 다섯 마리를 길렀다. 우연히 개를 키워야겠다는 생각에 개를 구하러 다녔는데, 이곳저곳에서 강아지를 주는 바람에 다섯 마리나 기르게 되었다.

이놈들과 숲 속을 쏘다니는 것이 말하자면 나의 취미생활이었다. 강아지와 노는 일은 참 재미있었다. 다섯 놈이 서로 내 품에 안기겠다고 경쟁하는 것도 재미있었지만, 자기들끼리 어르고 물며 장난치는 것을 구경하는 일도 재미있었다. 이놈들이 커 가면서 크고 작은 사고가 일어나기도 했지만 대체로 나는 행복했다.



마지막 마음 - 어느 죽음의 성찰

특히 암 환자의 경우, 취미를 살리라는 권고는 취미에 몰두함으로써 병에 대한 두려움과 근심에서 벗어나게 하기 위함이다. 그러므로 죽음에의 순응과 반전을 일으킨 사람은 특별한 취미가 없다고 하더라도 별다른 영향은 없을 것이다.

여섯째로, 들풀과 같은 천연 먹거리를 많이 섭취하는 것이 좋다고 본다. 민약(民藥) 전통은 오래된 생활문화이다. 그러나 대개의 민약들은 그 성분이나 약효가 과학적으로 입증되지 못해 선뜻 섭취하기가 쉽지 않다. 그러나 나의 경우, 산 밑으로 거처를 옮기자마자 들풀 먹는 데 열심을 냈다. 방가지똥, 민들레, 씀바귀, 고들빼기 등을 열심히 캐서 먹었다. 이들 국화과 식물들은 줄기를 따면 흰 즙이 나오는데, 나는 왠지 이 즙이 암에 좋을 것 같다고 생각했다. 믿거나 말거나 나는 민약 전통에 상당한 이유가 있을 것이라고 단정했다. 아직 과학적으로 입증되지 않았을 뿐이지, 선조들의 지혜와 경험에는 타당성이 있을 것이라고 믿었다.

동네 아주머니들의 특별교습을 받으며 봄에는 산나물을 캐러 다녔고, 가을에는 버섯을 따러 산중을 헤매고 다녔다. 또 밭에는 상추를 비롯한 각종 채소들을 심었는데 철저하게 약을 치지 않았다. 무공해 채소와 들풀이 내 생명을 구했는지도 모른다. 의학적으로 입증할 수 없었지만, 이런 생활로 내 위장상태는 항상 편했고 배변이 좋았던 것은 확실했다. 들풀에 치유의 길이 있다는 생각은 지금도 변하지 않고 있다.

일곱째로, 특히 암 환자는 병 앞에서 솔직해야 함을 강조하고 싶다. 암과의 싸움은 목숨을 거는 일이기 때문에 자칫하면 스스로를 속이기 쉽다. 싸움에 진다는 것은 곧 죽는다는 것을 의미한다는 점에서 환우들은 자기 병세가 죽을 정도는 아니라고 생각함으로써 스스로 위로받기를 원한다. 이것은 생사를 건 문제에서 흔히 일어나는 일이다. 그러나 스스로 자기를 속이는 경우는 대개 병에게 지고 마는 것을 보아 왔다. 나는 이러한 경우를 많이 보았기 때문에 병세를 속이거나 숨기는 사람을 볼 경우 "아차, 이 분은 위험하겠구나." 하는 생각을 하게 된다. 그러나 이 환우에게 속내를 내보일 수는 없다. 혼자 속으로 혀를 찰 뿐이다.

친지 중에 암에 걸렸던 두 사람의 경우를 예로 들어 보겠다. 이들은 이미 고인이 되었다. 한 사람은 나를 만날 때마다 수치가 좋아지고 있으며 컨디션도 나아지고 있다고 말했다. 그러나 그의 말에는 왠지 진지함이 없어 보였고 사실을 왜곡하고 있다는 인상을 받았다. 그의 몸은 외양으로 보기에도 점점 수척해지고 있었기 때문이다.

나는 "아차" 하며 마음속으로 걱정이 되었다. 그러나 나는 그의 말에 고개를 끄덕이며 곧 나을 것이라는 말까지 덧붙이지 않을 수 없었다. 그는 병 발견 후 1년을 넘기지 못하고 말았다. 이 경우는 과장되게 자신을 속이고 있었다고 할 수 있다.

또 한 사람은 자기 병세를 끝까지 숨기려 들었다. 그는 발병 선배인 나에게 궁금한 것을 여러 가지 묻기도 하고 신상 문제도 꽤 깊이 상의했으나, 자신의 병세에 관해서는 철저히 숨기고 있었다. 위급하다는 전갈을 받고 중환자실에 찾아가서야 그가 진작 재발한 상태였음을 알게 되었다. 그는 자신의 병세가 위험 수준이라는 사실을 남에게 알리고 싶지 않았던 것이다. 나와 상담할 때에도 병세를 묻는 나의 질문에 초기라고 건성으로 대답했으나, 그 때는 이미 재발을 발견한 지 꽤 시간이 경과한 뒤였다. 이렇게 자기 병세를 숨기거나 속이려 드는 현상은 왜 일어나는 것일까?

결론부터 말하자면, 병을 나쁜 것으로 규정하고 그 나쁜 병을 가지고 있는 자신도 못난 사람으로 간주했기 때문이다. 그들은 스스로 못난 사람이라고 부끄러워하며, 이 부끄러움을 남에게 드러내지 않으려 하는 것이다. 그러나 우리는 이 점을 조금 깊이 생각해 보아야 한다. 특히 암은 그 발병 경로가 1백 가지도 넘으며, 사람마다 어떤 경로를 밟아 왔는지 알 수가 없다고 한다. 현대의학은 아직도 암에 대한 구체적 지식을 확보하지 못한 상태이다. 따라서 어떤 사람의 암 발병 원인이 자신의 잘못 때문인지 사회적 문제 때문인지 알 길이 없다.

그리고 일반적으로 우리는 병든 사람을 부끄럽다고 생각하지 않으며, 더욱이 못난 사람으로 취급하지 않는다. 물론 병은 나쁜 것이라고 간주할 수 있다. 우리를 고통에 빠뜨리고 죽게도 하기 때문이다. 그러나 우리는 병은 미워할지언정 병든 사람까지 미워하지는 않는다. 오히려 위로하고 북돋워 주어야 할 대상일 따름이다.

따라서 병든 사실을 숨기거나 속이는 일은 자신의 마음 안에 갈등과 부조화를 조장하는 일이 되는 것이다. 마음이 투명하고 순수해야 될 시점에서 오히려 부조화를 심어 놓는다는 것은 병을 키우고 마는 결과를 빚을 것이다. 나는 이런 경우를 볼 때마다, 아차 하며 걱정해 왔는데 거의 결과가 좋지 않았다. 병 앞에서 솔직하고 순수해야 한다. 나의 방법대로 죽음을 수용하고 각오한다면, 병 앞에서 전전긍긍할 필요가 없게 될 것이다.

환우들을 위한 일곱 가지 제언을 약술했는데, 주로 정신적 측면을 강조한 것들이다. 마음의 안정이 병의 극복에 가장 중요하다고 보았기 때문이다. 또 나는 규칙적인 운동이나 균형 잡힌 식사 등 일반적인 사항에 관해서는 이야기하지 않았다. 어디에서나 얻을 수 있는 상식이기 때문이다. 나는 여기에서 상식보다는 조금 다른 지식을 얻게 되었으면 하는 바람이 있다. 과연 그런 바람이 이루어졌는지, 그래서 환우들에게 조금이라도 도움이 되었는지는 모르겠다.

마지막으로 환우들이 다음과 같은 생각을 할 수 있다면, 투병생활에 보다 더 도움이 되리라고 믿는다. 다름이 아니라, 중병에 걸렸다는 것은 참으로 귀중한 기회를 잡았음을 의미한다는 것이다. 바꾸어 말하면, 중병에 걸린 환우들이야말로 죽음에 직면함으로써 인생 최대의 사건인 죽음 문제를 절실하게 검토하게 되었다는 말이다. 이 기회를 살려야 하는 것이다.

죽음은 인생의 모든 문제가 걸린 최종, 최대의 사건으로서 우리가 언젠가 한 번 명확하게 검토해야 할 일이었는데, 환우들은 그 기회를 얻은 것이다. 환우들이 이 기회를 참으로 잘 활용했으면 한다. 이것은 병의 문제에 그치지 않는다. 죽느냐, 사느냐, 이 기회에 생사관을 확립해야 하는 것이다. 이것이 아마도 나의 마지막 제언이 될 것이다.

# 후기

　이 책을 써야 하겠다고 마음먹은 것은 심장수술을 받고 난 뒤였다. 심장수술을 받고 중환자실에 머문 이틀간의 경험이 나를 뒤흔들어 놓았고, 그 동안의 내 생각을 다시 정리해야겠다고 마음먹게 했다. 그러기 위해 가장 좋은 방법은 책을 쓰는 것이라고 생각한 것이다. 심장수술을 받기 전까지 나는 죽음의 공포를 완전히 해결했다고 자신했으며, 따라서 내가 경험한 일련의 경험체계들과 거기에서 얻어낸 생각들이 꽤 그럴 듯하고 타당하다고 생각하고 있었다. 그런데 심장수술을 받고 중환자실에서 겪은 경험들이 이러한 내 생각을 원점에서부터 뒤흔들어 놓았던 것이다. 즉, 나는 아직도 죽음의 공포를 완전히 해결하지 못하고 있었던 것이다.

　심장수술을 계기로 나는 다시 원점에 서야 했다. 모든 생각은 다시 정비되어야 했으며 더욱 보강되어야 했다. 무엇보다도 겸손해져야 한다는 생각이 들었다. 원리 같은 것을 발견했다는 생각 자체가 잘못일 수도 있으며, 더욱이 깨달음에 가까이 다가섰다는 생각은 어림도 없다고 느낀 것이다.

그러면 어찌해야 할 것인가? 책을 쓴다는 각오로 생각을 다시 정비하고 마음공부에 더욱 박차를 가해야 한다고 생각했다. 그렇게 또 몇 년이 지나면서 이 책을 출판하기로 결심했다. 심장수술 때보다 생각이 더 정비되었다는 뜻이라기보다는 일단 이 상태에서 생각을 정리하고 다음 단계로 넘어가자는 뜻 때문이었다. 마음이 한 곳에 너무 오래 머물고 있다는 판단이 섰던 것이다.

2008년 1월 24일 심장수술을 받았다. 두 달 전부터 가슴께가 두근거리며 통증이 시작되더니, 갈수록 증상이 심해져 1월 2일 새해가 시작되자마자 병원으로 달려가 진찰을 받았다. 여러 가지 검사 결과, 심방중격결손이라는 선천적 결함이 발견되었다. 심방과 심방 사이에 구멍이 나있는 결함으로, 평생 모르고 살아 왔으나 나이가 들면서 이 구멍이 커져 동맥과 정맥의 다른 피가 뒤섞여 역류하면서 통증이 왔던 것이다. 이 상태가 계속되면 건강이 악화되고 치명적인 지경에 이른다는 것이었다.

서둘러 수술 날을 잡고, 1월 22일에 입원해서 이틀 후 5시간 15분에 걸친 심장수술을 받았다. 암으로 죽을 고비를 겪고 5년 생존율을 가까스로 넘기자마자 다시 심장을 열어야 하는 대수술을 받은 것이다.

심장을 열어야 하는 개심술을 받으면서 나는 두 가지 사실을 다시 한 번 깨닫게 되었다. 첫째, 죽음은 항상 가까이 있다는 엄중한 사실을 깊이 깨달을 수 있었다. 사람은 질그릇처럼 깨지기 쉬운 존재라는 것을 새삼 피부로 느꼈던 것이다. 둘째, 나는 이미 죽음을 초월했다고 믿고 있었으나 심장수술 과정에서 죽음의 공포를 다시 확인하고, 내 마음공부가 아직도 초보단계에 머물러 있음을 깨닫게 되었다.

수술 후, 약 10시간이 지나고 1월 25일 새벽에야 정신이 들었다. 마취에서 깨어나 의식을 회복한 것이다. 그러나 의식이 들었다고 자유로운 것은 아니었다. 마치 재갈처럼 호스들이 코와 입을 틀어막고 있었고, 자꾸만 가래가 끓어 숨쉬기가 고통스러웠다. 온 몸이 천근만근으로 무겁고 머리를 좌우로 돌릴 수도 없게 고정되어 있었다. 겨우 손가락과 발가락을 꼼지락거리며 살아 있음을 확인할 수 있었다. 눈에 들어오는 풍경은 앞 벽면에 있는 벽시계와 그 아래 놓여 있는 환자의 침대 두 대가 모두였다. 거기까지가 내 시야의 한계였다. 환자들은 하나같이 인공호흡장치를 달고 그린 듯이 누워 있었다.

그러나 고통을 호소하는 신음소리와 간호사들의 외치는 소리들이 계속해 들려와 이 방의 상태를 짐작할 수 있게 했다. 중환자실. 이 방이 얼마나 크며 몇 명이나 수용되어 있는지 알 수는 없었으나, 자칫하면 숨이 끊어지는 사태가 일어날 수 있다는 긴박함이 그 소리들을 통해 몸으로 전달되어 왔다. 어느 순간, 한 간호사의 외치는 소리에 여러 간호사들이 그 쪽으로 우르르 달려가고 급박한 소리가 한동안 들려 왔다.

나는 꼼짝할 수 없이 묶인 상태에서 어떤 일이 벌어지고 있는지 알 길이 없었다. 그러나 생명의 줄이 언제 끊길지 알 수 없는 긴박함이 거기에 있었다. 죽음은 언제나 우리 주위에 머물러 있는 것이었다. 나는 죽음에 관해 충분히 인지하고 있었으나 그것은 머리에서 사유하는 수준에 불과했다. 중환자실에 머물면서 참으로 숨 막히는 죽음의 긴장감을 피부로 느낄 수 있었다. 죽음에 직면하는 긴장감은 언제나 새로운 것이었다.

의식을 찾으면서 극심한 아픔이 속속들이 온 몸을 파고들었다. 그러나 반듯하게 묶여 있는 상태에서 이 아픔을 정신만으로 버텨내야 했다. 코와 입은 호스로 단단히 막혀 있고 양 팔은 수많은 주사바늘로 연결되어 있었다. 나중에 알게 된 사실이지만, 가슴과 사타구니의 수술 부위에는 분비액을 받아내는 관이 심어졌고, 심장 상태를 체크하는 여러 가닥의 전극선이 가슴과 머리에 부착되어 있었다.

내 오관의 감지영역은 극도로 제한되어 있었다. 시각은 앞 벽면을 중심으로 눈을 굴릴 수 있는 범위로 한정되었고, 방안의 움직임은 오직 청각을 통해 제한적으로 전달되었다. 때때로 간호사들이 옆으로 올 때 약품 냄새가 풍겼고, 주사약 냄새가 코를 자극하기도 했다. 후각은 살아 있음을 느낄 수 있었다.

내가 의사표시를 할 수 있는 방법은 거의 없었다. 오른 팔을 반쯤 들어 올리면 간호사가 이를 보고 한두 번 왜 그러냐고 물어 왔을 뿐, 이 신호도 거의 간호사들에게 무시되는 듯했다. 간호사들이 판단하는 기준은 오직 각종 계기의 숫자와 경고음뿐이었다. 계기에서 삐삐 하는 소리가 울리면, 간호사들이 다급하게 그 계기 쪽으로 달려가는 소리를 들을 수 있었다. 간호사들은 계기의 숫자를 계속 확인하였고, 의사들은 가끔 계기를 슬쩍 훑어보며 지나갔다. 간호사들의 행동기준은 이 계기의 숫자에 못 박혀 있었다. 간호사들의 지도자는 이 숫자였다. 현대 과학의 기준은 이와 같이 숫자와 그 숫자를 나타내는 계기인 것이다.

아픔과 함께 또 하나의 고통은 가래가 차오르는 것이었다. 계속해서 가래가 차올라 입과 코에 박은 호스를 가득 채웠고 금세 호흡이 어려워졌다. 이럴 때면 호흡이 급해지고 그 정도가 지나치면 경고음이 작동했다. 간호사가 뛰어와서 입에 물린 호스에 대롱을 넣어 가래를 뽑아냈다. 이 과정이 몹시 힘들었다. 숨이 막힐 것 같은 느낌이 들 정도가 되어야 간호사들의 처치가 뒤따랐는데, 그럴 때마다 공포가 엄습해 왔다. 죽을 것 같은 공포 때문에 이 과정이 더욱 나를 힘들게 했다.

나는 명상기법을 발동해 공포감을 퇴치하려고 노력했으나 거의 효과를 보지 못했다. 가래가 차오르는 물리적인 현상이 발생하면 반사적으로 공포가 엄습하곤 했다. 논리도 명상도 먹히지 않는 영역 같았다. 아니면 그 동안의 내 마음공부가 전혀 효력을 발휘하지 못하고 있다는 증거이기도 했다. 나는 결국 기도하는 수밖에 없었다. 간절한 기도는 그나마 내 마음을 진정시키고 위로하는 효력이 있었다.

그러다 공포감이 극에 달하는 사건이 발생했다. 가래가 차오르고 숨이 막히면서 계기에서 경고음이 발동했으나, 간호사가 와서 처치해 주려 하지 않았다. 담당 간호사는 옆 병상에 있었으나 그 쪽 환자가 더 급한 상황이었던지, "잠시만 참으세요. 호흡을 천천히 하세요." 하는 말만 되풀이할 뿐 나를 쳐다보지 않았다.

나는 숨을 가쁘게 몰아쉬면서 소리를 내려고 안간힘을 썼으나 소리는 나오지 않았다. 입과 코가 호스로 막힌 상태에서는 아무런 소리도 만들어 낼 수 없었다. 입 안에 가득 찬 가래를 입술 끝을 통해 밖으로 내밀어서 간호사가 볼 수 있기를 희망했으나 그것도 효과가 없었다. "이대로 숨이 막히는 것이 아닐까?" 하는 걱정과 함께 공포감이 온 몸을 엄습했다. 숨을 더욱 가쁘게 몰아쉬었고 경고음은 계속되었다. 그러나 간호사는 "참으세요." 하는 말만 신경질적으로 내뱉을 뿐 옆 침대에서 하던 일을 계속했다.

시간이 흘러 내 공포심이 극도에 다다랐을 때, 마침 지나가던 다른 간호사가 가까이 다가왔다. 내 입에서 흘러나오는 가래를 보고 그녀는 마치 어린 아이를 어르듯이 "으응, 가래가 찼어요?" 하면서 가래를 뽑아내는 처치를 해주었다. 숨을 쉴 수 없어 괴롭게 몸을 뒤척이다가 한 순간 구멍이 펑 뚫리듯 호흡이 가능해졌다. "아, 살았구나." 하는 생각과 함께 안도의 긴 숨을 내쉴 수 있었다. 나는 고마움을 표시하고 싶었으나, 그 간호사의 얼굴을 볼 수 없었고 물론 말도 할 수 없었다.

한편 나는 담당 간호사의 무신경에 분노를 느꼈다. 그들의 업무 수칙이나 지식에 따르면, 나의 경우는 생명에 영향을 미칠 정도는 아니었을 것으로 짐작할 수 있다. 그러나 환자가 느끼는 공포감을 감안한다면 그녀의 태도는 분명히 옳은 대응이 아니었다.

아무튼 내가 경험했던 유형의 공포는 자동적인 반사작용에 가까워서 어떠한 노력으로도 해소시키기 어려운 것이었다. 나는 아직도 죽음의 공포를 초월하지 못하고 있었던 것이다. 진작 죽음을 초월했다고 믿고 있었으나, 나는 여전히 초보자일 뿐이었다. 이 경험을 통해 나는 아직 출발선에 서 있으며 멀고 먼 길을 남기고 있다는 사실을 뼈저리게 깨달을 수 있었다.

앞에서 '본능적 감정'으로 구분했던 두려움에 대해서 나는 아직도 반사적인 공포감에 휩쓸리고 있었던 것이다. 나의 마음공부는 이런 유형의 반사적 공포에 전혀 대응하지 못했다. 나는 대책을 세우지 않을 수 없었다.

나는 중환자실의 경험을 계기로 내 생각의 전반을 재점검하고 보다 정교하게 손질하기로 했다. 그로부터 5년의 세월이 지나는 시점에서 이 책을 펴내기로 했다. 아직도 공부 도중에 있는 사람으로서의 생각과 심정을 그대로 드러내기로 한 것이다. 부끄러움 때문에 책을 포기할까 하는 생각도 몇 차례 들었으나 한 번은 정리하고 넘어가야 한다는 생각이 보다 더 앞섰다.

하기야 죽음 앞에 선 사람으로서 "그래, 죽자." 하고 생각한다면 부끄러움이 문제될 일은 아니었다. 그리고 환우들에게 다소라도 도움이 되었으면 하는 소망이 컸던 터라 책을 펴내기로 마음을 굳혔다. 이 책의 내용이 적어도 환우들에게는 큰 도움을 줄 것이라고 믿고 있기 때문이다. 많은 환우들이 이 책을 통해서 다소나마 마음의 평안을 얻었으면 한다.

요즘 나는 이것저것 자문(自問)하는 버릇이 생겼다. 나의 위치를 점검하고 더욱 정진하자는 뜻인데, 그 해답이 대개 어정쩡해서 스스로 곤혹스럽기도 하다. 질문의 내용에는 이런 것도 있다. "나는 죽음의 공포를 확실하게 해결했는가?" 내 대답은 역시 어정쩡하다. 해결한 것 같기도 하고 그렇지 못한 것 같기도 하기 때문이다.

심장수술 후 중환자실에서 겪었던 상황이 되풀이된다면, 나는 여전히 공포에 휩쓸리고 말 것이다. 반사적 공포까지 뿌리칠 수 있는 수준은 아직 아니라고 말해야 할 것이다. 어찌 보면 반사적 정서의 유발은 어쩔 수 없을 뿐 아니라 필요한 심리적 기제라고 생각되기도 한다. 그것은 살아 있다는 징표이기 때문이다. 따라서 살아 있는 한, 이 조건반사는 계속되기 쉬울 것이다.

그러나 나는 이런 반사적 공포 이외에는 죽음과 관련된 모든 두려움들을 거의 해결했다고 자신하고 있다. 나의 마음 감별법인 항상성(恒常性)과 명징성(明澄性)에 비추어볼 때, 거의 틀림없다고 보기 때문이다. 죽음을 수용하고 순응함으로써 죽음의 두려움이 해결되는 것은 분명하다. 또 반전 현상이 일어나고 일련의 경험체계가 계기하는 것도 분명해 보인다.

이렇게 보자면 나는 죽음의 공포를 일부는 해결하고 일부는 해결하지 못한 것 같다. 나는 어정쩡하니 경계에 서 있는, 경계인의 위치에 서 있는 것이다. 요즘 나는 대부분의 일에서 이런 경계인으로 살고 있는 것 같다. 성속(聖俗)의 중간쯤을 걷고 있는 셈이다.

350

욕망 문제에서도 나는 경계인에서 벗어나지 못하고 있다. "욕망에서 완전히 벗어났는가?" 이 질문에 대해, 나는 제법 목소리를 낼 만하다고 생각한다. 돈이나 출세, 사랑 같은 욕망은 거절할 자신이 생긴 것 같다. 나이도 들었지만 이런 것들을 이제는 하찮은 것으로 여기고 있기 때문이다. 죽음에 순응한 사람으로서 돈이나 출세 같은 것이 도대체 무슨 소용이 있겠는가? 모두 허무한 것임에 틀림없다. 지금 죽음 앞에 선다면 돈과 지위가 있어 보았자 아무 쓸모 없는 것은 분명하다. 따라서 나는 이런 욕망들은 해결했다고 감히 말할 수 있다.

그러나 나는 아직도 해결하지 못한 욕심을 가지고 있다. 가령 시골에 거처를 마련하고 싶은 욕심 같은 것은 아무리 해도 떨쳐내기 힘들다. 시골에서 살아야 한다는 생각이 강하기 때문에 시골에 거처를 마련해야 한다는 욕심도 떨쳐내기 힘든 것이다.

나는 시골 생활은 되도록 불편하게 하는 것이 좋다고 생각한다. 참을 수 있는 데까지 불편하게 사는 것이 시골 생활의 참 맛이라고 생각하는 것이다. 그러나 시골에서 살려면 적어도 거처는 있어야 한다. 또 이 거처에 컴퓨터 통신망은 들어와야 하고, 그것도 광케이블이면 더할 나위 없겠다. 이런 식으로 최소 조건을 꼽다 보면 그 규모가 꽤 커지고 만다. 이와 같이 시골 거처에 대한 내 욕심은 점점 커지는 것이다.

또 내가 시골에 가야 한다고 생각하는 것은 일종의 꿈을 실현해 보고 싶은 마음이 있어서다. 새로운 삶의 형태를 만들어 보자는 꿈이 그것인데, 노장철학(老莊哲學)에 연원을 둔 것이다. 이 꿈의 첫 실현은 시골에 거처를 마련하는 것으로부터 시작될 것인데, 그나저나 이러한 욕심의 배경에는 연하지벽(煙霞之癖)이 숨어 있는 것 같다. 그것은 일종의 고질병이다.


나는 얼마 전부터 강원도 산골을 드나들고 있다. 시골에 거처를 마련할 수 있을까 하는 바람이 있어서다. 우리가 '들풀 연구소'라고 부르는 곳에 임시거처를 정하고 마땅한 데를 수소문하고 있는 것이다. 이곳 '들풀 연구소' 옆을 흐르는 동대천의 물소리를 듣는 것은 언제나 즐겁다. 물소리는 끊임없이 계속된다. 깊은 밤에 잠이 깨었을 때에도 물소리는 일정하게 계속된다.

그러나 물소리는 거의 의식되지 않고 생각해 보면 물소리가 들리고 있을 따름이다. 끊임없이 계속되고 있는 물소리에 버릇 들어 있

기 때문일 것이다. 만일 물소리가 기계음이었다면 나는 이미 견디
지 못했을 것이다. 그러나 자연의 소리는 높으나 낮으나 사람의 귀
를 즐겁게 한다. 자연은 언제나 그랬다. 사람을 즐겁게 하고 사람을
편안하게 한다. 그것은 자연의 미덕이다. 자연은 생명이며 사랑이
기 때문이다.

　나는 자연에 안겨 살며 자연의 이치를 사색하고 싶다. 자연 속에
서 우리는 깨우쳐 갈 것이다. 생명이 있으면 죽음이 있고, 유(有)가
있으면 무(無)가 있을 것이다. 자연의 순환, 그 틈 어느 사이에 우리
가 존재한다. 언젠가 죽음의 무화(無化)가 찾아올 것이다. 나는 그
사이에 자유와 초월을 사유할 것이다. 끝없이 흐르는 저 물소리를
들으며….

들풀 연구소에서, 나형수 씀.



마지막 마음 - 어느 죽음의 성찰